I0125417

Jürgen P. Rinderspacher (Hg.)

Zeit für alles – Zeit für nichts?

Die Bürgergesellschaft
und ihr Zeitverbrauch

SWI VERLAG

© 2003 SWI Verlag, Bochum
Selbstverlag des Sozialwissenschaftlichen Instituts
der Evangelischen Kirche in Deutschland
Postfach 25 05 63, 44743 Bochum
Umschlagentwurf und -gestaltung: Ulf Claußen (SWI)
Satz, Layout: Manuela vom Brocke
Herstellung: Books on Demand GmbH, Norderstedt
Alle Rechte vorbehalten
Printed in Germany
ISBN 3-925895-83-3

Inhaltsverzeichnis

Vorwort

Die Bürgergesellschaft, lange eine Vision, schickt sich an, Wirklichkeit zu werden. Allerdings findet der Umbau nicht unter den Vorzeichen langfristig steigender Prosperität statt, sondern in einer Epoche anhaltender Wachstumsschwäche und Massenarbeitslosigkeit, der weltweiten politischen Instabilität und einer nicht weniger starken Verunsicherung der politischen Klasse, die den Umbau organisiert. Aus einer kühnen gesellschaftspolitischen Konzeption, mit der sich die Hoffnung verband, die Schwächen der rücksichtslosen Industrialisierung der ersten Moderne und ihre Folgen wie Massenarbeitslosigkeit und Umweltzerstörung in Stärken eines neuen Gesellschaftsmodells verwandeln zu können, droht mehr und mehr ein Steinbruch für politischen Pragmatismus zu werden. Allzu leichtfertig bedienen sich Politiker der wohlfeilen, progressiv klingenden Formeln der Selbstständigkeit und Eigenverantwortung der kleinen Einheiten, dem Vertrauen in die eigenen Kräfte, der Notwendigkeit, seine Chance zu ergreifen oder selbst Vorsorge zu treffen. Unter dem Verdikt der allgemeinen Finanzknappheit, der „Überalterung" und den neuen Spielregeln, die die Weltwirtschaft erzwingt, sehen sich die Bürgerinnen und Bürger einer Vielzahl neuer, größtenteils zusätzlicher Ansprüche gegenübergestellt, die von Politikern ebenso wie von großen parastaatlichen oder anderen überlebenswichtigen Organisationen erhoben werden.

Unabhängig davon, ob man diese Ansprüche für gerechtfertigt hält oder nicht, zeichnet sich schon jetzt eine vielgestaltige Überforderung der Menschen in fast allen Lebensbereichen und Alltagssituationen ab. Die Folgen für die Bürgergesellschaft sind absehbar: Sie verliert ihre positive Konnotation als ein Konzept, das angetreten war, um im vollen Bewusstsein der defizitären Ausgangslage – der Risikogesellschaft – mehr Lebensqualität auf der Basis eines neuen Referenzsystems politischer Werte und gesellschaftspolitischer Globalziele zu verwirklichen. Hierzu gehörte von Beginn an ein anderer, besserer, befriedigenderer Umgang mit der Zeit. Zeitliche Selbstbestimmung, Zeitsouveränität und Zeitwohlstand sind Schlagworte, die immer mehr oder weniger explizit mitgedacht waren. Angesichts der vorfindlichen politischen Praxis vor allem im Bund und in den Ländern, deren primäres Ziel sich lediglich auf die Sanierung der Haushaltsdefizite beschränkt, klingen die Lobpreisungen der Bürgergesellschaft aus unterschiedlichen politischen Lagern abnehmend glaubwürdig. Vielmehr entsteht der sehr wahrscheinlich begründete Eindruck, der Ruf nach Übernahme von Eigenverantwortung sei Ausdruck politischer Verzweiflung und weniger ein Schritt auf dem Weg in ein epochales gesellschaftliches Reformprojekt.

Den BürgerInnen an der vielzitierten Basis stellte sich die Bürgergesellschaft immer öfter als ein unkoordiniertes Zusammentreffen ausufernder zeitlicher Beanspruchungen dar. Hiervon handelt der vorliegende Band. Die Beiträge untersuchen aus ganz unterschiedlichen Perspektiven die Ansprüche des Staates an seine BürgerInnen auf der einen Seite sowie die zeitstrukturellen Möglichkeiten, diesen zu entsprechen, auf der anderen. Die Ausgangshypothese dieses Bandes lautet, dass gegenwärtig die Lage durch eine Anspruchsinflation des Staates und anderer mächtiger Organisationen gekennzeichnet ist, die den zeitlichen Möglichkeiten der meisten Menschen nicht angemessen ist. Die Bereitschaft der Menschen, sich für das Gemeinwohl zu engagieren, aber auch ihre eigenen Angelegenheiten mehr als bisher in die Hand zu nehmen, dürfte wesentlich davon abhängen, ob es gelingt, einen koordinierten Ausgleich zwischen den Zeitinteressen der BürgerInnen und den Ansprüchen des Staates beziehungsweise der Gemeinschaft herzustellen.

Die Bestätigung oder Plausibilisierung der Ausgangshypothese ergibt sich dabei nicht unbedingt schon aus den einzelnen Beiträgen, sondern – der Konzeption des Bandes entsprechend – vor allem aus der Gesamtschau der Aspekte, die die AutorInnen behandeln.

Diesem Band liegt eine gemeinsame Tagung der Evangelischen Akademie Mülheim an der Ruhr und des Sozialwissenschaftlichen Instituts der EKD (SWI), Bochum vom 30. November bis 2. Dezember 2001 unter der Gesamtleitung des damaligen Akademiedirektors Klaus Heienbrok zu Grunde. Die spezifischen Zeitprobleme, die die Bürgergesellschaft als solche generiert, wurden dort einmal aus der Sicht der BürgerInnen, die als

„ZeitverbraucherInnen" konzipiert wurden, thematisiert. Die Tagung wollte in diesem Sinne nicht unparteiisch sein und nicht unbedingt die gegenwärtig geltenden Standards der Political Correctness erfüllen. So lädt dieser Band zur kontroversen Debatte ein und zur Kritik an der Praxis eines Gesellschaftskonzepts, das selbst ein Kind der kritischen Auseinandersetzung mit den Fehlentwicklungen der ersten Moderne ist.

Für die Bearbeitung und Durchsicht der Texte danke ich ganz herzlich Manuela vom Brocke und Beatrix Bohn.

Bochum im August 2003
Jürgen P. Rinderspacher

Jürgen P. Rinderspacher

Der Bürger, das zeitlose Wesen – Thesen zu einer verdrängten Seite der Bürgergesellschaft

1. Einleitung

Die Beteiligung und Mitarbeit der Bürgerinnen und Bürger an ihrem Gemeinwesen ist von Anbeginn der Bundesrepublik Deutschland ein zentrales Thema der ordnungspolitischen Grundsatzdebatte gewesen. Das Subsidiaritätsprinzip, das sich unter anderem mit dem katholischen Sozialethi-
ker O. v. Nell-Breuning verbindet, steht stellvertretend für eine in der
Nachkriegszeit vor allem von den bürgerlichen Parteien und den Kirchen
sowie zahlreichen Verbänden vertretenen Auffassung, der zufolge die
Gesellschaft und damit die Bürger ihre Angelegenheiten soweit wie möglich in den jeweils unteren Einheiten – innerhalb des politischen Institutio-
nensystems, als freie Verbände, als Familie oder Individuum – zu regulieren
hätten (Beckel 1964). Erst dort, wo die Gesellschaft aus eigener Kraft
notwendige Leistungen nicht mehr erbringen könne, sei der Staat gefordert. Im Vergleich zur heutigen, weithin unter dem Einfluss des neoliberalen
Paradigmas stehenden Diskussion in Politik und Wirtschaft wurde seinerzeit die Notwendigkeit staatlicher Vorsorge und Regulierungsbedürftigkeit
erstaunlich hoch angesetzt. Noch weit mehr wurde in den von der Sozialdemokratie geprägten Konzepten die Verantwortung des Staates hervorgehoben. Doch in welcher Variante auch immer: Der klassische Wohlfahrtsstaat war, was inzwischen oft vergessen wird, nie als ein Staat beziehungsweise eine Gesellschaft gedacht, in der die tätige Beteiligung der Bürger
keine Rolle gespielt hätte, im Gegenteil.

Der gegenwärtige Disput um das Verhältnis des Bürgers zu seiner Gesell-
schaft (Braun 2001) ist also kein neues Thema. Heute kreist die Debatte im
Kern darum, wie viele und welche Verantwortlichkeiten vom Staat an die
Bürgerinnen und Bürger zurückgegeben werden können und mit welcher

Begründung. Meine Vermutung ist, vorweggenommen, dass im Zuge dieser neueren Debatte mehr oder weniger unbemerkt eine Neuverteilung von Zuweisungen und Verantwortlichkeiten stattfindet, die dem äußeren Anschein zum Trotz der von der Politik immer wieder proklamierten Aufwertung der Rolle des Bürgers in der Zivilgesellschaft in vieler Hinsicht zuwiderläuft. Um diese These zu erhärten, ist es hilfreich, die Logik und die geübte Praxis der *Verteilung* der Aufgaben zwischen Bürger und Staat sowie darüber hinaus die Verteilung dieser Aufgaben zwischen den Bürgerinnen und Bürgern untereinander näher zu betrachten. Dabei stellt sich heraus, dass die Anforderungen, die die Politik an die Bürgergesellschaft stellt, in der Gesamtschau die Kapazitäten der Menschen allein in der zeitlichen Dimension weit überschreiten. Es schließt sich die Frage an, ob und wenn ja wie dieser Art von Anspruchsinflation in Zukunft Einhalt geboten werden kann.

2. Der Ausgangspunkt: Demokratisierung der Gesellschaft

Die Beteiligung der Menschen an ihrem Gemeinwesen kann bekanntlich sehr unterschiedlich aussehen. Nach den Gründerjahren der Bundesrepublik Deutschland, die geprägt waren von den bis dahin unhinterfragten Grundsätzen des (im Nachhinein so genannten) Rheinischen Kapitalismus, einer historisch einmaligen Konfiguration aus sozialstaatlichen Elementen und den Prinzipien der Subsidiarität, erhob sich, inspiriert von der Studentenbewegung, eine neue, politische Grundsatzdebatte um Möglichkeiten und Grenzen der Beteiligung des Bürgers (die Frauenrolle wurde seinerzeit noch nicht gesondert thematisiert ...) an seinem Gemeinwesen. Willy Brandt brachte mit der zu seinem Regierungsantritt Ende der 60er-Jahre geprägten Parole „mehr Demokratie wagen" nur zum Ausdruck, was längst von unten in Gang gesetzt worden war: der Kampf gegen ungerechtfertigte Autoritäten, nicht legitimierte Entscheidungen, unkontrollierte Wirtschaftsmacht oder überholte Standesprivilegien. Demokratisierung fungierte in jener Epoche, wie sich in der Retrospektive zeigt, als Instrument eines heftigen Modernisierungsschubs der deutschen Gesellschaft. „Ein Ruck" von unten ging durch das Land.

Die Beteiligung der Menschen wurde seinerzeit primär als Mitarbeit in politischen Gremien thematisiert, wobei, wie etwa in der Demokratisierungstheorie von F. Vilmar (1973), der Begriff des Politischen bereits über die traditionellen Institutionen der repräsentativen Demokratie oder der betrieblichen Mitbestimmung hinauswies. Außer neuen Beteiligungsformen sollte die auf dem Weg befindliche Demokratisierung der Gesellschaft neue Aktionsfelder und Gegenstandsbereiche erschließen. Schon dieser Anfang der 70er-Jahre erschienene Entwurf schloss die tätige Mitarbeit als eine Form praktizierter Demokratie ein und erzeugte damit Überschneidungen mit dem klassischen Ehrenamt. Paradigmatisch blieb dieser Ansatz jedoch noch einer im herkömmlichen Sinne politischen Demokratisierungsidee verbunden, obwohl er bereits die Entscheidungsrechte der Menschen in ihrem alltäglichen Lebensumfeld zu erweitern suchte.

„Mehr Demokratie wagen" war Teil einer gesellschaftspolitischen Offensive, die als wesentlichen Bestandteil eine vom wirtschaftlichen Fortschritt getragene Freizeitgesellschaft auf hohem kulturellen Niveau vor Augen hatte, etwas später war von der „Kulturgesellschaft" die Rede. Insbesondere die sozialdemokratische Langzeitperspektive (Scharping/Wollner 1973) wie auch die der Gewerkschaften seit Ende der 60er-Jahre bestand darin, die BürgerInnen von vielen als lästig oder unwürdig empfundenen Alltagsnotwendigkeiten in der Erwerbsarbeit sowie im häuslichen Bereich zu entlasten, um auf diese Weise mehr Zeit für die persönliche Entfaltung der Menschen, für Freizeit, Bildung und sehr wesentlich auch für politische Partizipation zu gewinnen.

Der mündige Bürger wurde also vorgestellt als ein Wesen, welches befähigt und ermächtigt werden solle, seine, wie ich sie einmal nennen möchte, *Partizipationskompetenz* in seinem jeweiligen Lebensbereich auszuüben: So im Betrieb, in der Schule und der Universität, in der Rolle als Elternvertreter und selbst als Patient im Krankenhaus. Gestärkt werden sollte auch die ordnungspolitisch unbestritten wichtige Funktion des mündigen Verbrauchers (Scherhorn 1975), der mit seiner täglichen Konsumentscheidung seinen eigenen Nutzen optimiert und damit zugleich die Wirtschaft in die bestmögliche Entwicklungsrichtung lenkt.

Weniger wichtig erschien unter dem seinerzeit vorherrschenden Demokratisierungsparadigma die Mobilisierung eines Kompetenztypus, den ich einmal als *Erstellungskompetenz* bezeichnen möchte. Um es an einem Beispiel zu verdeutlichen: Die Bürger waren aufgerufen, sich in ihrer Rolle im Bereich der Schule, als Elternsprecher oder Ähnliches zu beteiligen, nicht aber in der Weise, dass ihnen die notwendigen Erhaltungsmaßnahmen eines Klassenraums in der Schule angetragen worden wären. Diese wurden als genuin staatliche Aufgabe und als Bestandteil des Bildungsauftrags und der Lehrmittelfreiheit der (staatlichen) Schule aufgefasst. Was man sich heute kaum noch vorstellen kann: Der hand-greifliche, praktische Einsatz vor Ort galt in vielen Bereichen eher als unerwünscht, ja verdächtig, fallweise sogar als Versuch der (kommunistischen) Unterwanderung auf dem langen Marsch durch die Institutionen. Der Staat bestand, wie etwa heute noch im Straßenbau (allerdings gibt es inzwischen auch dort Ausnahmen), auf seinem Erstellungsmonopol und war bestrebt, derartige Einflussnahmen auf seine hoheitlichen Aufgaben möglichst abzuwehren.

Man kann fragen, ob dies heute so grundsätzlich anders ist, und ob nicht lediglich die finanzielle Lage der öffentlichen Hände hier und dort zu Konzessionen zwingt – hierzu später mehr. In den erwähnten seinerzeitigen Demokratisierungstheorien und vor allem auch von den beteiligten Menschen war also Partizipation als eine Form der Aneignung des bis dahin im Wesentlichen autoritär auftretenden Staates durch die Mitglieder der Gesellschaft gedacht. Andere Soziale Bewegungen im links-alternativen Milieu (Raschke 1988) arbeiteten dagegen darauf hin, sich so weit wie möglich unabhängig von staatlichen Einflüssen zu machen. Die daraus entstandenen alternativen Kindergärten, freien Schulen, Jugendinitiativen und Umweltprojekte hatten zugleich die Funktion, politische Unabhängigkeit zu demonstrieren, wie die Lebensqualität der beteiligten Menschen in einem spezifischen Bereich gemäß unkonventionellen, alternativen Vorstellungen zu verbessern.

Die Gruppierungen der neuen sozialen Bewegungen und die Selbsthilfegruppen, die sich rasch ausbreiteten, trugen erheblich zu einer Ausweitung des Begriffs des Politischen bei. Die revolutionäre Erkenntnis jener späten 60er-Jahre, dass alles Private irgendwie politisch sei, setzte sich in den 80er-Jahren und danach als Maxime einer ganzen Generation durch. Und erst recht ließ sich von einer solchen Position her jede Tätigkeit im öffentlichen Raum – in der Eltern-Kinder-Gruppe ebenso wie in der freiwilligen Feuerwehr – als Form öffentlichen Engagements, mithin als Arbeit an und in der Res publica und am Gemeinwohl (Schuppert 2002) interpretieren. Von welchen Motiven auch immer getragen, waren die in solche und andere Initiativen von den BürgerInnen eingebrachten Arbeitsstunden als *zusätzliche*, freiwillige Leistungen gemeint, die staatliche Basisleistungen ergänzen, nicht aber substituieren sollten (Beywl/Brombach 1984).

Zur Verbesserung der Lebensqualität wurde auch die Demokratisierung der Institutionen gerechnet (IGM 1972). Alle Entwürfe verstanden sich – bei aller Unterschiedlichkeit der Begründungen für „politische Arbeit" und bei allen Unterschieden, wie diese sich in konkreten Handlungen und Aktionen ausdrücken sollte – als Mitarbeit an einer eminent politischen Sache, nämlich der schrittweisen oder gar revolutionären Umgestaltung der Gesellschaft. Nicht verstanden sich die Initiativen dagegen als bloße Handlanger der bestehenden Gesellschaft und ihrer etablierten Institutionen. Volkstümlich formuliert verstanden sich die aktiven, meist jüngeren BürgerInnen eher als *Manager* in Sachen öffentlicher Angelegenheiten denn als *Malocher* in dieser Sache.

Auch in den seinerzeit tonangebenden *Theorien* wurden die Bürger mehr in der Rolle einer steuernden denn einer lediglich dem Gemeinwesen in praktischen Dingen zuarbeitenden Instanz gesehen. Das schloss die Beteiligung am Bau des Vereinsheims ebenso wenig aus wie das Stullenschmieren für die Gewerkschaftsfete. Hondrich (1973) hat in seiner Demokratietheorie die Unterscheidung zwischen originärer und derivater Macht eingeführt: Danach hätte die Beteiligung der Menschen an öffentlichen Aufgaben eine Akkumulation originärer Macht auf Seiten der Tätigen zur Folge. Im Klartext: Wer selbst etwas tut, beeinflusst die Entwicklung einer Gesellschaft durch seinen eigenen praktischen Beitrag unter Umständen mehr als derjenige, der nur in den Gremien ihrer Institutionen über sie entscheidet. Wer zum Beispiel eine alternative Schule eröffnet oder eine Kindergruppe mit alternativen Erziehungsstilen, bewirkt mit diesen Mitteln nicht weniger für die Veränderung der politischen Verhältnisse als derjenige, der sich im Stadtparlament engagiert oder sich beim Regierungspräsidenten für neue Lerninhalte einsetzt. Diese Einstellung, die sich über viele Vermittlungsschritte allmählich in fast allen gesellschaftlichen Bereichen durchsetzte, bestimmte fortan das Denken relevanter politischer Kräfte. Mit der Propagierung der Eigeninitiative in Verbindung mit den neuen sozialen Bewegungen, die sich als Ergänzung, aber auch als Alternative zu den etablierten Institutionen (Gewerkschaften, Kirchen, Vereinen, teilweise auch parteinahen Organisationen) auf bestimmten gesellschaftlichen Feldern verstanden (Beywl/Brombach 1984), ging deren Abwertung im öffentlichen Bewusstsein einher. Gerade jüngeren Generationen schien die Mitwirkung dort, sowohl was die Ziele als auch was die Arbeitsformen anging, immer weniger attraktiv. Darüber hinaus hat aber auch eine grundsätzlich andere Sichtweise einer neuen Generation von Aktiven bezüglich der Formen und Ziele des Einsatzes der eigenen Zeit für öffentliche Anliegen die Abwertung der alten Institutionen gefördert. Öffentliches Engagement ist nun nicht mehr überwiegend Pflicht, sondern muss mindestens im gleichen Umfang Spaß machen. Tätige Mitarbeit in Bürgerinitiativen und Selbsthilfegruppen gilt von nun an weithin als der erfolgversprechendere Weg, um zu einer besseren Gesellschaft oder zumindest zu einer verbesserten Alltagssituation der Menschen beitragen zu können, als die Mitarbeit in der ineffizienten Gremienkultur der klassischen Institutionen.

3. BürgerInnenzeit

Spätestens mit Beginn der 80er-Jahre wurden, wie man weiß, die Massenarbeitslosigkeit sowie die Finanzlage der öffentlichen Kassen mehr und mehr zu einem breit diskutierten Thema. Ein Großteil der bislang vom Staat erbrachten Dienstleistungen schien auf Dauer nicht mehr finanzierbar zu sein, zum einen wegen ihres steigenden Umfangs, zum anderen wegen der steigenden Löhne und Gehälter der MitarbeiterInnen des öffentlichen Dienstes, etwa im Gesundheitswesen oder im Sozialdienst (Olk 1986). Daraus, so ergänzten bald nicht nur neoklassische Ökonomen, resultiere bei weiterer Fortschreibung des bisherigen Weges eine zu hohe Staatsquote und damit der Weg in die wirtschaftliche, aber auch die gesellschaftliche Krise.

Das führte zu der Empfehlung, die Staatstätigkeit generell zu reduzieren und einen Teil der bisher vom Staat übernommenen Aufgaben an die Gesellschaft zurückzugeben (Heinze 1986b). Vor allem soziale Arbeit sollte wieder vorwiegend als Aufgabe der Gemeinschaft verstanden werden, nicht primär als Auftrag der Gesellschaft an die öffentliche Hand. Die Grundidee des neuen Konzepts bestand darin, die defizitäre gesamtgesellschaftliche Situation offensiv zu wenden und positiv in Beziehung zu setzen zu den Zielen der neuen sozialen Bewegungen, den Selbsthilfegruppen und anderen Formen der Eigeninitiative.

Spätestens von nun an war der Bürger/die Bürgerin nicht mehr nur als ManagerIn, sondern mindestens ebenso als MalocherIn gefordert, sich auf der einen Seite für das Gemeinwohl einzusetzen und auf der anderen sich bei der Mehrung ihres Eigenwohls viel weniger als bisher auf den Staat zu verlassen. Im Prinzip schließen sich beide Rollen, Manager und Malocher in einer Person zu sein, zwar nicht aus. Darin könnte man sogar im Anschluss an alte Ideale der sozialen Bewegungen der 70er-Jahre eine Form der Verwirklichung der „Einheit von Kopf und Hand" sehen. Jedoch setzt allein die triviale Tatsache, dass der Tag auf 24 Stunden begrenzt ist, den hohen Ansprüchen an die Aktivität der BürgerInnen deutliche Grenzen. In den neu entstehenden Konzeptionen der Bürger- oder Tätigkeitsgesellschaft kamen diese Grenzen von Anfang an auffällig zu kurz (Mutz 1997). „Der Bürger" erscheint diesbezüglich als ein von Zeit und Raum losgelöstes, frei schwebendes Konstrukt, eben als Bürger-Ideal.

Der Bürger/die Bürgerin sucht sich entsprechend seiner/ihrer Interessen und Bedürfnisse aus der Vielzahl wichtiger und weniger wichtiger öffentlich relevanter Arbeits- und/oder Entscheidungsfelder, in die er/sie seine/ihre (Zeit kostende) Partizipations- und Erstellungskompetenz einbringen möchte, einige heraus. In der Realität der alltäglichen Zeitverwendung bestehen allerdings unabweisbare zeitliche Hierarchien von Dringlichkeiten einer gelingenden Lebensführung (Jurczyk/Rerrich 1993). Die Wahl der Lebensbereiche, in die das Individuum oder eine Lebensgemeinschaft involviert ist, ist, wenn bestimmte Grundsatzentscheidungen wie Familienstand, Beruf(-stätigkeit), Wohnort, Kinderzahl und andere mehr erst einmal gefallen sind, weithin festgelegt. Von den reproduktionsrelevanten Lebensbereichen geht eine Vielzahl unabweisbarer Anforderungen aus. Burzan/ Schimank (2003) haben ein konzeptionelles Gerüst entwickelt, mit dessen Hilfe sich die alltägliche Eingebundenheit von Individuen in kleinere und größere Subsysteme empirisch zeigen lässt. Sie demonstrieren deren soziale, sachliche und auch zeitliche Inklusion in bestimmte soziale Kontexte. Damit lässt sich im Prinzip auch plausibel machen, in welchem Umfang die Inklusion Ergebnis eigener Entscheidung oder aber mehr oder weniger die erzwungener Umstände ist.

Schon im Prinzip des Auswählens liegt begründet, dass nicht alles, in der Regel sogar das meiste *nicht* gewählt werden kann. Was dem/der BürgerIn bleibt – und das ist sicher sehr viel – ist im Idealfall (!) die Herstellung einer Prioritätenliste von für wichtig und für weniger wichtig erachteten Aktionsfeldern, auf denen er/sie seine/ihre Kompetenz nach eigenem Ermessen einbringen möchte. Dazu gehört die Entscheidung sowohl darüber, *welche Art* von Kompetenz, wie auch *in welchem Umfang* eine Person diese in die Gemeinschaft, in der sie lebt, einbringen möchte. Dabei muss er/sie allerdings nicht immer richtig liegen, was die Prioritätensetzung zwischen Wichtigem und weniger Wichtigem und zwischen Privatem und Öffentlichem entlang der eigenen Interessen und Bedürfnisse angeht. Eine grundlegende Problematik einer solchen hierarchischen Präferenzbildung ist die viel zitierte Vordringlichkeit des Befristeten, die nicht nur für Bürokratien gilt, die Niklas Luhmann in seinem bekannten Aufsatz mit gleichlautendem Titel behandelt. Der Familienhaushalt wird, wie man weiß, von nicht weniger vielen Vordringlichkeiten bestimmt – nicht nur wenn Kleinkinder ihre unaufschiebbaren Bedürfnisse anmelden.

Viele Fragen der Verbesserung der Lebensorganisation, zum Beispiel der gesunden Ernährung oder des richtigen Umgangs mit der Riester-Rente, werden unter dem Druck wachsender Anforderungsstrukturen, die von allen Seiten auf die „kleine Einheit" des Familienhaushaltes herniedergehen, vielleicht noch gestellt, jedoch allzu oft von diesem nicht mehr beantwortet. Denn genauere Prüfungen der einen oder anderen Sache müssen schon allein aus Zeitgründen unterbleiben oder werden nur suboptimal ausgeführt. Ein durchgängig angewandtes Kriterium im Hinblick auf die Bewältigung eines Problems wird unter den Vorzeichen starker zeitlicher

Restriktionen zunehmend die Effektivität sein, mit der man sich einer Anforderung, woher sie auch kommt, rasch wieder entledigen kann. Je mehr Ansprüche an den Haushalt herangetragen werden (Rinderspacher 1992), desto mehr bestimmt der Zufall die Qualität von Entscheidungen, sachlich-rational begründete Optionen werden aus Zeitmangel erschwert. Das kann durchaus lebensgefährlich werden, wenn zum Beispiel aus (zeitbedingter) Unwissenheit BSE-Risiken nicht zutreffend eingeschätzt werden oder wenn andere auf Vermeidungshandeln beruhende Fehlentscheidungen in der alltäglichen Lebensführung langfristig in Krankheiten oder psychosozialen Defiziten kumulieren. Ein Gutachten für das Bundesministerium für Verbraucherschutz, Ernährung und Landwirtschaft kommt bezüglich der Verbraucherrolle zu dem Ergebnis, dass insgesamt von den Verbrauchern heutzutage größere Anstrengungen erwartet würden, „sich einen Überblick über das Angebot zu machen. Damit ergibt sich eine *Zeitkonkurrenz* mit anderen Aspekten der Lebenswelt, in der sich die Verbraucher befinden. Die Privatisierung der Daseinsvorsorge betrifft die Verbraucher als Marktteilnehmer, Bürger und Teilnehmer der informellen Lebenswelt gleichermaßen, woraus sich eine besondere Sorgfaltspflicht ableiten lässt." (Reisch 2003, S. 11)

Zu den Ursachen des Zeitmangels in den modernen Gesellschaften sind viele Thesen aufgestellt worden (Linder 1973; Müller-Wichmann 1984; Geißler 1996), von einem systemisch bedingten Zeitdruck in der Marktwirtschaft über belastende Arbeitsbedingungen bis hin zur Qual der Wahl in der entfalteten Spaßgesellschaft. Auffällig ist die Parallelität der Klage über zu wenig Zeit einerseits und der wachsenden Ansprüche der Menschen an ihre Lebensqualität andererseits. Diese Expansion der Ansprüche kommt von den BürgerInnen selbst. Doch immer mehr Ansprüche, die sich im Zeitbudget der Individuen und Familienhaushalte niederschlagen, werden von staatlichen und parastaatlichen sowie anderen mächtigen Institutionen erhoben. Auf die schon heute problematischen zeitlichen Anforderungsstrukturen im Alltag dürften sich in Zukunft noch weitere Anforderungen der unterschiedlichsten Art auftürmen. Dazu gehören in Zukunft vermehrt auch die, die sich aus der Rolle des mündigen Bürgers in der so weit wie möglich selbst zu gestaltenden Bürgergesellschaft ergeben.

Entsprechen die zeitlichen Rahmenbedingungen, innerhalb derer sich ein durchschnittlicher Familienhaushalt – wie natürlich auch alle anderen davon abweichenden Haushaltsformen – bewegt, dem, was die Protagonisten der Bürgergesellschaft von ihrem Idealbürger/ ihrer Idealbürgerin erwarten? Das bürgerschaftliche Engagement, die Eigenarbeit, die Information: Mit wenigen Ausnahmen finden alle Tätigkeiten, die die BürgerInnen für „ihr Land tun" können, aber eben auch die, die sie für sich selbst tun möchten, außerhalb der Erwerbsarbeit statt (hierzu auch Rinderspacher 2001). Den harten Rahmen der im weiteren Sinne öffentlichen Betätigung bilden somit die Arbeitszeiten (hierzu Schilling sowie Herrmann i.d.B.). Das gilt selbstredend nur für Personen, die in den Erwerbsarbeitsbereich involviert sind – also genau genommen nur für eine Minderheit der Bevölkerung. Dies ist jedoch, allen Beobachtungen eines angeblichen Endes der Arbeitsgesellschaft (etwa bei Gorz 2000) zum Trotz, derjenige Teil, dem aufgrund seiner Inklusion in die Erwerbsarbeit nach wie vor eine originäre, nicht nur eine derivate Machtpositionen (Hondrich 1973) zuwächst. Möglichkeiten der Zeitersparnis bezüglich notwendiger Reproduktionstätigkeiten bestehen für alle erwachsenen Mitglieder der Gesellschaft durch die Vergabe von Arbeit an Dritte sowie den Zukauf Zeit sparender Haushaltstechnologien (Seel 1996). Wesentlich bestimmen darüber hinaus der Wohnort und die Länge des Arbeitsweges die Chancen, die eigene Zeit, genauer: Anteile der nicht mit Erwerbsarbeit verbrachten Zeit zum Wohl des Ganzen einzubringen, aber auch eigene Bedürfnisse zu befriedigen. Schließlich stellen weitere zeitliche Rahmenbedingungen im näheren Lebensumfeld, wie die Schulzeiten, die Öffnungszeiten der Kitas, die Sprechstunden von Behörden, Arztpraxen oder die Fahrpläne öffentlicher Verkehrsmittel Einschränkungen oder Chancen der Disponierbarkeit über die eigene Zeit dar (Henckel/Eberling 2002).

Den unaufschiebbaren Alltagsnotwendigkeiten und Rahmenbedingungen des Familienalltags (Herrmann-Stojanov i.d.B.) steht nun die Vielzahl von Anforderungen gegenüber, die den BürgerInnen von Staat und Gesellschaft zugedacht werden. Dabei sind die Grenzen zwischen dem, was als privates und was als öffentliches Interesse zu bezeichnen wäre, fließend. Das beginnt mit der erwähnten Auswahl und Beschaffung von Nahrungsmitteln oder Gebrauchsgütern (vgl. Spangenberg i.d.B.): Der mündige Verbraucher, wie er etwa im neuen Programm des einschlägigen Ministeriums skizziert ist (Reisch 2003), ist ein Zwitterwesen. Zum einen erfüllt er eine wichtige wirtschafts- und ordnungspolitische Aufgabe, indem er durch seine täglichen Konsumentscheidungen Qualität und Preisniveau der Warenangebote steuert. Aber er agiert selbstverständlich nicht weniger im Auftrag seines ganz privaten Interesses. Für beides benötigt er ein ständig zu aktualisierendes Wissen, nicht selten hochspezialisiertes Fachwissen. Dessen Aneignung ist – so zeigen die zahllosen Fachzeitschriften – sachlich-kognitiv zwar in der Regel zu leisten, jedoch zeitaufwändig. Eine andere Frage ist, inwieweit solche Informationstätigkeit von den VerbraucherInnen weniger als Arbeit denn als vergnügliches Freizeit-Event empfunden und damit von den Menschen in ihrer individuellen Zeitbilanz das eine Mal eher als Verlust, das andere Mal als Gewinn verbucht wird.

Ähnliches gilt für zahllose andere Alltagstätigkeiten, etwa im Bereich Gesundheit und Pflege, Bildung und Erziehung (Zeiher i.d.B.) und es betrifft nicht zuletzt das Umweltverhalten (Rinderspacher 1996) oder die eigene finanzielle (Alters-) Vorsorge. Dabei erfordern fast alle diese Aufgaben Kompetenz und Vorwissen – nach einhelliger Meinung der Experten mit steigender Tendenz. Einen höheren Anspruch an das individuelle Zeitbudget stellt, um ein anderes Beispiel zu nehmen, auch der Umgang mit elektronischen Medien. Obwohl in den neuen Medien gewaltige Potentiale der Zeitersparnis liegen, erscheint deren Auswirkung auf den Alltag in zeitlicher Hinsicht doch äußerst ambivalent. Viel Zeit ist aufzuwenden im Bereich der Vorleistungen für die Aktualisierung der Hardware wie für die Systempflege. Alte und neue Medien zusammengenommen sind für größere Teile der Bevölkerung ausgesprochene Zeitfresser. Auch hier gehen wieder Spaß und Bildung, Erwerbsarbeit und freiwilliges Engagement nicht selten nahtlos ineinander über (Beck i.d.B.) So ist die Fähigkeit zum Umgang mit dem Internet immer öfter faktisch eine Zugangsvoraussetzung für Bildungs- und Weiterbildungsangebote oder die Inanspruchnahme kommunaler Leistungen. Den BürgerInnen wird diese „Internettisierung" ihrer Kommunikation als aus Kostenersparnisgründen unverzichtbar dargestellt – und damit als ein zu Recht abgeforderter Beitrag zum Gemeinwohl.

Einerseits ist die Nutzung neuer Medien natürlich ein freiwilliges Vergnü-
gen, andererseits aber auch immer öfter unabweisbarer Bestandteil der
modernen Alltagskultur. Oft wird inzwischen die Einübung in E-Commerce
fast zu einer Überlebensnotwendigkeit dort, wo in Randlagen der Städte
und auf dem Land kleinere Einzelhandelsgeschäfte, Bank- und Postfilialen
aber auch Arztpraxen und Apotheken aus Rentabilitätsgründen schließen.

Die Strukturveränderungen im Einzelhandel, der Abbau von Briefkästen
und Telefonzellen, die Schließung von Tankstellen in strukturschwachen
Regionen etwa Ost-Deutschlands, Dörfer ohne eigene Versorgungsan-
gebote mit den Gütern des täglichen Bedarfs und anders mehr stellen
generell wieder höhere Anforderungen an die Organisation des Alltags für
die Betroffenen. Das sind vor allem die Menschen in den angesprochenen
marginalisierten Regionen Deutschlands, ebenso wie ältere Menschen
(hierzu Burzan i.d.B.), aber auch durchschnittliche Familienhaushalte. Insbesondere für Personen, die über keinen PKW verfügen, gestaltet sich die
Organisation des Alltags unter diesen Bedingungen zeitlich wieder sehr
viel komplizierter.

Die Vielgestaltigkeit dieser Vorgänge macht es schwer, sie auf einen
Nenner zu bringen. Greifbar ist jedoch das Ergebnis: Offensichtlich treten
die sehr unterschiedlich begründeten zeitlichen Anforderungen im praktischen Alltag in einen heftigen Wettbewerb zueinander. Vor dem Hintergrund dieser zeitlichen Großwetterlage tritt nun, wie gesagt, der Staat mit
weiteren Wünschen an die BürgerInnen und Bürger heran.

4. Über Beteiligung selbst entscheiden

Politiker überraschten im letzten Jahrzehnt wiederholt damit, dem Bürger/
der Bürgerin vorab ein ungewohnt hohes Ausmaß an Mündigkeit pauschal
zuzusprechen, nicht selten sogar aufzudrängen. Doch man erkennt die
Absicht und ist verstimmt: Was wie ein Kompliment an die Kompetenz der
Menschen erscheint, erweist sich nicht selten als wohl kalkulierte politische Externalisierungsstrategie. Die Politik neigt immer mehr dazu, viele der
von ihr bislang verantworteten Problembestände – freilich ansprechend
verpackt und in handlichen Portionen – vom Staat auf den mündigen

Bürger zu übertragen. Mit der Betonung der Kompetenz des grundsätzlich zunächst einmal für sich selbst verantwortlichen Bürgers verkleinert sich der Anteil am großen Kuchen politischer Problembestände, für die die Politik sich überhaupt verantwortlich fühlen muss. Vor allem aber verbessern sich die Chancen eines erfolgreichen politischen Agierens erheblich, wenn es gelingt, möglichst viele der außerordentlich schwierigen und zeitaufwändigen Gestaltungsaufgaben in den Kompetenzbereich der irgendwie als „Betroffene" oder „Für-sich-selbst-Verantwortliche" stilisierten gesellschaftlichen Gruppen zu überweisen. Anders ausgedrückt neigt die Politik immer mehr dazu, ihre Verantwortlichkeit auf diejenigen Bereiche beschränkt wissen zu wollen, von denen sie annimmt, sie (noch) politisch gestalten zu können. Zu derselben Strategie gehört dann auch die Übertragung risikoreicher und kostenintensiver Gestaltungsfelder in die Verantwortung der „kleinen Einheiten" unter dem Vorwand, dem Prinzip der Subsidiarität Genüge tun zu wollen.

Wer eigentlich entscheidet, was den Individuen in ihrer Rolle als Bürgerinnen und Bürger des Gemeinwesens an Aufgaben zugewiesen werden kann und was nicht? Ich kann an dieser Stelle auf den komplexen Prozess der Herausbildung eines je kultur- oder länderspezifischen Verständnisses des Verhältnisses von Individuum, Staat und Gesellschaft im Verlauf der Geschichte nicht näher eingehen. Im Deutschland der Nachkriegsära entfaltete, wie erwähnt, das Subsidiaritätsprinzip als Bestandteil einer kirchlichen Doktrin offensichtlich eine hohe normative Kraft. Es war fester Bestandteil der rheinisch-christ-demokratischen Variante des Wohlfahrtsstaates. Die Plausibilität der Aufgabenzuweisung zwischen Bürger und Staat resultierte aber auch aus den sichtbaren Erfolgen einer Politik, die das „Wirtschaftswunder" sowie politische Stabilität im Inneren hervorbrachte und an der jedermann, wenn auch in unterschiedlichem Ausmaß, partizipieren konnte. Die *neue* Bürgergesellschaft, über die wir heute diskutieren, mutet ihren Mitgliedern weit mehr an aktiver Mitarbeit zu. In der Kontinuität eines seit den 70er-Jahren vorherrschenden sozialdemokratischen Paradigmas und zugleich in dem links-alternativer Konzepte unter der Überschrift „anders Leben – anders Arbeiten", wie oben dargestellt, bezog die Bürgergesellschaft ihre Überzeugungskraft zunächst aus den Visionen von einer besseren Gesellschaft. Das schloss die Kritik der technologischen Groß-Risiken und die Einsicht in die Notwendigkeit ihrer demokratischen Kontrolle seitens der mündigen BürgerInnen von Beginn an mit ein (Beck 1986). Der Forderung nach einer Neuverteilung der Verantwortlichkeiten zwischen dem Staat und seinen BürgerInnen wurde in der öffentlichen Auseinandersetzung aber auch Nachdruck verliehen durch die oben angesprochenen Krisenphänomene, wie die Finanznot der öffentlichen Kassen, die Alterspyramide, die Insuffizienz des Gesundheitswesens und nicht zuletzt die Massenarbeitslosigkeit. Diese und weitere Problemlagen haben die Politiker aller Parteien dazu veranlasst, sich in unzähligen Reden, Artikeln und Talk-Runden in Rundfunk und Fernsehen an den mündigen Bürger zu wenden, um zusätzliche Ressourcen zu erschließen. Die Ehrenamtskampagnen der letzten Dekade reihen sich hier ebenso ein wie das Konzept vom „aktivierenden Staat" (Damkowki/Rösener 2003).

Der schwer zu entwirrende, komplexe kommunikative Vorgang weist am Ende eines solchen medienvermittelten Herstellungsprozesses einer „öffentlichen Meinung" den BürgerInnen im Namen des Gemeinwohls (Schuppert 2002) Anforderungen zu, die nun vor dem Hintergrund einer Mischung aus jenen meliorativen Elementen einerseits und einem mit großer Intensität gepflegten, vielgestaltigen Bedrohungsszenario andererseits als legitim gelten dürfen (Evers/Olk 2002). Auf diese Weise entsteht eine Art hegemonialer, die politischen Parteien in den meisten Punkten vereinender Grundkonsens, sowohl was die Problemdefinitionen und -sichten als auch deren Lösungsangebote betrifft. Gegenläufige Auffassungen der einzelnen BürgerInnen sind kaum in der Lage, sich gegenüber den von professionellen Öffentlichkeits-Agenturen verbreiteten Sichtweisen zu behaupten. Beispiele sind die „T-Euro"-Diskussion, Verspätungen bei der Bahn (Rinderspacher 2003), das Wachstumspotential des „neuen Marktes" und last but not least die Empfehlungen zum Umbau des Sozialstaats (Bäcker 2003). Ganz besonders schwer ist es, eigene Ansichten ins Spiel zu bringen, wenn es darum geht, neue Verantwortlichkeiten zwischen Staat und Bürger auszuhandeln, zumal wenn Politiker glauben, sich der Rückendeckung durch die öffentliche Meinung gewiss sein zu können.

Stillschweigend unterstellt ist in den bürgergesellschaftlichen theoretischen Ansätzen wie auch in der politischen Praxis die Ansicht, die BürgerInnen hätten ein gewissermaßen angeborenes Interesse daran, in *möglichst vielen* Bereichen möglichst oft aktiv beteiligt und gefragt zu werden. Das erklärt sich wahrscheinlich aus der langen Geschichte und Intensität des oben skizzierten Partizipationsdiskurses, der ja angetreten war, zunächst ganz elementare Mitwirkungsrechte gegenüber dem autoritären Gebaren der Institutionen der 60er-Jahre durchzusetzen. In der reifen Demokratie der Bundesrepublik ist diese paradigmatische Unterstellung jedoch nicht mehr zwingend.

Im Gegenteil, in den Behörden und Ämtern haben inzwischen in erheblichem Umfang die Angehörigen eben jener Generationen das Sagen, die angetreten war, den Staat zu demokratisieren. Bürgerämter und „bürgernahe Verwaltung" sind zwar weiter verbesserungsbedürftig, aber das Thema selbst blickt in Deutschland West inzwischen auf über drei Jahrzehnte intensiver Behandlung in Theorie und Praxis zurück. Die lieb gewordene Frontstellung: Hier der autoritäre Staat – dort der Untertan, stellt heute erfreulicherweise nur noch ein überkommenes Zerrbild dar. Polizeibeamte oder Angestellte beim Finanzamt haben die Botschaft der Bürgernähe inzwischen nicht weniger internalisiert als ehedem Sozialarbeiter oder Kirchenangestellte. Damit kann – ohne dass die Kontrolle des Abusus staatlicher Macht sich damit erübrigt hätte! – das paradigmatische Schwergewicht der einstigen Demokratisierungsdebatte getrost anders akzentuiert werden, ohne einen Verlust an Lebensqualität der Menschen befürchten zu müssen. Das setzt Kapazitäten frei, um die Kompetenzen der BürgerInnen auf neuen, drängenden Aktionsfeldern einsetzen zu können.

Statt die wohlfeile Forderung nach mehr Beteiligung der Betroffenen pauschal auf immer weitere Gestaltungsbereiche auszuweiten, ist es von Zeit zu Zeit erforderlich, vor dem Hintergrund der für alle BürgerInnen mehr oder weniger knappen Ressource Zeit über das in jeweiligen gesellschaftlichen Entwicklungsphasen gerade notwendige Schwergewicht der Beteiligung der Menschen an ihrem Gemeinwesen nach Art und Umfang öffentlich neu nachzudenken (Beck 2000). Dabei scheint von entscheidender Bedeutung, wie sich der Prozess der Neuakzentuierung in der Öffentlichkeit bewegt, wie soziale Innovation in einer Gesellschaft organisiert ist. Das heißt konkret: Können sich die Meinungen der Menschen, der Betroffenen, auch zu der Frage ihrer eigenen Bürgerbeteiligung tatsächlich – noch – in einer freien, öffentlichen Diskussion artikulieren?

Die unablässige Aufforderung zur Mitarbeit und Übernahme von Verantwortung für die Gemeinschaft wird, so meine Beobachtung, von den Betroffenen, zumindest in dem inzwischen geforderten Gesamtumfang, immer öfter als ungerechtfertigte Zumutung empfunden. Peter Sloterdijk hat in einem etwas anderen Zusammenhang von einer „Belästigung durch Innovateure" gesprochen: Unternehmer, Wissenschaftler, Ingenieure und Politiker, sie alle täten den Menschen mit ihrer Sucht zur permanenten Veränderung nicht nur einen Gefallen. Analog liegt die Vermutung nahe, etliche der praktischen, aber auch im engeren Sinne politischen Mitwirkungsangebote, zumal wenn sie offensichtlich nichts anderem als dem Ziel der Haushaltssanierung der öffentlichen Kassen dienen, seien gar nicht erwünscht. Vielleicht möchten die Menschen – ohne dass sie sich damit einem pauschalen Lethargie-Vorwurf aussetzen müssten – zumindest in bestimmten Lebensbereichen sogar von Verantwortung und dem Zwang zur Aufmerksamkeit entlastet werden, beispielsweise um mehr Zeit „für sich" zu gewinnen. Wie also steht es mit der Freiheit der BügerInnen, Kompetenzabforderungen des Staates und seiner Organe, genauer: Deren Griff in das Zeit-Portemonnaie seiner BürgerInnen wenn nötig zurückweisen zu können?

Wie frei soll der/die BürgerIn diesbezüglich im Umgang mit seiner/ihrer Zeit sein dürfen? Der Mainstream der gegenwärtigen sozialwissenschaftlichen Diskussion postuliert ja Freiheit als die unverhandelbare, unveräußerliche Grundlage jeder menschengerechten Existenz in einem Gemeinwesen. Grundsätzlich sei all das zu befürworten, was der Vermehrung der individuellen Freiheit diene (Kersting 2002). In den ökonomischen Wissenschaften findet sich diese Auffassung etwa in dem Gesamtwerk des Nobelpreisträgers Amartya Sen (2000). Doch welche Einschränkungen seiner Freiheit – hier konkret der Freiheit der Entscheidung über die Bindung der eigenen Zeit an diese oder jene Sachen oder Personen – muss der Bürger/die Bürgerin mit Rücksicht auf das Gemeinwohl hinzunehmen bereit sein, und welche nicht (mehr)?

Die Freiheit als höchstes Gut – einmal als geltende Norm unterstellt – darf, um sich nicht in einem substanzlosen Freiheitspathos zu verlieren, jedenfalls nicht die Bedingungen ihrer Realisierung in der schmuddeligen Wirklichkeit des Alltags außer Acht lassen. Konkret beinhaltet dies hier die Freiheit der Disposition über die Zeitbindungen, die ein Individuum eingehen möchte oder nicht: Ebenso wenig wie es dem mittelalterlichen Lehnsherren seit Anbruch der Neuzeit, spätestens seit der Aufklärung nicht mehr erlaubt sein sollte, seine Bauern zu Hand- und Spanndiensten zu verpflichten, ist es dem modernen Staat nicht angemessen – mit Ausnahme der Wehrpflicht –, auf die persönliche Lebenszeit seiner Bürger *direkt* zuzugreifen. Nicht umsonst bedarf, wie die aktuelle Debatte um die Berufsarmee zeigt, der Zugriff auf die Zeit des Bürgers eines unzweideutig *exzeptionellen* Grundes. Die Aufrechterhaltung normaler Lebens-, Arbeits- und Lernbedingungen im Alltag der Bürgergesellschaft ist definitionsgemäß ein solcher Grund nicht.

Freiheit, als eine (reflexive) Schlüsselkategorie der Bürgergesellschaft, darf nicht als Einwegsystem verstanden werden. Das meint in unserem Zusammenhang, die Exit-Option, die Möglichkeit, ein Angebot zurückweisen oder gar aus dem Spiel ganz aussteigen zu können, wirklich ernst zu nehmen. Ich spreche hier, um Missverständnissen vorzubeugen, nicht über die Möglichkeit einer Totalverweigerung des Bürgers/der Bürgerin gegenüber den Ansprüchen des Staates, sondern über das Recht, Gegenstand und Umfang von Zeitbindungen an öffentlich relevante Tätigkeiten emphatisch selbst wählen zu können. Den mündigen Bürger einmal konzeptionell vorausgesetzt, muss von den Bürgern (als Kollektiv-Subjekt) selbst die Entscheidung ausgehen, welche Aufgaben sie übernehmen möchten und welche vom Staat erstellt werden sollen. Im Idealfall der parlamentarischen Demokratie delegiert die Gesellschaft ja solche Entscheidungen an ihre VolksvertreterInnen. Diese jedoch – siehe oben – sehen sich aus verschiedenen Gründen zumindest gegenwärtig überwiegend dazu berufen, die Verteilung der Aufgaben nur in eine Richtung, nämlich von oben nach unten zu organisieren. Eine Bewegung in die andere Richtung ist mit wenigen, gleich zu besprechenden Ausnahmen nicht zu erkennen.

Man könnte einwenden, niemand übe einen derartigen Zwang auf die BürgerInnen aus. Doch bei genauerer Beobachtung entdeckt man die schleichende Introduktion eines neuen Modus bürgerschaftlicher Zuwendungen an den Staat. So kommt die freundlich vorgetragene Aufforderung einer Schule, für die Renovierung des Klassenraumes der Tochter doch bitte am übernächsten Freitag leibhaftig zur Verfügung zu stehen, einer Situation der Unfreiwilligkeit faktisch ziemlich nahe. Im Einzelfall mag man derartige zeitliche Restriktionen zu Recht als Bagatelle abtun. Doch ist zu befürchten, dass dieses Beispiel im Wortsinne Schule macht, denn die gleiche Aufforderungs-Logik – *Zeit-Einsatz* der BürgerInnen anstelle von Steuererhöhungen oder Etatkürzungen – lässt sich auf fast alle Bereiche bislang in staatlicher Regie geführter Aufgabenkomplexe übertragen.

Dem Bürger/der Bürgerin muss theoretisch und praktisch die Möglichkeit eingeräumt werden, selbst zu entscheiden, wo er/sie seine/ihre Kompetenzen einbringen möchte und vor allem: Wo er/sie das *nicht* möchte. Mehr *diesbezügliche* Optionen zu eröffnen, könnte ein zukünftiges, wichtiges Projekt der Bürgergesellschaft sein. Damit wird – scheinbar paradox – Nicht-Beteiligung als Option unerwartet zu einem Komplementärbegriff innerhalb des Gesamtentwurfs der Bürgergesellschaft. Mit der selektiven Zurückweisung von Aufgaben oder Rücküberweisungen solcher Aufgaben an den Staat, die dieser strukturbedingt effizienter erledigen kann, gewinnt der/die Bürger(in) Zeit für andere, als wichtiger oder einfach als angenehmer empfundene Tätigkeiten. Dem Individuum wie auch einer Gesellschaft als ganzer muss die Freiheit zugestanden werden, sich unter Zuhilfenahme oder Nutzbarmachung staatlicher Institutionen von „basics" der alltäglichen Lebensorganisation entlasten zu dürfen, um auf anderen, selbst präferierten Aktionsfeldern besser agieren zu können. Darüber, was unter den Bedingungen einer hoch entwickelten Gesellschaft als „basics" anzusehen wäre und was als (vermeintlich) höher stehend – darüber mag man öffentlich streiten.

5. Der entlastende Staat

Es gibt Beispiele dafür, dass der Staat das Interesse, vielleicht sogar das Recht seiner BürgerInnen auf Entlastung anerkennt und sich selbst zur Übernahme neuer Aufgaben und Verantwortlichkeiten bereit erklärt oder zumindest moderierend interveniert. So im Bereich des Verbraucherschutzes.

Die neuen Grundlinien der Verbraucherschutzpolitik postulieren einen inneren Zusammenhang zwischen mehr Pflichten und Beteiligungsrechten der VerbraucherInnen einerseits und einer Entlastungsstrategie für diese andererseits. „Als aktiver Partner im Marktgeschehen hat der Einzelne zwar Recht auf Schutz, und die Möglichkeiten zu Abwanderung und Widerspruch muss ihm erhalten beziehungsweise eröffnet werden; zugleich ergeben sich aus seiner Rolle heraus auch Pflichten bezüglich der Mitverantwortung und (Vor-) Sorge für seine soziale und natürliche Mitwelt. Eine motivationspsychologische These lautet, dass eine solche Verantwortung für die Gemeinschaft gerade dann erfolgreich aufgegriffen wird, *wenn der Akteur selbst durch diese Gemeinschaft Schutz und Vorsorge erlebt hat. Damit wäre die Gewährleistung von Schutz zugleich die Grunderfahrung, aus der heraus Verantwortung übernommen wird.*" (Reisch 2003, S. 23; Herv. J.R.)

Der Staat übernimmt nicht nur Verantwortung, wenn er seine BürgerInnen vor Gesundheitsschäden schützt, etwa durch Lebensmittelkontrollen, sondern auch wenn er überschaubare Bereiche organisiert, innerhalb derer sich die Sorge und Eigeninitiative der Menschen gebündelt und daher effizient entfalten kann. So erfüllen etwa Gütesiegel für Öko-Produkte eine solche Funktion: Statt dem Bürger/der Bürgerin in seiner/ihrer Rolle als Verbraucher abzuverlangen, sich mit hohem Zeitaufwand permanent selbst darüber kundig zu machen, ob beim Anbau des Getreides oder in der Viehhaltung ökologische Kriterien tatsächlich eingehalten worden sind, kann der Staat von den Produzenten für Öko-Lebensmittel die Einführung eines Gütesiegels einfordern (Das Parlament 2003). Häufig ist nicht einmal eine staatliche Intervention erforderlich, weil Gütesiegel im Interesse der Anbieter selbst liegen. Allerdings zeigt sich in der Praxis, dass auf staatliche Überwachung der Überwacher und damit hoheitliche Kontrollen nicht verzichtet werden kann. Denn nur insofern die Organisationen, die Qualitätskontrollen ausüben, mit einem gerechtfertigten Vertrauensvorschuss bedacht werden, erfüllen sie ihre Aufgabe der Entlastung, in unserem Kontext namentlich die der zeitlichen Entlastung. Dieses Vertrauen kann aber, wie Praxisfälle der letzten Jahre zeigten, nur wieder durch ein gestuftes Kontrollsystem unter staatlicher Regie hergestellt werden.

Der Staat tritt hier also zusätzlich zu seiner hoheitlichen Funktion als Gesetzgeber und als Exekutive, denen jeweils eine Art Fürsorgepflicht für die BürgerInnen des Landes zukommt (Gefahrenabwehr), in die Rolle einer Service-Institution für den Verbraucher. Beide Funktionen sind aber nicht wirklich voneinander zu trennen, denn auf weiten Strecken ist letztere durch erstere bedingt. Worin besteht diese Dienstleistung? Der Staat erspart den Menschen Such- und Informationskosten, indem er ein gewisses Maß an Handlungs- und Entscheidungssicherheit ermöglicht. Gesetzliche Bestimmungen sind in diesem Sinne in der Lage, einen zeitlichen Rationalisierungseffekt – hier bezogen auf das Alltagsleben der privaten Haushalte – auszuüben. Man könnte sogar noch weiter gehen. Im Verständnis des traditionellen Wohlfahrtsstaatsmodells greift der Staat, auf eine einfache Formel gebracht, seinen BürgerInnen im Wesentlichen mit geldlichen Zuwendungen unter die Arme. In einem erweiterten beziehungsweise modifizierten Wohlfahrtsstaat ließe er seinen BürgerInnen, wenn man so will, eine zeitliche Unterstützung zukommen.

Der Fall der Verbraucherschutzpolitik zeigt immerhin, dass das Interesse der BürgerInnen, ihre Zeit für private und öffentliche Dinge gezielt und mit größtmöglicher Effizienz einzusetzen, vom Staat, von der Exekutive wie von der Legislative, durchaus anerkannt und in die Gesetzgebung oder Beschlüsse der Regierung integriert werden kann.

Wenn gesagt wurde, die Aufgabenverteilung zwischen Staat und BürgerInnen dürfe sich nicht nur nach dem Einbahnstraßenprinzip in eine Richtung bewegen, so stellt sich im Anschluss hieran die Frage, wie, um im Bilde zu bleiben, die Fahrt in die Gegenrichtung offen gehalten werden kann. Wie können Aushandelungsprozesse zwischen Staat und BürgerInnen, in denen die Beanspruchung der Zeitbudgets der BürgerInnen ernst genommen wird, institutionalisiert werden?

6. Öffentliches Zeitmanagement in der Bürgergesellschaft? Der Zeitbeirat

Wenn die Menschen vor zeitlicher Überlastung oder vor ungerechten Ansprüchen geschützt werden sollen, geht es nicht – wie Kritiker einwenden könnten – um Bevormundung oder übertriebene Vorsorge, sondern um die Erhöhung der Lebensqualität und der politischen Qualität der Gesellschaft durch eine öffentlich abgestimmte Balance zwischen Aufgaben, die der Staat seinen BürgerInnen mit einiger Plausibilität abverlangen kann und anderen zeitaufwändigen Betätigungen, die er ihnen auf der anderen Seite abzunehmen bereit und in der Lage sein muss. Das hieße angesichts der gegenwärtigen Anspruchsinflation, den vorfindlichen Wildwuchs der Anforderungen zumindest so zu strukturieren, dass ein vom Individuum beziehungsweise Familienhaushalt gut zu bearbeitendes Quantum an Aufgaben übrig bleibt. Nur dann können die Menschen *sowohl ihre Entscheidungs- als auch Erstellungskompetenz* zur Erhöhung ihres persönlichen Güter- und Zeitwohlstandes, für praktische Gemeinschaftsaufgaben und gleichermaßen für die Aufrechterhaltung und Verbesserung der politischen Kultur in der Gesellschaft einsetzen.

Es liegt auf der Hand, hier nach einer Instanz Ausschau zu halten, die die wechselseitigen zeitlichen Ansprüche von Staat und BürgerInnen moderiert. Doch wie müsste diese beschaffen sein, um nicht dem Grundgedanken der Bürgergesellschaft diametral zu widersprechen? Darf eine freie Gesellschaft die Zuteilung von Aufgaben nach einem Gesamtplan veranlassen? Es liegt ja gerade ein wichtiger emanzipatorischer Erfolg der Bürgergesellschaft darin, sich von planifizierenden Kollektiv-Subjekten in der Theorie wie größtenteils auch in der Praxis verabschiedet zu haben. Doch das widerspricht nicht der Suche nach einer unabhängigen und dennoch im Staatsgefüge fest verankerten Instanz, die die Zeitinteressen der BürgerInnen vertritt. Diese Instanz müsste ja nicht selbst exekutiv tätig sein, vielmehr hätte sie – moderierend – Empfehlungen sinnvoller Prioritätensetzungen im Umgang mit der Zeit der BürgerInnen auszuarbeiten und in die Öffentlichkeit hinein zu kommunizieren. Sie wäre eine Instanz, die in Permanenz den roten Faden bürgergesellschaftlichen Zeitgebrauchs im Auge zu behalten hätte.

Moderation meint in unserem Zusammenhang zweierlei: Zum einen eine Form der freiwilligen *Selbstbeschränkung* derjenigen Institutionen, die regelmäßig oder potentiell zeitlich wirksame Ansprüche gegenüber den BürgerInnen artikulieren. Deren Empathie-Fähigkeiten gegenüber ihrer Klientel müsste erheblich gesteigert werden. Doch dies hat naturgemäß seine Grenzen in dem berechtigten Anspruch jeder Organisation, ihre spezifischen Ziele durchzusetzen und hierzu die Individuen soweit zweckdienlich für sich in Anspruch zu nehmen.

Moderation meint zum anderen die Institutionalisierung der Reflexion über jenen roten Faden im Rahmen einer Einrichtung, die ich einmal als den *Zeitbeirat der BürgerInnen* bezeichnen möchte. Der Zeitbeirat verstünde sich als eine Institution, die grobe zeitpolitische Fehlentwicklungen in dem hier in Rede stehenden Bereich sichtbar zu machen hätte. Der Zeitbeirat der BürgerInnen ließe sich von der Überzeugung leiten, dass die unterschiedlichen staatlichen und parastaatlichen Einrichtungen in der Gesellschaft unter den Vorzeichen der Bürgergesellschaft ihre zeitlichen Ansprüche an die BürgerInnen miteinander abstimmen müssen, wollen sie diese nicht langfristig in ihrem Bestand beziehungsweise in ihrer Fortentwicklung behindern.

Der Zeitbeirat könnte sich analog den Rundfunk- oder Verbraucherbeiräten aus gesellschaftlich relevanten Gruppen zusammensetzen. Er hätte unter Zuhilfenahme wissenschaftlicher Methoden den Stand und die Veränderungen der zeitlichen Belastungen der Bevölkerung zu beobachten und soweit möglich deren Ursachen zu benennen. Der Zeitbeirat hätte öffentlich Stellung zu beziehen und regelmäßig einen Bericht zu erstellen, etwa mit dem Titel „Zur zeitlichen Lage der Nation". Der Beirat hätte Maßstäbe und Kriterien der Zumutbarkeit aus der Sicht einer übergeordneten, dem Gemeinwohl verpflichteten Instanz zu erarbeiten. Er würde sich als Ombudsmann der BürgerInnen in ihrer Rolle als ZeitverbraucherInnen betrachten. Er könnte daher als eine Koordinierungsstelle im Bereich des staatlichen Verbraucherschutzes angesiedelt sein. Sinngemäß handelt es sich ja um die Vertretung eines spezifischen Verbraucherinteresses, wenn man den Begriff des Verbrauchers hier auf den Zeitverbraucher und auf dessen Interesse an der Optimierung seiner Lebensqualität, namentlich seines „zeitlichen Wohlbefindens" (Scherhorn 2002) bezieht.

Der Zeitbeirat der BürgerInnen hätte deren Interessen gegenüber den Ansprüchen der Politik in Bund, Ländern und Kommunen zu vertreten.

Darüber hinaus wäre mittelfristig denkbar, den beobachteten Bereich zeitlicher Belastungsursachen allgemein auf die Alltagssituation der Menschen auszuweiten. Angestrebt werden müsste also eine Gesamtschau der zeitlichen Belastungen der Menschen unter dem Aspekt der Re-Allokation von Aufgaben zwischen Staat und BürgerInnen in beiden Richtungen. Spezifische Gruppen, die als besonders belastet gelten, etwa allein erziehende Mütter, müssten eine besondere Aufmerksamkeit erfahren.

Ziel wäre die Förderung einer aus der Gesamtschau zeitlicher Belastungen hergeleiteten sozialverträglichen Aufgabenverteilung zwischen direkt von staatlichen Institutionen geleisteten Aufgaben und dem auf freiwilliger Basis beruhenden Engagement der BürgerInnen im Bereich der Selbsthilfe und der politischen Partizipation. Dabei sollte den Anforderungen an die „klassische" Partizipation, also dem zeitlichen Aufwand für die Bereiche politischer Mandate, Parteiarbeit und gewerkschaftlicher Arbeit, im Interesse einer ausgewogenen politischen Kultur zwischen „alter" und „neuer" politischer Arbeit erhöhte Aufmerksamkeit geschenkt werden. Dieser für eine funktionierende demokratische Gesellschaft unverzichtbare Bereich öffentlichen Engagements unterliegt einem Erosionsprozess, zumindest was den Umfang der Beteiligung angeht. Der jüngste Freiwilligensurvey (Gensicke/Ohder i.d.B.) weist gerade in diesem Feld auf große Defizite hin. Zugleich soll damit nicht gesagt sein, dass etwa der Rückgang der Mitarbeit bei den Parteien und Gewerkschaften lediglich auf Zeitprobleme zurückzuführen sei; von der Krise der althergebrachten Institutionen als formalen Organisationen wie auch von ihrer veränderten Funktion in der Bürgergesellschaft war ja oben bereits die Rede. Dennoch oder gerade deshalb bedarf es der gezielten Förderung zeitlicher Gelegenheitsstrukturen.

Das Erfordernis einer Moderation der Anforderungen stellt sich nicht nur gegenüber der Praxis, also gegenüber den Organisationen, die ihre zeitlichen Ansprüche täglich gegenüber den BürgerInnen anmelden, sondern mindestens ebenso gegenüber der theoretischen Ausformulierung und Weiterentwicklung der Bürgergesellschaft. Die Botschaft des Zeitbeirates müsste sich also auch an Theoretiker und die Stabsstellen gesellschaftspolitisch relevanter Organisationen richten.

7. Das Doppelgesicht der Mündigkeit

Die drohende beziehungsweise weitgehend schon vorhandene zeitliche Überforderung der Menschen in der Bürgergesellschaft – davon sollen die Beiträge dieses Bandes eine Ahnung geben – ist nicht nur eine Randerscheinung. Meine Befürchtung ist, dass eine im Kern gut gemeinte, aber wild wuchernde Anspruchsveränderung des Staates gegenüber seinen BürgerInnen auf der einen Seite sowie eine nur taktisch begründete Inanspruchnahme der Bürgerinnen und Bürger unter dem Deckmantel der Verwirklichung der Bürgergesellschaft seitens hilfloser Politiker auf der anderen zu einer Gemengelage führt, die im Ergebnis den guten Grundgedanken der Bürgerbeteiligung unglaubwürdig erscheinen lässt. Was ursprünglich die Freiheit und Mündigkeit der Menschen vergrößern sollte, die aktive Mitarbeit der BürgerInnen in allen Bereichen der Gesellschaft, behindert inzwischen eine wirkliche Teilhabe an Entscheidungen über Struktur und Fortgang unseres Gemeinwesens oftmals mehr, als sie diese voranbringt. Anstatt mehr Zeit zu ermöglichen für „höhere Aufgaben", zu denen ich – noch immer – disponierende, kreative, nach vorn weisende Entscheidungskompetenzen der Menschen rechnen würde, werden immer mehr Menschen auf immer weiteren Feldern aus zum Teil dubiosen Beweggründen mit immer mehr Marginalien aus dem Bereich basaler Lebensnotwendigkeiten beschäftigt. Sie verbringen viel zu viel Zeit mit viel zu praktischen Dingen, also jenen, die nach der eingangs vorgenommenen Kategorisierung der *Erstellungskompetenz* zuzurechnen wären. Dagegen verbringen die BürgerInnen viel zu wenig Zeit mit der Ausübung ihrer demokratischen Rechte und machen viel zu wenig Gebrauch von ihrer genuinen *Entscheidungskompetenz* – und zwar dort, wo die wirklich weit tragenden Entscheidungen fallen.

Die BürgerInnen sind mit anderen Worten viel zu sehr Malocher und viel zu wenig Manager ihrer – damit gar nicht mehr so eigenen – öffentlichen Angelegenheiten geworden. Sie werden dazu veranlasst, sich für immer mehr Dinge zu interessieren und zu engagieren, zu deren Sicherstellung ebenso gut öffentliche Institutionen in der Lage wären. Die Aufstellung von freiwilligen Polizeihelfern oder gar Bürgerwehren an sozialen Brennpunkten kann nur in Folge öffentlicher Armut oder anderer defizienter Leistungen des Staates – wahrscheinlich sogar einzelner Politiker oder Parteien – zu einer Form des Engagements für die Res publica hochgeredet werden. Papier und Flaschen aus den Wäldern zu entfernen gehört ebenso zu diesem Komplex zweifelhafter Tätigkeiten „im Dienste des Gemeinwohls" wie die Renovierung der Klassenräume. Zumindest letztere Engagements sind nicht etwa als solche zu kritisieren, lediglich deren demonstrative politische Aufwertung – oder gar dass solche Tätigkeiten an die Stelle klassischer politischer Partizipation treten. Ich befürchte, dass in dem Ausmaß, wie von der Politik in dieser oder jener Form zunehmend Erstellungskompetenz eingefordert wird, die zeitlichen, aber auch die energetischen Möglichkeiten politischer Beteiligung zurückgehen. Einfluss zu nehmen auf diejenigen *Weichenstellungen*, die am Ende die Lebensbedingungen, die soziokulturellen Rahmenbedingungen, die finanziellen Spielräume und generell das Alltagsleben einer Gesellschaft ausmachen, bleibt dann einer schrumpfenden Minderheit an den Schaltstellen der Macht und der Verteilung der Ressourcen Aktiver oder allein der „politischen Klasse" vorbehalten.

Die Polarisierung der öffentlich engagierten BürgerInnen zwischen einer kleinen Gruppe weichenstellender „Macher" einerseits und der Masse der ausführenden „Malocher" andererseits ist höchstwahrscheinlich nicht das Ergebnis einer zufällig fehlgelaufenen Entwicklung. Man muss vielmehr befürchten, dass es sich hierbei um einen Webfehler im Konzept der Bürgergesellschaft, also nicht nur um eine praktische, sondern zugleich um eine konzeptionelle Schwäche handelt: Wenn die zeitlose Idealgestalt des verantwortungsbewussten, mündigen Bürgers den Ausgangspunkt des Konzepts bildet und man die zeitlichen Limitierungen der agierenden Subjekte nicht systematisch zur Kenntnis nimmt, könnte der Ansatz der

Bürgergesellschaft, wie er sich in den letzten Dekaden als Ausdruck einer neuen, subjektbetonten politischen Kultur herausgebildet hat, rasch zu einer neuen Ideologie, gewissermaßen zur Ideologie der neuen Herrschenden, verkommen. Mit einer Emphase wie kein (Demokratie-) Konzept vor ihr behauptet die Bürgergesellschaft von sich, Herrschaft abgeben und nicht für alles zuständig sein zu wollen. Sie hat sich ja gerade in der kritischen Auseinandersetzung mit dem klassischen Wohlfahrtsstaat profiliert, dem sie zum einen die Omnipotenzphantasie allgegenwärtiger Zuständigkeit vorwirft, zum anderen, dass dieser Anspruch nicht nur vermessen, sondern auch praktisch nicht einlösbar sei. Doch indem sie Verantwortung, wo immer es möglich erscheint, den agierenden BürgerInnen übergibt, delegiert sie nicht automatisch oder gar im gleichen Umfang Macht und Herrschaft. Im Gegenteil kann Delegation an die BürgerInnen sogar ein Instrument der Stabilisierung oder gar weiteren Entzweiung des Verhältnisses zwischen Oben und Unten sein. Dann nämlich, wenn eine bestimmte Struktur der Arbeitsteilung zwischen den in Bund, Ländern und Gemeinden Regierenden sowie dem Management großer parastaatlicher Institutionen auf der einen Seite und den normalen, das heißt den zuerst einmal völlig zu Recht mit ihrer Alltagsorganisation beschäftigten Mitgliedern der Gesellschaft auf der anderen Seite besteht.

Obwohl zwischen Partizipations- und Erstellungskompetenz theoretisch ein enger Zusammenhang postuliert werden kann – wer sich konkret mitarbeitend beteiligt, entscheidet auch originär – stellt sich der Zusammenhang in der Praxis doch eher umgekehrt dar. Warum soll man nicht Klassenräume streichen und gerade dadurch besonders kompetent werden, den Streit mit dem Regierungspräsidenten um die regelmäßige Erteilung des Faches Musik zu führen? In der Realwelt begrenzter zeitlicher und energetischer Ressourcen der Menschen, in den jeweiligen konkreten Lebenszusammenhängen, in die das Individuum *insgesamt* inkludiert ist, ist die Menge der verfügbaren Zeit angesichts der von allen Seiten hochgeschraubten Ansprüche an das Zeitbudget des Individuums fast definitionsgemäß immer zu gering. Dies steht damit vor *dem* klassischen Problem jeder Ökonomie, nämlich dem der Verteilung eines knappen Gutes auf eine unendliche Anzahl von Bedürfnissen (hier: Anforderungen).

Die Tatsache, dass sich die Politik in Bund, Ländern und Gemeinden im Wesentlichen auf die Überwindung der Finanzkrisen zentraler sozialstaatlicher Sicherungssysteme beschränkt, trägt erheblich dazu bei, die Erstellungskompetenzen der BürgerInnen als den Deus ex Machina zahlreicher staatlicher Defizienzen zu behandeln: „Übergeben wir's doch der Eigenverantwortung." Das sind in der Regel solche Aufgaben, die arbeitsintensiv, zeitaufwändig, aber ohne Einfluss sind. Damit reproduziert das vermeintlich neue Politikmuster der Bürgergesellschaft im Kern alte Muster von elitärer Herrschaft, gegen das die Partizipations- und Demokratisierungstheorie der 70er-Jahre ursprünglich angetreten war. Die Strategie ist paradoxerweise dadurch und nur noch dadurch erfolgreich, dass die Regierenden sich für wenige öffentliche Gestaltungsaufgaben noch wirklich zuständig erklären. Sie machen sich fast unangreifbar, indem sie die Erfolge der von ihnen bearbeiteten, erfolgsträchtigen Politikfelder für sich verbuchen, während sie Fehlentwicklungen in den tendenziell unregierbaren Politikfeldern dem falschen Verhalten derer zuschreiben können, denen sie zuvor diese Gestaltungsbereiche anvertraut hatten.

Provokant könnte man fragen, ob die Bürgergesellschaft nicht möglicherweise ihren Zenit bereits überschritten habe und sich nun auf dem Weg allen (auch politischen) Fleisches in jenen widerspruchsvollen Prozess befindet, den Adorno so treffend in der Dialektik der Aufklärung beschrieben hat.

Dieser Beitrag jedenfalls zielt darauf, die Mündigkeit der BürgerInnen wiederzugewinnen, die unterwegs verloren zu gehen droht. Aufgabe einer über die Mythen ihrer Aufklärung aufgeklärten, gewissermaßen reflexiven Zivil- oder Bürgergesellschaft müsste es sein, dem Pathos der Freiheit der Entscheidung, auf das uns die neuere politische Philosophie verpflichtet, die nüchterne Forderung nach empirischer Überprüfung ihrer Realisierungsbedingungen im modernen Alltagsleben folgen zu lassen. Indem wir die Bedingungen der Möglichkeit der Einbringung von Kompetenz der BürgerInnen in der zeitlichen Dimension empirisch betrachten, wird bereits deutlich, dass man nicht nur über die ungeahnten Möglichkeiten, sondern verstärkt auch über die absehbaren Grenzen der Bewältigung von privaten und öffentlichen Aufgaben des Bürgers/der Bürgerin zu sprechen hätte.

Literatur

Bäcker, G. (2003): Weniger Sozialstaat = mehr Beschäftigung? Anmerkungen zu einer aktuellen Debatte. In: WSI-Mitteilungen Nr. 5/2003, S. 300-305

Beck, U. (1986): Die Risikogesellschaft. Frankfurt a. M.

Beck, U. (2000): Wohin führt der Weg, der mit dem Ende der Vollbeschäftigungsgesellschaft beginnt? In: Ders. (Hg.): Die Zukunft von Arbeit und Demokratie. Frankfurt a. M.

Beckel, A. (1964): Subsidiarität. Stichwort. In: Katholisches Soziallexikon. Innsbruck, Sp. 1202-1208

Beywl, W.; Brombach, H. (1984): Neue Selbstorganisationen. Zwischen kultureller Autonomie und politischer Vereinnahmung. In: Aus Politik und Zeitgeschichte, B 11/84, S. 15-29

Braun, S. (2001): Bürgerschaftliches Engagement – Konjunktur und Ambivalenz einer gesellschaftspolitischen Debatte. In: Leviathan Nr. 29/ 2001, S. 83-109

Burzan, N.; Schimank, U. (2003): Inklusionsprofile – Überlegungen zu einer differenztheoretischen Sozialstrukturanalyse. In: Schwinn, Th. (Hg.): Differenzierung und soziale Ungleichheit. Weilerswist (im Erscheinen)

Damkowski, W.; Rösener, A. (2003): Auf dem Weg zum aktivierenden Staat. Vom Leitbild zum umsetzungsreifen Konzept. Berlin

Das Parlament (2003): Mehr Schutz für die Bürger, Nr. 22, 26.05.2003, S. 17-22

Dettling, W. (1974): Demokratisierung. Wege und Irrwege. Köln

Evers, A.; Olk, Th. (2002): Bügerengagement im Sozialstaat – Randphänomen oder Kernproblem? In: Aus Politik und Zeitgeschichte, Nr. 9/ 2002, S. 6-14

Geißler, K. (1996): Zeit. Verweile doch, Du bist so schön. Weinheim, Berlin

Gorz, A. (2000): Arbeit zwischen Misere und Utopie. Frankfurt a. M.

Heinze, R. G. (1986a): „Neue Subsidiarität" – Zum soziologischen und politischen Gehalt eines aktuellen sozialpolitischen Konzepts. In: Ders. 1986b, S. 13-38

Heinze, R. G. (Hg.) (1986b): Neue Subsidiarität: Leitidee für eine zukünftige Sozialpolitik? Opladen

Henckel, D.; Eberling, M. (Hg.) (2002): Raumzeitpolitik. Opladen

Hondrich, K. O. (1973): Theorie der Herrschaft. Frankfurt a. M.

Industriegewerkschaft Metall (1972) (Hg.): Demokratisierung. Reihe „Qualität des Lebens", Bd. 8. Frankfurt a. M.

Joas, H. (2001): Ungleichheit in der Bürgergesellschaft. Über einige Dilemmata des Gemeinsinns. In: Aus Politik und Zeitgeschichte, Nr. 25-26/2001, S. 15-23

Jurczyk, K.; Rerrich, M. (Hg.) (1993): Die Arbeit des Alltags. Beiträge zu einer Soziologie der alltäglichen Lebensführung. Freiburg

Kersting, W. (2002): Kritik der Gleichheit. Über die Grenzen der Gerechtigkeit und der Moral. Weilerswist

Linder, St. B. (1973): Warum wir keine Zeit mehr haben. Das Linder Axiom. Frankfurt a. M.

Müller-Wichmann, Ch. (1984): Zeitnot. Untersuchungen zum „Freizeitproblem" und seiner pädagogischen Zugänglichkeit. Weinheim, Basel

Mutz, G. (1997): Zukunft der Arbeit. Chancen für die Tätigkeitsgesellschaft? In: Aus Politik und Zeitgeschichte, Nr. 48-49/1997, S. 31-40

Olk, Th. (1986): „Neue Subsidiaritätspolitik" – Abschied vom Sozialstaat oder Entfaltung autonomer Lebensstile? In: Heinze 1986b, S. 283-302

Raschke, J. (1988): Soziale Bewegungen. Ein historisch-systematischer Grundriß. Frankfurt a. M., New York

Reisch, L. et al. (2003): Strategische Grundsätze und Leitbilder einer neuen Verbraucherpolitik. Diskussionspapier des Wissenschaftlichen Beirats für Verbraucher- und Ernährungspolitik beim BMVEL. Stuttgart-Hohenheim, Berlin (April 2003)

Rinderspacher, J. P. (1992): Zeitstrukturen und private Haushalte im Wandel. In: Gräbe, S. (Hg.): Alltagszeit – Lebenszeit. Zeitstrukturen im privaten Haushalt. Frankfurt a. M., New York, S.11-30

Rinderspacher, J. P. (Hg.) (1996): Zeit für die Umwelt. Handlungskonzepte für eine ökologische Zeitverwendung. Berlin

Rinderspacher, J. P. (2000): Zeitwohlstand in der Moderne. Wissenschaftszentrum Berlin (WZB), P00-502

Rinderspacher, J. P. (2001): Zeit für Demokratie. In: Mückenberger, U. (Hg.): Bessere Zeiten für die Stadt. Chancen kommunaler Zeitpolitik. Opladen, S. 107-133

Rinderspacher, J. P. (2002): Zeitwohlstand – Entstehungszusammenhänge eines erweiterten Verständnisses vom Ziel des Wirtschaftens. In: Ders. (Hg.): Zeitwohlstand. Ein Konzept für einen anderen Wohlstand der Nation. Berlin, S. 59-93

Rinderspacher, J. P. (2003): Zeitdiebe auf der Schiene? Zugbindung, Zeitbindung und das neue Tarifsystem der Deutschen Bahn. Ein Dossier. Zeitverträglichkeitsgutachten im Auftrag der Deutschen Gesellschaft für Zeitpolitik. Berlin

Scharping, R.; Wollner, F. (Hg.) (1973): Demokratischer Sozialismus und Langzeitprogramm. Diskussionsbeiträge zum Orientierungsrahmen '85 der SPD. Hamburg

Scherhorn, G. (1975): Verbraucherinteresse und Verbraucherpolitik. Reihe Kommission für wirtschaftlichen und sozialen Wandel Nr. 17. Göttingen

Scherhorn, G. (2002): Wohlstand – eine Optimierungsaufgabe. In: Rinderspacher, J. P. (Hg.) (2002): Zeitwohlstand. Ein Konzept für einen anderen Wohlstand der Nation. Berlin, S. 95-116

Schuppert, G. (2002): Gemeinwohl, das. Oder: Über die Schwierigkeiten, dem Gemeinwohlbegriff Konturen zu verleihen. In: Schuppert, G. F.; Neidhart, F. (Hg.) (2002): Gemeinwohl – Auf der Suche nach der Substanz. Jahrbuch Wissenschaftszentrum Berlin 2002. Berlin

Seel, B. (1996): Auf der Mikrowelle? Private Haushalte zwischen Zeit, Geld und Umweltkonsum. In: Rinderspacher, J. P. (Hg.): Zeit für die Umwelt. Berlin, S. 131-148

Sen, A. (2000): Ökonomie für den Menschen. Wege zu Gerechtigkeit und Solidarität in der Marktwirtschaft. München

Vilmar, F. (1973): Strategien der Demokratisierung. Bd. I: Theorie der Praxis. Neuwied

Thomas Gensicke; Sabine Ohder

Keine Zeit für freiwilliges Engagement?

1. Ende des „Postmaterialismus" und freiwilliges Engagement

In den 90er-Jahren hat sich das gesellschaftliche Klima in Deutschland deutlich in Richtung ökonomischer Prioritäten verschoben. Eine „post-materielle" Phase der Bundesrepublik der 70er- und 80er-Jahre, deren Prioritäten stark in Richtung immaterieller Lebensqualität und Selbst-verwirklichung verschoben waren und die auf einer im Vergleich zu heute günstigeren ökonomischen Prosperität beruhte, ist seit Mitte der 90er-Jahre zu Ende gegangen. Die Wiedervereinigung rückte materielle Probleme wieder deutlich in den Vordergrund der gesellschaftlichen Agenda. Die 90er-Jahre und der Anfang des neuen Jahrtausends sind von hoher Arbeitslosigkeit und schwachem Wirtschaftswachstum geprägt. Der Staat ist in ständiger Finanznot. Deutschland tut sich schwer, sich an die neue weltwirtschaftliche Agenda anzupassen. Am schwierigsten scheint es, eine Reform des Arbeitsmarktes zu bewerk-stelligen.

Wie die 14. Shell Jugendstudie zeigt (Deutsche Shell 2002, S. 142ff.), betont der neue Zeitgeist die private Sicherung des Lebensstandards auf der Basis von Flexibilität und Leistung. Die Prioritäten der indivi-duellen Zeitverwendung müssten sich damit eigentlich weg von der Freizeit hin zum vermehrten Einsatz im Beruf sowie in Richtung erhöhter Investitionen von Zeit in Aus- und Weiterbildung verschieben. Das würde eine Verknappung der freien Zeit bedeuten. Freie Zeit ist jedoch die Voraussetzung für ehrenamtliches und freiwilliges Engagement. Dieses Engagement wird unter dem Idealbegriff der „Bürgergesellschaft" seit den 90er-Jahren verstärkt öffentlich eingefordert und gefördert. Wie sieht die empirische Realität der Bürgergesellschaft im Sinne einer Gesellschaft engagierter Bürgerinnen und Bürger aus? Konkreter: Wie viel Zeit bleibt für die Bürgergesellschaft in der Leistungsgesellschaft?

Wir wollen in diesem Artikel in zwei Stufen vorgehen. Zunächst möchten wir eine europaweite Umfrage auswerten, die einen Überblick über die Freizeitverwendung der Europäer und der Deutschen im Vergleich gibt. In dieser Umfrage gibt es einen Indikator für die Zeitverwendung für freiwilliges und ehrenamtliches Engagement. Dieser Indikator ist allerdings relativ grob, weil er sehr einfach erfasst wurde. Mit einem ähnlichen Indikator können wir anhand des Sozioökonomischen Panels zusätzlich etwas über die mittelfristige Entwicklung des freiwilligen Engagements in Deutschland aussagen. In einem zweiten Schritt werden wir eine genauere Bestandsaufnahme des freiwilligen und ehrenamtlichen Engagements der Bevölkerung leisten. Als Basis dafür dienen die Ergebnisse des Freiwilligensurveys 1999, der durch das Bundesministerium für Familie, Senioren, Frauen und Jugend (BMFSFJ) bei Infratest Sozialforschung in Auftrag gegeben wurde (vgl. für einen Überblick von Rosenbladt 1999). Der Freiwilligensurvey mit etwa 15.000 Befragten ist die erste repräsentative und gleichzeitig umfassende und differenzierte Bestandsaufnahme des freiwilligen und ehrenamtlichen Engagements in Deutschland. Trendaussagen darüber, ob das freiwillige und ehrenamtliche Engagement in Deutschland zu- oder abnimmt, sind im Moment allerdings auf Basis des Freiwilligensurveys als bisher einmaliger Erhebung noch nicht möglich. Es ist zu hoffen, dass die Politik den Freiwilligensurvey weiter fördert, so dass Zeitreihen über die Entwicklung des Engagements in Deutschland möglich werden.

2. Umgang mit Zeit in Europa und Deutschland

2.1 Zeitbezogenes Lebensgefühl

Abbildung 1 zeigt eine Reihe von Einschätzungen zum Lebensgefühl in Europa und in Deutschland, von denen einige Hinweise zum Umgang mit Zeit und auf eventuellen Zeitstress liefern könnten.

Abbildung 1: Umgang mit Zeit in Europa und Deutschland

	Europa	Deutschland
• Termine sollte man pünktlich einhalten	91% (65%)	93% (43%)
• Ich kann mir meine Termine selber einteilen	51% (28%)	64% (27%)
• Arbeit und Privatleben sollte man streng von-einander trennen	57% (31%)	59% (17%)
• Für die freie Zeit, die ich für andere verwende, möchte ich auch Anerkennung haben	49% (20%)	62% (14%)
• Ich finde, ich habe jeden Tag zu viel zu tun	43% (17%)	45% (19%)
• Wenn es zu wenig zu tun gibt, fühle ich mich gelangweilt und nutzlos	42% (19%)	36% (7%)
• Ich finde der Alltag ist heute ruhiger als früher	35% (17%)	25% (10%)

Quelle: EURESCOM-Umfrage in neun europäischen Ländern 2000, Tschechien, Dänemark, Deutschland, Frankreich, Italien, Niederlande, Norwegen, Spanien, Großbritannien, pro Land N=ca. 1.000, in Tabelle Auswahl der Zustimmungen 1 und 2 auf einer 5er-Skala, in Klammern: 1-volle Zustimmung

Pünktlichkeit und Termintreue werden überall in Europa geschätzt. Bemerkenswerter Weise ist diese Einschätzung jedoch in Deutschland viel weniger strikt als anderswo (man stimmt lieber „eher" zu als „voll"). Am striktesten für Pünktlichkeit sind Skandinavier, gefolgt von Briten und Holländern. Die Deutschen haben es besser, wenn es darum geht, ob sie sich ihre Termine selbst einteilen können, 64% haben dieses Privileg, aber nur 51% der Europäer. Spitzenreiter sind die Briten (73%), Schlusslicht die Spanier (26%). Die Tendenz, Arbeit und Privatleben strikt zu trennen, ist mit 59% in Deutschland ebenso vorhanden wie in Europa (57%), allerdings weniger deutlich (man stimmt wieder lieber „eher" zu als „voll"). Wichtig auch für das freiwillige Engagement ist, dass die Deutschen gegenüber anderen Europäern vermehrt Wert darauf legen (62%), es anerkannt zu sehen, wenn sie Zeit für andere verwenden. Die Deutschen sind in diesem Punkt besonders anspruchsvoll, ganz im Gegensatz zu Franzosen (nur 31%). Für unser Thema ebenfalls interessant ist, dass Stress („jeden Tag zu viel zu tun haben") in Deutschland mit 45% etwa ähnlich vorkommt wie im Rest Europas. Besonders im Stress sehen sich Italiener (58%), Tschechen (53%) und Spanier (53%). Spanier (55%) und Italiener (53%) legen jedoch auch eine gewisse Rastlosigkeit an den Tag: Wenn sie nichts zu tun haben, fühlen sie sich schnell gelangweilt und nutzlos, ganz im Gegensatz zu den Deutschen (36%), die deutlich unter dem europäischen Schnitt liegen (42%). Ähnlich mal problemlos alle fünf gerade sein lassen können Skandinavier und Tschechen. Nur 35% der Europäer finden, der Alltag sei heute ruhiger als früher, 46% sehen das genau anders herum, gehen also von zunehmender Hektik aus (Rest „weder-noch"). In Deutschland ist das noch stärker der Fall, 58% sehen eher die Tendenz zur Hektik, etwas mehr noch sehen das die Franzosen so (62%), ähnlich die Niederländer und Dänen. Eher umgekehrt, also hin zu Ruhe, wird der Trend von Spaniern, Norwegern und Italienern eingeschätzt. Insgesamt sieht man also in Europa, vermehrt noch in Deutschland eine Zunahme der Alltagshektik. Alltagsstress empfindet in Deutschland ein ähnlicher Prozentsatz wie in Europa, und dieser ist recht hoch.

2.2 Freizeitaktivitäten

Viel Zeit verbringen die Europäer wie die Deutschen mit Fernseh-, Radio- und Printmedienkonsum sowohl zum Zwecke der Information als auch zur Unterhaltung. Die Abbildungen 2 und 3 zeigen, dass daneben reine entspannende Erholung und Einkaufen beziehungsweise Shoppen die dominanten Freizeitbeschäftigungen sind (vgl. Abb. 2 und 3; eigene Berechnungen). Parallel zu ihrer geringeren „Rastlosigkeit" geben sich die Deutschen mehr der reinen nichtstuenden Entspannung hin als zum Beispiel die „rastloseren" Italiener und Spanier. Interessanterweise gesellen sich die deutschen Familien- und Freundeskreise mehr zu Partys und Feiern, was besonders bei Tschechen, Briten und Dänen weniger vorkommt. Die Deutschen widmen sich auch mehr Hobbys in der Art von Hand-, Näh- und Strickarbeit, der Pflanzen- und Tierpflege, dem Sammeln und so weiter. Etwa die Hälfte der Italiener und Spanier macht so etwas gar nicht gegenüber nur 5% der Deutschen. Die Deutschen gehen etwas weniger oft in die Kirche oder zu kirchlichen Veranstaltungen, was besonders Italiener, teils auch Spanier vermehrt tun. 76% der Franzosen gehen nie in die Kirche oder zu einer kirchlichen Veranstaltung, mit jeweils 71% auch besonders viele Briten und Tschechen (Deutschland: durchschnittliche 62%).

Abbildung 2
Freizeitaktivitäten in Europa und Deutschland
Bevölkerung im Alter ab 14 Jahren (Angaben in %)

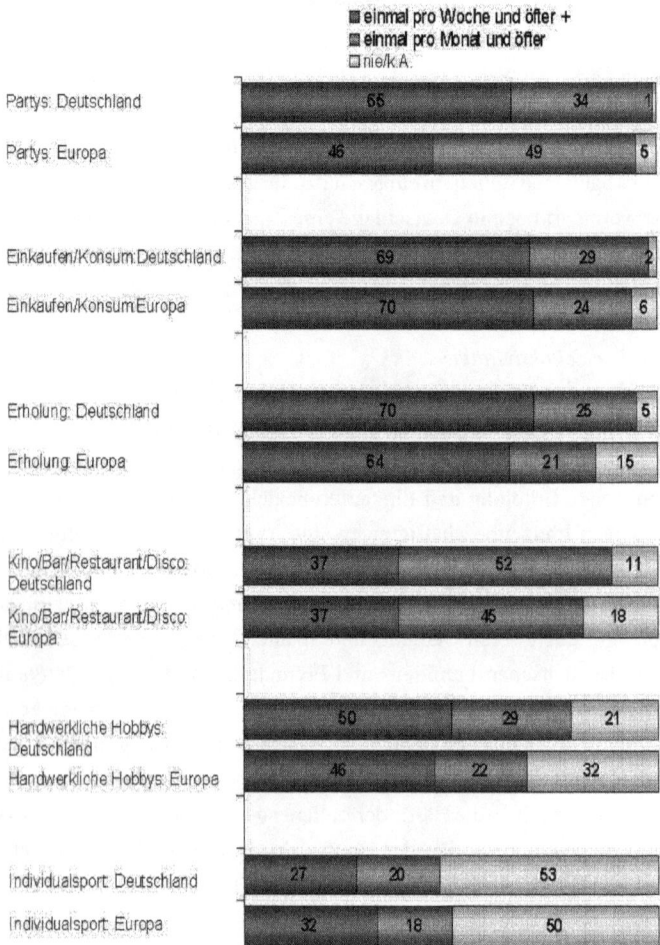

Legend:
- einmal pro Woche und öfter +
- einmal pro Monat und öfter
- nie/k.A.

Aktivität	einmal pro Woche und öfter +	einmal pro Monat und öfter	nie/k.A.
Partys: Deutschland	65	34	1
Partys: Europa	46	49	5
Einkaufen/Konsum: Deutschland	69	29	2
Einkaufen/Konsum: Europa	70	24	6
Erholung: Deutschland	70	25	5
Erholung: Europa	64	21	15
Kino/Bar/Restaurant/Disco: Deutschland	37	52	11
Kino/Bar/Restaurant/Disco: Europa	37	45	18
Handwerkliche Hobbys: Deutschland	50	29	21
Handwerkliche Hobbys: Europa	46	22	32
Individualsport: Deutschland	27	20	53
Individualsport: Europa	32	18	50

EURESCOM-Survey 2000
Infratest Sozialforschung 2002

Infratest

44

Abbildung 3

Freizeitaktivitäten in Europa und Deutschland

Bevölkerung im Alter ab 14 Jahren (Angaben in %)

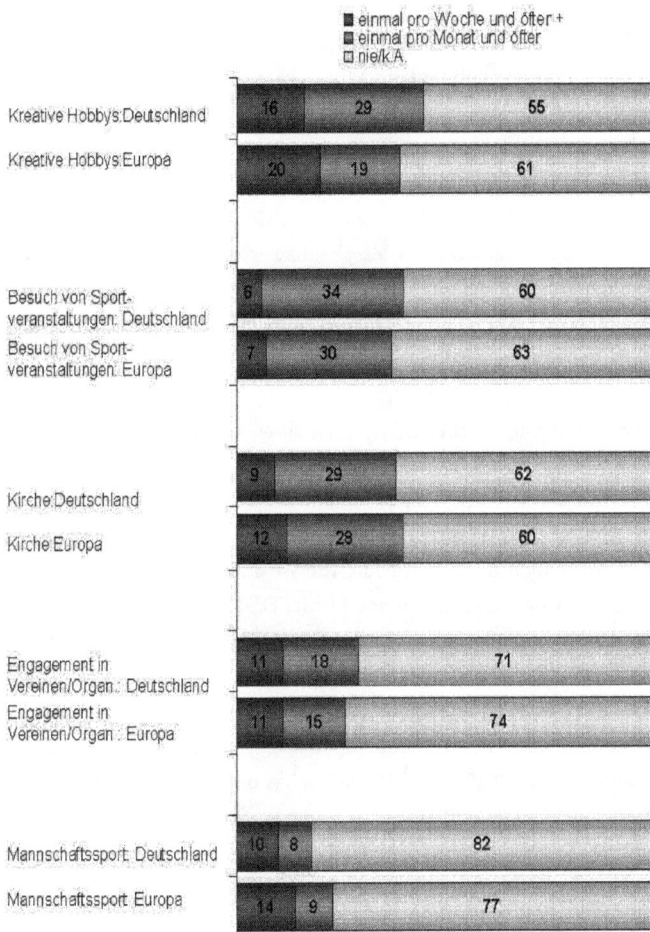

■ einmal pro Woche und öfter +
■ einmal pro Monat und öfter
☐ nie/k.A.

	einmal pro Woche und öfter +	einmal pro Monat und öfter	nie/k.A.
Kreative Hobbys: Deutschland	16	29	55
Kreative Hobbys: Europa	20	19	61
Besuch von Sportveranstaltungen: Deutschland	6	34	60
Besuch von Sportveranstaltungen: Europa	7	30	63
Kirche: Deutschland	9	29	62
Kirche: Europa	12	28	60
Engagement in Vereinen/Organ.: Deutschland	11	18	71
Engagement in Vereinen/Organ.: Europa	11	15	74
Mannschaftssport: Deutschland	10	8	82
Mannschaftssport: Europa	14	9	77

EURESCOM-Survey 2000
Infratest Sozialforschung 2002

Infratest

45

Wir erkennen in Abbildung 2 und 3, dass freiwilliges und ehrenamtliches Engagement als Freizeitbeschäftigung in Deutschland und Europa eine geringere Verbreitung als Erholungsaktivitäten oder Hobbys haben. Immerhin üben in Deutschland mit knapp 30% Engagierten mehr Menschen freiwillige und ehrenamtliche Tätigkeiten aus als in Europa insgesamt (26%). Der Unterschied liegt vor allem bei den gelegentlich Engagierten, die sich wenigstens einmal pro Monat engagieren. Den Rekord hält Norwegen mit 43% Engagierten, gefolgt von den Niederlanden mit 37% (Abbildung 4). Die Dänen liegen etwa in der Nähe von Deutschland. Die „rastlosen" Italiener und Spanier sind nur zu 15% beziehungsweise 18% freiwillig oder ehrenamtlich engagiert, Briten nur zu 19%, Franzosen zu 20%. Verfügbare annähernde Vergleichswerte für die USA deuten auf eine Engagementquote zwischen 45% bis 50% hin, so dass sie die Führungsrolle unter den entwickelten Ländern einnehmen, gefolgt von den Kanadiern, Norwegern und Schweden.

3. Trend des Engagements in Deutschland seit den 80er-Jahren

Das Sozio-ökonomische Panel (SOEP)[1] weist Ende der 90er-Jahre ähnliche Engagementquoten wie der eben zitierte EURESCOM-Survey aus. Es ermöglicht jedoch darüber hinaus, für Westdeutschland einen zeitlichen Trend seit 1984 zu zeichnen und für die DDR und Ostdeutschland einen Trend seit dem zweiten und dritten Quartal 1990. Danach ist in den alten Ländern das freiwillige oder ehrenamtliche Engagement von 21% im Jahr 1984 auf 32% im Jahr 1999 gestiegen. Die Zunahme lag allerdings mehr beim gelegentlichen als beim regelmäßigen Engagement. In den neuen Bundesländern, die in der Zeit der DDR erheblich von solchen freiwilligen Gemeinschaftsaktivitäten geprägt waren, kommen diese dennoch 1999 deutlich weniger vor als in den alten Bundesländern. Abbildung 5 zeigt, dass bei den Ostdeutschen 23% freiwillig engagiert sind, bei den Westdeutschen 32%. Noch weniger freiwilliges Engagement gibt es mit 21% bei den Ausländern in Deutschland. 1990 lag allerdings das Engagement in den neuen Ländern noch nahe bei den Werten für die alten Länder. Die Engagementquoten haben sich zwar wieder etwas erholt, erreichen jedoch noch nicht wieder

Abbildung 4

Freiwillige oder ehrenamtliche Tätigkeiten für Vereine und Organisationen in acht europäischen Ländern und Deutschland

Bevölkerung im Alter ab 14 Jahren (Angaben in %)

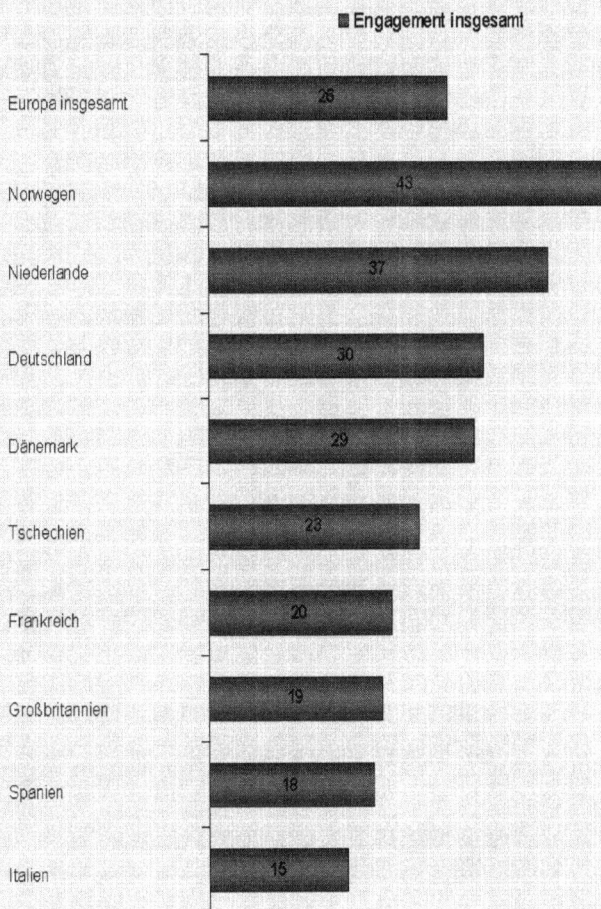

■ Engagement insgesamt

Land	Engagement insgesamt
Europa insgesamt	26
Norwegen	43
Niederlande	37
Deutschland	30
Dänemark	29
Tschechien	23
Frankreich	20
Großbritannien	19
Spanien	18
Italien	15

EURESCOM-Survey 2000
Infratest Sozialforschung 2002

Infratest

Abbildung 5
Ehrenamtliche Tätigkeit in Vereinen, Verbänden oder sozialen Diensten nach dem SOEP (ohne Politik-/Bürgerengagement)
Bevölkerung ab 14 Jahren (Angaben in %)

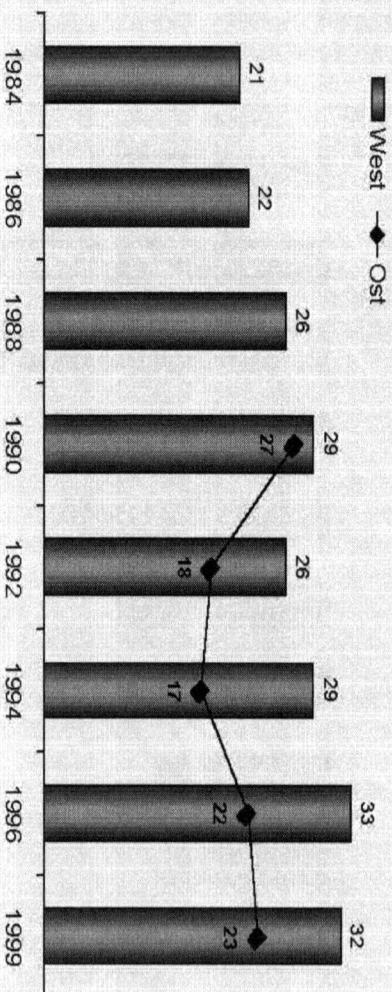

Legende: ■ West —◆— Ost

	1984	1986	1988	1990	1992	1994	1996	1999
West	21	22	26	29	26	29	33	32
Ost				27	18	17	22	23

SOEP 1994-99, eigene Berechnungen
Infratest Sozialforschung 2002

Infratest

48

das Niveau von 1990. Trenddaten, die für die USA und Großbritannien vorliegen, deuten auf ein ähnliches Muster wie in den alten Ländern hin, Zunahme in den 80er-Jahren und relative Stagnation in den 90er-Jahren.

4. Der Freiwilligensurvey

4.1 Öffentliche Aktivität und freiwilliges Engagement

Im Konzept des Freiwilligensurveys wird der Begriff freiwilliges Engagement (der das Ehrenamt einschließt) als Teil einer breit verstandenen öffentlichen Aktivität von Menschen in Vereinen, Gruppen, öffentlichen Einrichtungen und Organisationen verstanden. Freiwilliges Engagement meint, dass Menschen in diesem Kontext freiwillige oder ehrenamtliche Aufgaben und Arbeiten übernehmen, die mit einer geringen Aufwandsentschädigung verbunden sein können. Unabhängig von der gesellschaftlichen Bedeutung und Wichtigkeit anderer Tätigkeiten fallen unter die Kategorie des freiwilligen Engagements keine Aktivitäten, die in enger Verbindung zum Privatleben stehen, wie die individuelle Nachbarschaftshilfe oder sämtliche Formen der Familienarbeit (Hausarbeit, Kinderbetreuung, Pflege von Verwandten, Renovieren der Wohnung oder des Hauses). Erst wenn sich Menschen in Gruppen, in Initiativen oder einem Projekt organisieren, um ohne Erwerbszweck etwas für andere Menschen oder das Gemeinwohl zu tun, zählt ihre Arbeit zum freiwilligen Engagement (v. Rosenbladt 1999, S. 19).

Der Freiwilligensurvey fragte zunächst danach, ob sich Personen aktiv in Organisationen, Vereinen oder Gruppen beteiligen. Etwa zwei Drittel der Bevölkerung (66%) sind in dieser Weise öffentlich aktiv. Das stellt eine bemerkenswerte und nicht selbstverständliche Dimension des „sozialen Kapitals" in Deutschland dar. In den immer noch im sozialen Umbruch befindlichen neuen Ländern und in den von der Lebenslage weniger gut gestellten Schichten der Bevölkerung ist diese soziale und öffentliche Dimension des Lebens weniger entwickelt. Der Freiwilligensurvey erkundigte sich im nächsten Schritt danach, ob die gesellschaftlich aktiven Befragten auch bestimmte Aufgaben und Arbeiten gegen eine geringe Aufwandsentschädigung übernommen haben. Wörtlich musste eine Tätigkeit innerhalb von Organisationen, Vereinen und Gruppen beschrieben werden, die über das aktive öffentliche „Mitmachen" hinausgeht und mit zeitlichem Aufwand für die Betroffenen verbunden ist.

Der Freiwilligensurvey ermittelte resümierend, dass sich 1999 34% der Bevölkerung in Deutschland ab 14 Jahren freiwillig in irgendeinem Bereich engagierten (v. Rosenbladt 1999, S. 44). Das geschieht besonders in den Bereichen Sport und Bewegung, Freizeit und Geselligkeit, Kultur und Musik, Kindergarten und Schule sowie Kirche und Religion. Hier findet nicht in erster Linie politisches und soziales Engagement statt, es geht nicht hauptsächlich um Interessenvertretung, Gesellschaftsveränderung oder die Betreuung sozial oder gesundheitlich benachteiligter Personen. Vielmehr finden sich Menschen in Vereinen, Organisationen und Gruppen zusammen, organisieren und gestalten Gemeinschaftsaktivität, die zunächst dazu beiträgt, dass sie ihr Leben aktiver, sinnvoller und interessanter erleben. Doch diese freiwillig engagierten Menschen schaffen oder stabilisieren soziale Netzwerke und ihre Tätigkeit stärkt das Gemeinschaftsgefühl in den Kommunen. Vielfach schaffen sie freiwillig und ohne Bezahlung ökonomische Nutzwerte, die sonst nicht erbracht würden oder aber erheblich teurer gegen Bezahlung.

Der Wert von 34% freiwillig Engagierten liegt über Erhebungen, die freiwilliges Engagement mit einfachen Indikatoren erheben. Das liegt an der zielgenaueren und breit gefassten Hinführung der Befragten zum Thema „Engagement" und der stark gestützten Erfassung des Engagements. Bürgerschaftliches Engagement, das heute von der politischen Seite besonders hervorgehoben wird, ist nur eine, empirisch gesehen relativ kleine Teilmenge des freiwilligen Engagements (etwa 12%). Beim bürgerschaftlichen Engagement ist die Nähe zur Politik und unmittelbar gemeinwohlorientierten Zielen am stärksten. Freiwilliges Engagement ist dagegen viel weiter, es umfasst neben dem Gemeinwohlbezug auch die Formen der Gemeinschaftsaktivität, wie sie sich zum Beispiel in den Sport-, Kultur und Kunstvereinen abspielen. Die meisten Engagierten verstehen außerdem ihre Tätigkeit als „Freiwilligenarbeit" und nur etwa ein Drittel als „Ehrenamt". Auch der Begriff des Ehrenamtes wäre also zu eng, um freiwilliges Engagement insgesamt zu kennzeichnen.

4.2 Zeitaufwand für freiwilliges Engagement, regionale Unterschiede

Je nach Zeitaufwand wurden die Engagierten in eine Gruppe mit bis zu fünf Stunden Arbeitsaufwand eingeteilt und in eine Gruppe „Hochengagierter", die mehr als fünf Stunden pro Woche Aufgaben und Arbeiten freiwillig übernehmen. „Normal" Engagierte machen etwa 2/3 der Engagierten aus, „Hochengagierte" etwas weniger als ein Drittel. Von allen Befragten waren darüber hinaus 32% in irgendeiner Form gesellschaftlich aktiv, ohne allerdings Aufgaben und Arbeiten übernommen zu haben (Abbildung 6).

Wenn man nun die Verteilung der öffentlichen Aktivität auf die verschiedenen Regionen Deutschlands bezogen betrachtet, fällt auf, dass zwischen den ostdeutschen Bundesländern (Nord-Ost mit Mecklenburg-Vorpommern, Brandenburg, Berlin und Sachsen-Anhalt beziehungsweise Mitte-Ost mit Sachsen und Thüringen) und den west- und süddeutschen Bundesländern signifikante Differenzen auftreten. Es macht sich hierin die unterschiedliche Organisations- und Vereinsstruktur West- und Ostdeutschlands bemerkbar, die in Westdeutschland mehr Menschen integriert als im Osten. Dort hat im Zuge des Zusammenbruchs des DDR-Regimes eine Auflösung von Gruppen und Organisationen stattgefunden mit der Folge, dass viele ehemalige DDR-Bürger ihr Engagement beendet haben (Braun/ Klages 1999, S. 31). Der Zusammenbruch der organisatorischen Infrastruktur lässt sich darauf zurückführen, dass ein Großteil dieser Aktivitäten an Betriebe oder staatliche Institutionen gebunden war. Zehn Jahre nach der Wiedervereinigung konnten nur Teile der nicht mehr engagierten Ostdeutschen in neu gegründete oder alternative Organisationen integriert werden, der Nachholbedarf an Organisationsstrukturen ist also noch nicht gestillt. Zum anderen macht sich die höhere Quote an Arbeitslosen in Ostdeutschland bemerkbar, die die geringste öffentliche Aktivität aufweisen (später mehr darüber). Die Bereitschaft für öffentliche Aktivitäten ist im Süden Deutschlands, Baden-Württemberg und Bayern, am stärksten ausgeprägt. Das ist insofern plausibel, als diese Bundesländer geringere Arbeitslosenquoten vorweisen können. Wichtiger ist wohl die stärkere Vereinsbindung wegen der ländlicheren und kleinstädtischeren Struktur in weiten Teilen dieser Bundesländer und bestimmte bürgerschaftliche Traditionen (v. Rosenbladt 1999, S. 64).

Abbildung 6
Öffentliche Aktivität, „normales" und intensives freiwilliges Engagement nach Region
Bevölkerung im Alter ab 14 Jahren (Angaben in %)

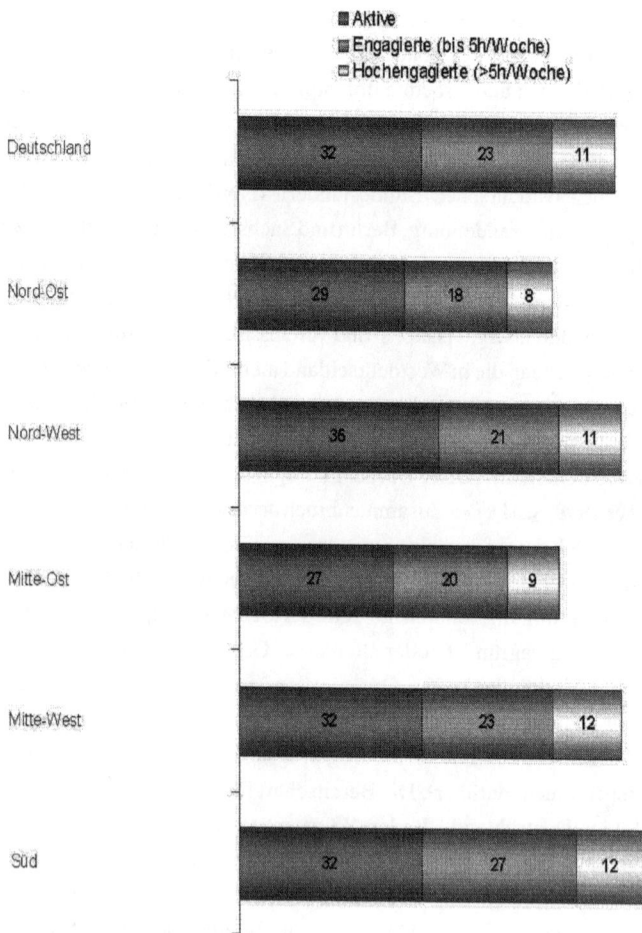

Legend:
- Aktive
- Engagierte (bis 5h/Woche)
- Hochengagierte (>5h/Woche)

Region	Aktive	Engagierte (bis 5h/Woche)	Hochengagierte (>5h/Woche)
Deutschland	32	23	11
Nord-Ost	29	18	8
Nord-West	36	21	11
Mitte-Ost	27	20	9
Mitte-West	32	23	12
Süd	32	27	12

„Freiwilligensurvey" 1999
Infratest Sozialforschung 2001

Infratest

Abbildung 7
Öffentliche Aktivität, „normales" und intensives freiwilliges Engagement
Bevölkerung im Alter ab 14 Jahren (Angaben in %)

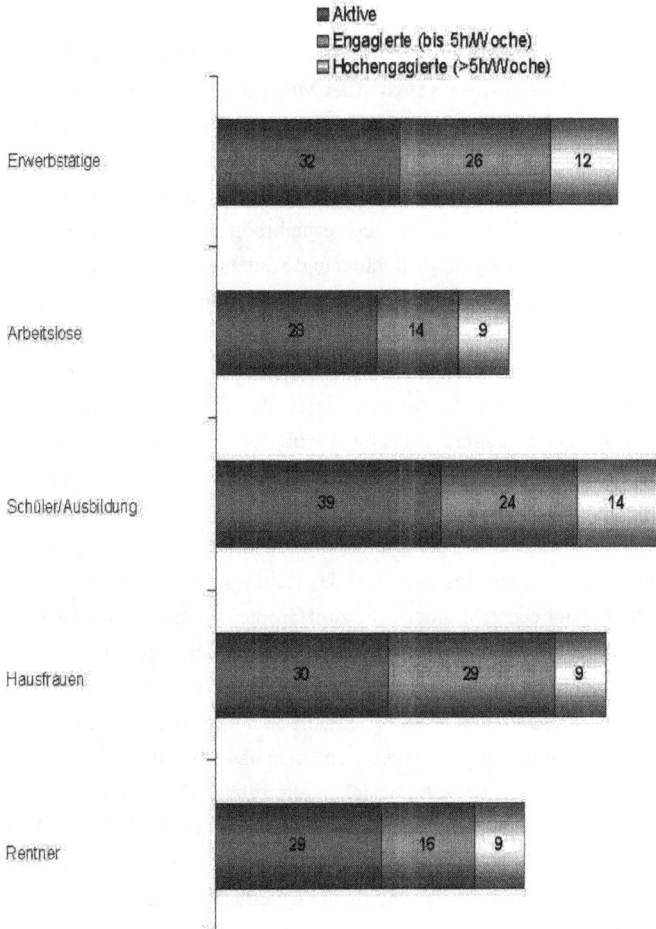

Legend:
■ Aktive
▨ Engagierte (bis 5h/Woche)
▢ Hochengagierte (>5h/Woche)

	Aktive	Engagierte (bis 5h/Woche)	Hochengagierte (>5h/Woche)
Erwerbstätige	32	26	12
Arbeitslose	23	14	9
Schüler/Ausbildung	39	24	14
Hausfrauen	30	29	9
Rentner	29	16	9

„Freiwilligensurvey" 1999
Infratest Sozialforschung 2001

Infratest

53

4.3 Zeitaufwand für freiwilliges Engagement, engagieren sich Nicht-Erwerbstätige mehr?

Wenn man die öffentliche Aktivität und das freiwillige Engagement in Bezug auf die Erwerbsbeteiligung der Befragten aufgliedert (Abbildung 7), nehmen nicht beziehungsweise nur nebenher erwerbstätige Schüler und Studenten mit 77% die Spitzenposition ein. Die Gründe liegen hier sowohl in den Zeitressourcen als auch in der Motivation. Schülern und Studenten steht viel Freizeit zur Verfügung, außerdem sind sie motiviert, sich ein soziales Umfeld außerhalb der Familie aufzubauen und sich zu integrieren (Picot 1999, S. 123 u. 156). Auch Hausfrauen, eine weitere nicht oder nur nebenerwerbstätige Gruppe, sind vermehrt öffentlich aktiv und freiwillig engagiert. Sie verfügen wie Schüler und Studenten vermehrt über freie Zeit und haben eine bestimmte Motivation, sich zu engagieren. Sie haben den höchsten Wert unter den „normal" Engagierten (29%), intensiv engagiert sind Hausfrauen allerdings etwas weniger (9%). Sie sind meist finanziell abgesichert und nicht darauf angewiesen, ihren Lebensunterhalt zu erwirtschaften. Das Engagement ergibt sich oft über Kinder und Jugendliche im Haushalt und läuft häufig parallel zu einer eigenen Nebentätigkeit (Picot 1999, S. 57). Der Schnitt von 68% aktiven und engagierten Hausfrauen liegt über dem Schnitt für alle Befragten, gilt aber nur für Westdeutschland, wo der überwiegende Teil der Hausfrauen wohnt.

Nicht nur bei den Männern, die zum Großteil erwerbstätig sind, sondern auch bei den Erwerbstätigen insgesamt verwundert die starke Korrelation zwischen Erwerbstätigkeit und Engagement. Überdurchschnittlich viele Erwerbstätige sind „normal" engagiert oder auch intensiv engagiert, obwohl ihre Zeitressourcen eigentlich am meisten beansprucht sind (v. Rosenbladt 1999, S. 105). Es bestehen allerdings nicht selten Überschneidungspunkte beruflicher und freiwilliger Tätigkeiten, insbesondere bei Männern. Nicht ganz geklärt werden kann außerdem, ob die freiwilligen Tätigkeiten nicht teilweise auch in der Arbeitszeit ausgeübt werden, wofür es im öffentlichen Dienst besondere Anhaltspunkte gibt. Arbeitslose, die dritte nicht beziehungsweise möglicherweise auch „schwarz" erwerbstätige Gruppe, sind im Unterschied zu Schülern und Studenten sowie zu den Hausfrauen besonders wenig öffentlich aktiv beziehungsweise freiwillig engagiert. Arbeitslose verfügen eigentlich über viel freie Zeit, sind dennoch weniger öffentlich aktiv und freiwillig engagiert. Den Kontakt zur Arbeitswelt verloren und mit erschüttertem Selbstbewusstsein und Lebensgefühl, sind viele Arbeitslose wenig motiviert, sich zu engagieren (v. Rosenbladt 1999, S. 66). Hinzu kommen finanzielle Probleme, denn öffentliche Aktivität und freiwilliges Engagement kosten auch Geld, über das Arbeitslose weniger verfügen. Zudem war es Arbeitslosen per Gesetz noch im letzten Jahr nur bis zu einer gewissen Zeitobergrenze erlaubt, sich zu engagieren. Arbeitslose stammen inzwischen auch vermehrt aus der gebildeten und vom beruflichen Status besser gestellten Schicht, die überproportional öffentlich aktiv und freiwillig engagiert ist. Eine vierte, nicht oder nur nebenbei erwerbstätige Gruppe sind die Rentner beziehungsweise Pensionäre. Sie sind wie die Arbeitslosen weniger öffentlich aktiv, vor allem weniger freiwillig engagiert. Wir werden die Situation der Rentner beziehungsweise Pensionäre anhand der entsprechenden Altersgruppen diskutieren.

Man kann bereits an dieser Stelle feststellen: Menschen engagieren sich nicht unbedingt deswegen, weil sie Zeit haben und keinen sonstigen Tätigkeiten nachgehen. Wir haben gesehen, dass sich jeweils zwei nichterwerbstätige Gruppen mit vermehrter beziehungsweise mit verminderter gesellschaftlicher Aktivität gegenüberstehen, letztere weit weniger aktiv als Erwerbstätige. Menschen scheinen sich relativ unabhängig von der verfügbaren Zeit zu engagieren, weil sie ihre sonstigen (Haupt-) Tätigkeiten aufwerten oder ergänzen wollen. Gerade weil es einem persönlich gut geht und man gesellschaftlich in Vereine oder Organisationen integriert ist, engagiert man sich dort und tut sich selbst und der Gesellschaft einen Gefallen. Somit könnte man die These aufstellen, dass es sich in der Bundesrepublik vorrangig um ein freiwilliges „Feel-Good-Engagement" handelt. Engagement aus der Not oder aus Problemsituationen heraus ist weniger typisch.

4.4 Zeitaufwand für freiwilliges Engagement, Männer und Frauen, Altersgruppen

Vergleicht man öffentliche Aktivität und freiwilliges Engagement der Männer mit dem der Frauen, schneiden Männer mit 68% um fünf Prozentpunkte

Abbildung 8
Öffentliche Aktivität, „normales" und intensives freiwilliges Engagement
Bevölkerung im Alter ab 14 Jahren (Angaben in %)

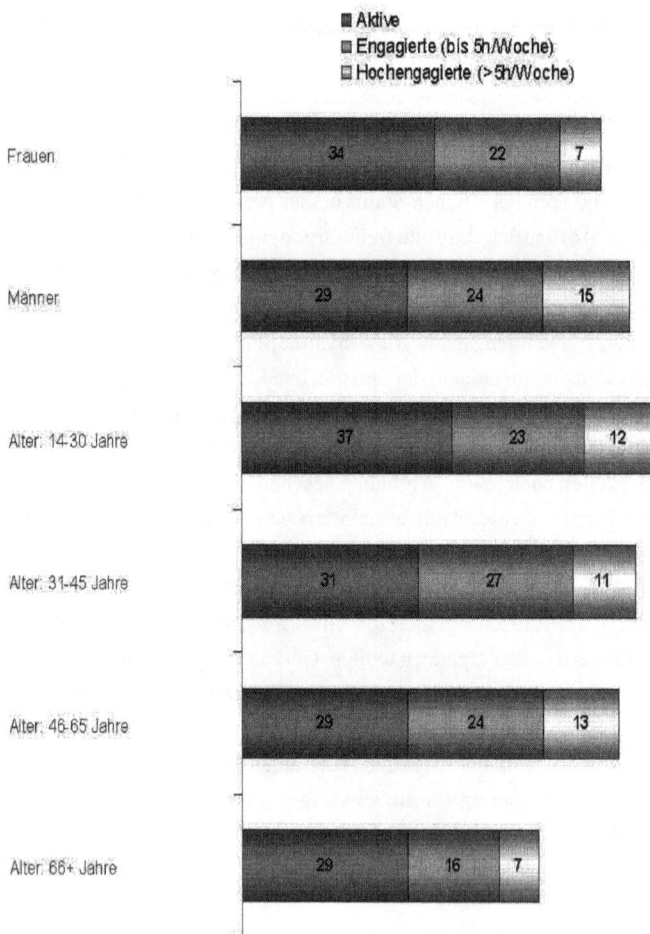

Legend:
- Aktive
- Engagierte (bis 5h/Woche)
- Hochengagierte (>5h/Woche)

	Aktive	Engagierte (bis 5h/Woche)	Hochengagierte (>5h/Woche)
Frauen	34	22	7
Männer	29	24	15
Alter: 14-30 Jahre	37	23	12
Alter: 31-45 Jahre	31	27	11
Alter: 46-65 Jahre	29	24	13
Alter: 66+ Jahre	29	16	7

„Freiwilligensurvey" 1999
Infratest Sozialforschung 2001

Infratest

besser ab als Frauen (Abbildung 8). Zur Erklärung kann zum einen die höhere Erwerbsquote der Männer dienen: Ihre Aktivitäten und ihr Engagement stehen häufig in Zusammenhang mit ihrer Erwerbstätigkeit und bieten die attraktive Möglichkeit, sich und seine Fähigkeiten darzustellen und zu präsentieren. Weiter muss genannt werden, dass Männer weniger Familienarbeit leisten und die vorhandenen Zeitressourcen, besonders abends, für prestigeträchtigere Aufgaben nutzen. Außerdem sprechen Männer stärker als Frauen auf die Übernahme von Funktionen an, bei denen Führungsstärke und Durchsetzungsvermögen eine Rolle spielen. Die Stärke von Frauen liegt dagegen eher im praktischen Handeln und Helfen. Sie werden auch seltener auf die Übernahme von Führungspositionen angesprochen (Picot 1999, S. 71 u. 105). In den neuen Ländern sind sie aufgrund von Erwerbslosigkeit noch weniger ins Berufsleben integriert. Andere haben bei einer Doppelbelastung von Familie und Beruf keine Zeit, um sich zu engagieren. Männer sind also häufiger als Frauen organisiert und engagiert, nutzen diese Tätigkeit jedoch auch im eigenen Interesse und zur eigenen Profilierung. Organisatorisch fällt auf, dass die Vereine als wichtigste Form und Agenda öffentlicher Beteiligung und freiwilligen Engagements die Frauen besonders wenig integrieren. Das gilt auch für junge Mädchen und Frauen, wie die aktuelle Shell Jugendstudie 2002 wieder gezeigt hat (Deutsche Shell 2002, S. 205f.).

Der Altersvergleich (vier Altersgruppen) gibt Aufschluss über das öffentliche Engagement zwischen den Altersgruppen (Abbildung 8). Hier erzielen die Jüngeren (14-30 Jahre) die höchsten Aktivitäts- und Engagementquoten. Mit zunehmendem Alter sinkt zwar die öffentliche Aktivität als solche, dafür steigt aber das freiwillige Engagement an. Es ist am höchsten in der Gruppe der 31- bis 45-Jährigen, also der Jahrgänge, in denen der Anteil mit Kindern und Jugendlichen im Haushalt und die Erwerbsquote am größten ist. Ein Rückgang ist mit dem Austritt aus dem Berufsleben verbunden. Ab dem Alter von 66 Jahren und älter halbiert sich der Anteil der Hochengagierten und auch der Anteil der „normal" Engagierten geht um ein Drittel zurück (Picot 1999, S. 220). Die öffentliche Aktivität in Organisation, Verein und Gruppen als solche bleibt allerdings gleich. Zieht man in Betracht, dass die Tätigkeit in Vereinen und Organisationen oft auch mit der beruflichen Tätigkeit verknüpft ist, verwundert es nicht, dass viele Erwerbstätige nach dem Ausscheiden aus dem aktiven Berufsleben auch die Pflichten im Verein abgeben wollen, da das Motiv für ein Engagement mit dem Eintritt in den Ruhestand entfällt. Zudem drängen, wie auch im Berufsleben, die Jüngeren in die Führungspositionen. Bei genauerem Hinsehen sind es allerdings vor allem die besonders alten Menschen ab 70 Jahren, die sich weniger freiwillig engagieren. In manchen Ehrenämtern gibt es sogar eine Altersgrenze, ab der man Ehrenämter gar nicht mehr ausüben darf. Viele ältere Engagierte ab 70 Jahren sind aufgrund des körperlichen Abbaus gar nicht mehr in der Lage, anstrengende Positionen auszuüben.

Junge Leute dagegen haben nicht nur die benötigte Zeit für Aktivitäten und Engagement, sie sind auch besonders motiviert und suchen im Verlauf des Abnabelungsprozesses von den Eltern Geselligkeit, Anerkennung, teilweise auch Kompetenz in Vereinen und Organisationen. Sie nehmen entsprechend einen Spitzenwert ein, was Aktivität und Engagement angeht (72%). Im Vergleich mit den Berufstätigen ist ihre Motivation also eine andere, denn es geht ihnen in erster Linie um Integration in eine Gemeinschaft außerhalb der Familie.

4.5 Zeitaufwand für freiwilliges Engagement, Arbeitszeit und Berufsstatus

Betrachtet man als nächsten Schritt Aktivität und Engagement nach der jeweiligen Arbeitszeit der Erwerbstätigen, fällt auf, dass besonders die Gruppe, deren Arbeitszeit sehr hoch ist (50 Stunden und mehr) die meisten Hochengagierten aufzuweisen hat (15%) (Abbildung 9) (Picot 1999, S. 60). Hierunter fallen neben leitenden Beamten und Angestellten auch Selbständige, für die das Engagement bekanntheits- und imagefördernd wirkt und insbesondere im ländlichen und kleinstädtischen Raum für den Geschäftserfolg des Unternehmens nicht unwichtig ist. Beamte können oftmals ihre berufliche Tätigkeit mit freiwilligem Engagement verbinden. Sie übernehmen nicht selten politische Ämter. Engagement bedeutet für Beamte auch Steigerung ihres ohnehin meist überdurchschnittlichen öffentlichen Ansehens. Dabei kommt ihnen zugute, dass sie infolge einer oft höheren

Abbildung 9
Öffentliche Aktivität, „normales" und intensives freiwilliges Engagement nach wöchentlicher Arbeitszeit
Bevölkerung im Alter ab 14 Jahren (Angaben in %)

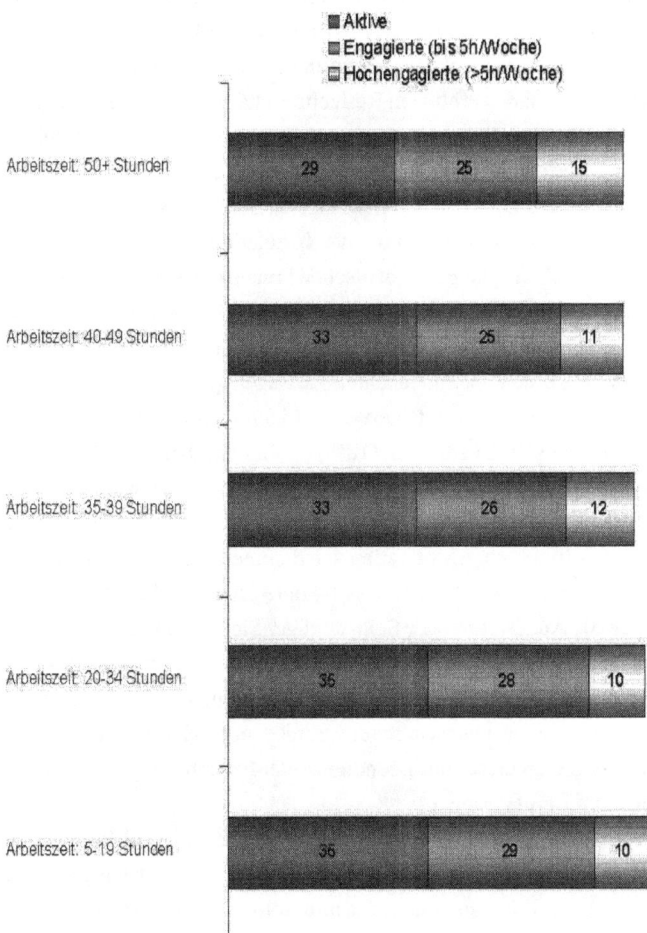

Legend:
- Aktive
- Engagierte (bis 5h/Woche)
- Hochengagierte (>5h/Woche)

Arbeitszeit	Aktive	Engagierte (bis 5h/Woche)	Hochengagierte (>5h/Woche)
50+ Stunden	29	25	15
40-49 Stunden	33	25	11
35-39 Stunden	33	26	12
20-34 Stunden	36	28	10
5-19 Stunden	36	29	10

„Freiwilligensurvey" 1999
Infratest Sozialforschung 2001

Infratest

Ausbildung gute rhetorische Fähigkeiten besitzen und diese bei öffentlichen Auftritten nutzen können. Gute und vor allem gesicherte materielle Verhältnisse sowie geregelte Arbeitszeit und viel Freizeit erleichtern ein Engagement zudem erheblich.

Die höchste Engagementquote erreichten allerdings Befragte mit einer wöchentlichen Arbeitszeit von 5-19 Stunden (39%). Das ist auf einen eindeutigen West-Effekt zurückzuführen, der durch das Engagement der Hausfrauen und weiblichen Teilzeitbeschäftigten in Westdeutschland verursacht wird. Frauen in Westdeutschland mit einer Arbeitszeit ab 40 Stunden aufwärts engagieren sich viel weniger als westdeutsche Frauen mit bis zu maximal 34 Stunden Arbeitszeit. Bei Männern in Ostdeutschland gibt es dagegen eine extrem positive Korrelation des Engagements mit der Höhe der Arbeitszeit, bei ostdeutschen Frauen ist das Bild sehr heterogen. Sowohl bei extrem hoher Arbeitszeit als auch bei einer Arbeitszeit zwischen 21 bis 34 Stunden gibt es erhöhte Engagementquoten.

Analog zu den eben gemachten Aussagen geben erwerbstätige Selbständige zusammen mit den erwerbstätigen Beamten den höchsten Wert für intensives Engagement an (18%) (Abbildung 10). Auffällig ist weiter, dass das intensive Engagement bei Beamten nur um einen Prozentpunkt zurückgeht, sobald sie nicht mehr erwerbstätig sind. Das mag neben der erhöhten öffentlichen Motivation von Beamten auch an ihrer guten Alterssicherung wie daran liegen, dass Beamte oft deutlich früher in Pension gehen als Angestellte oder Selbständige. Sie sind dann jung genug, um sich weiter tatkräftig ihren ehrenamtlichen beziehungsweise freiwilligen Tätigkeiten zu widmen. Selbständige, deren Engagement, wie bereits erwähnt, auch nicht unwesentlich etwas mit dem geschäftlichen Erfolg zu tun hat, reduzieren dieses mit Beendigung der Erwerbstätigkeit am stärksten von allen Berufsgruppen.

Die Berufsgruppe mit dem geringsten Engagement sind die Arbeiter. Sie haben die ungünstigsten Voraussetzungen zum Ausüben von freiwilligem Engagement, da sie auch aufgrund ihres formal niedrigen Bildungsniveaus einen geringen gesellschaftlichen Status besitzen und am wenigsten in Vereine und Organisationen integriert sind. Außerdem ist ihre finanzielle Situation weniger gut als die der Angestellten, Beamten und Selbständi-

Abbildung 10
Öffentliche Aktivität, „normales" und intensives freiwilliges Engagement nach beruflicher Stellung und Erwerbstätigkeit
Bevölkerung im Alter ab 14 Jahren (Angaben in %)

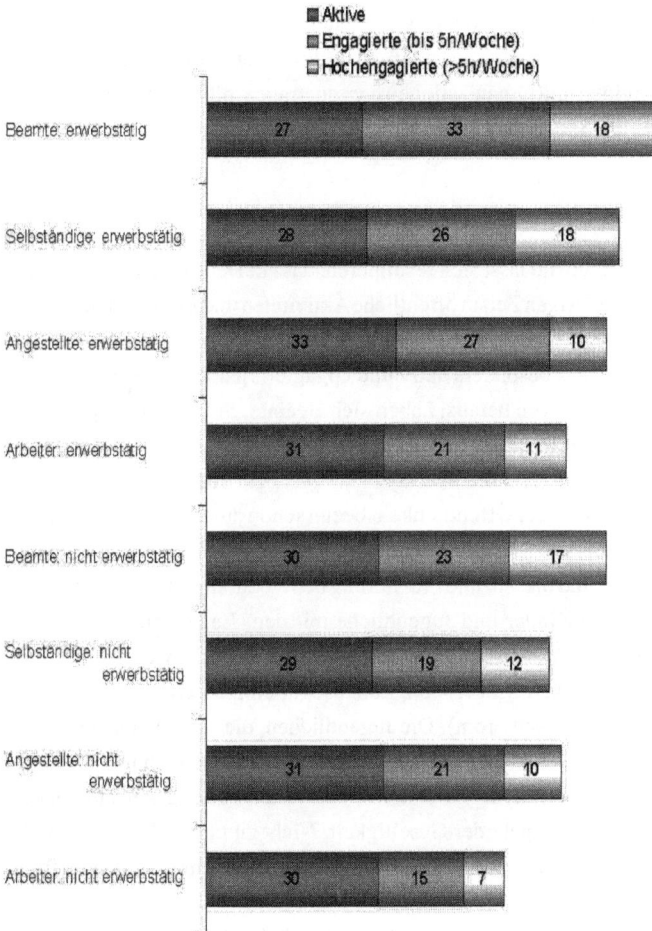

„Freiwilligensurvey" 1999
Infratest Sozialforschung 2001

Infratest

61

gen, die oftmals über eine höhere Bildung und eine entsprechend hohe berufliche Stellung verfügen. Der mit dem Engagement verbundene monetäre Aufwand ist somit für viele Arbeiter ein Grund, sich nicht zu engagieren (Picot 1999, S. 62). An Beamte und Selbständige dagegen, die meistens über einen höheren formalen Bildungsabschluss verfügen und anspruchsvolle beziehungsweise leitende Funktionen in ihrem Beruf ausüben, werden weitaus häufiger Führungsaufgaben und Funktionen in Vereinen und Organisationen herangetragen, die mit einem starken Engagement verbunden sind.

5. Resümee

Abschließend lässt sich resümieren, dass in Deutschland zwei Drittel der ab 14-Jährigen Zeit in öffentliche Aktivitäten und Engagement investieren und damit einen Beitrag zur Bereicherung des gesellschaftlichen Lebens leisten. Als besonders aktiv und engagiert, jedoch aus ganz unterschiedlichen Motiven heraus, haben sich Beamte, Selbständige, jüngere Menschen und Hausfrauen gezeigt. Bei Selbständigen kann die öffentliche Beteiligung und das Engagement auch gut für das Geschäft sein, bei Beamten ist der Öffentlichkeitsbezug schon durch den Beruf vorgegeben. Während jüngere Leute die eigene Persönlichkeitsentwicklung und -förderung und ihre soziale Etablierung betreiben, sind Hausfrauen oft vermittelt über Kinder und Jugendliche mit dem Engagement in Verbindung gekommen. Oder sie nutzen das Engagement, um das wegen der inzwischen ausgezogenen Kinder leere Zuhause für einige Zeit verlassen zu können (empty-nest-syndrom). Die Jugendlichen, die aktivste und engagierteste Gruppe, suchen Kontakte im außerfamiliären Bereich und machen erste Erfahrungen mit der Übernahme von Verantwortung, gepaart mit dem angenehmen Aspekt der Geselligkeit. Nicht zu unterschätzen sind die Bildungseinrichtungen, in denen sich viele Schüler und Studenten freiwillig engagieren.

Weiter ist wichtig, dass die Bereitschaft, aktiv und engagiert zu sein, nicht einfach mit den zur Verfügung stehenden Zeitressourcen korreliert, was die Ergebnisse in Bezug auf Rentner und Arbeitslose zeigen. Beide

Gruppen haben zwar Zeit, aber beteiligen sich weniger öffentlich oder engagieren sich. Vielmehr ist die Bereitschaft zur öffentlichen Beteiligung und zum Engagement davon abhängig, ob man gesellschaftlich gut integriert ist und somit einen Zugang zu öffentlichem Engagement hat. Diese Voraussetzung haben Berufstätige mehr als Arbeitslose und Rentner, Westdeutsche mehr als Ostdeutsche. Das heißt aber auch, dass diese Gruppen vermehrt durch aktive Ansprache und Werbung für das Engagement gewonnen werden müssen. Moderne Beratungsstellen für freiwilliges Engagement und Selbsthilfe, die auch nicht Organisierte erreichen, können ein Weg dazu sein.

Literatur

Braun, J.; Klages, H. (1999): Freiwilliges Engagement in Deutschland – Zugangswege. Stuttgart

Deutsche Shell (Hg.) (2002): Jugend 2002. Zwischen pragmatischem Idealismus und robustem Materialismus. Frankfurt a.M.

Picot, S. (1999): Freiwilliges Engagement in Deutschland – Frauen und Männer, Jugend, Senioren, Sport. Stuttgart

v. Rosenbladt, B. (1999): Freiwilliges Engagement in Deutschland – Ergebnisse der Repräsentativbefragung zu Ehrenamt, Freiwilligenarbeit und bürgerschaftlichem Engagement. Gesamtbericht. Stuttgart

[1] Beim Sozio-ökonomischen Panel handelt es sich um eine jährlich in denselben Privathaushalten von Infratest Sozialforschung durchgeführte repräsentative Erhebung.

Nicole Burzan

Die Zeit älterer Menschen in der Bürgergesellschaft

1. Pflichten und Chancen

T. H. Marshall beschreibt die Entwicklung zur „Bürgergesellschaft" als
einen entscheidenden gesellschaftlichen Prozess seit dem 18. Jahrhundert. Zwar könnten bürgergesellschaftliche Wurzeln bereits in der griechi-
schen Polis gefunden werden (vgl. als historischen Überblick Probst 1999),
doch hat der Bürgerstatus gerade in den letzten drei Jahrhunderten Gestalt
angenommen: Zunächst wurden die Bürgerrechte im engeren (juristischen)
Sinne, danach die politischen und die sozialen Rechte erweitert. Mit der
Bürgergesellschaft entstanden also einklagbare und nicht veräußerliche
Rechte (z.B. Mitwirkungsrechte), die auch die Lebenschancen positiv
prägten (Marshall 1992). Die Bürgergesellschaft zeichnet sich jedoch nicht
allein durch bestimmte Anrechte ihrer Bürger aus. Dahrendorf hält drei
Merkmale fest: Erstens die Vielfalt der Elemente, damit ist das „schöpferi-
sche Chaos" vieler, vor dem Zugriff des Zentralstaates geschützter Organisationen und Institutionen gemeint, die zweitens einen bestimmten Grad
an Autonomie haben müssen. Das dritte Merkmal betrifft das Handeln
der Bürger selbst: Sie müssen einen Bürgersinn entwickeln, unter anderem zum Beispiel Zivilcourage zeigen und sich am Funktionieren der
genannten vielfältigen Organisationen und Institutionen beteiligen
(Dahrendorf 1992, S. 69f.).

Bürgerpflichten sind in der Bürgergesellschaft also nicht bereits durch
die Zahlung von Steuern und Sozialbeiträgen abgegolten. Dies lässt sich
theoretisch aber auch positiv wenden. Versteht man mit Dahrendorf Lebenschancen als Funktion von Optionen (einer spezifischen Kombination
aus Anrechten und Angeboten) einerseits und Ligaturen (tiefen kulturellen Bindungen, die auch Orientierung bieten) andererseits (Dahrendorf
1979; 1992, S. 39ff.), so kann bürgerschaftliches Engagement nicht nur eine

Pflicht erfüllen, sondern (neben der Chance, seine Interessen zu vertreten) auch Ligaturen bieten, die die Lebenschancen insgesamt erhöhen. Eine zu große normative Erwartungshaltung für „freiwilliges" Engagement in verschiedenen Lebensbereichen könnte andererseits zur Überforderung der Einzelnen führen.

Wie sieht dieser Aspekt nun im Hinblick auf ältere Menschen aus? Ältere, also Menschen, die in den meisten Fällen nicht (mehr) berufstätig sind oder mit Kindern in einem Haushalt leben, könnte man – sofern sie gesundheitlich dazu in der Lage sind – in besonderem Maße als Ressource für ein Engagement in der Bürgergesellschaft ansehen. Vor diesem Hintergrund ergeben sich folgende Fragen:

– Wie verwenden ältere Menschen ihre Zeit, und wie groß ist derzeit ihr Engagement in der „Bürgergesellschaft"?

– Wie sind das Potential und die mögliche Anforderung an ältere Menschen, sich zu engagieren, zu bewerten?

2. Zeitverwendung und Zeitgestaltung älterer Menschen

„Rentner haben ja endlos Zeit" – eine Klischeevorstellung, die ebenso wie die manchmal etwas ironisch geäußerte Bemerkung, Rentnerinnen und Rentner hätten niemals Zeit, einen Eindruck von der Bandbreite gibt, wie das Leben älterer, nicht (mehr) berufstätiger Menschen in der heutigen Gesellschaft aussieht. In der Rentenphase haben die Menschen eine relative Zeitfreiheit bei großen individuellen Unterschieden. Beispielsweise hat eine Person, die den Partner pflegt oder selbst häufig Ärzte aufsuchen muss, größere zeitliche Verpflichtungen als solche, die dies nicht tun. Relative Zeitfreiheit bedeutet gleichzeitig eine Herausforderung, Zeit selbst auszufüllen und zu gestalten.

Wie füllen Ältere den Tag konkret aus? Den Alltag verbringen sie meist recht unspektakulär, andauernden Stress oder Zeitdruck erlebt eher eine Minderheit. Ältere (ab 65 Jahren) wenden, gemessen an der Gesamtbevölkerung, (erwartungsgemäß) überproportional viel Zeit auf für Hauswirtschaft, für Regeneration sowie für Mediennutzung und andere Freizeitaktivitäten, dagegen verbringen sie weniger Zeit mit handwerklichen Tätigkeiten, Beruf und Bildung und auch mit Pflege und Betreuung (Blanke et al. 1996; Statistisches Bundesamt 1995). Menschen ab 70 Jahren verbringen im Durchschnitt fast 20,5 Stunden täglich zu Hause, während es bei den 35- bis 44-Jährigen knapp 16 Stunden sind (Küster 1998, S. 123). Untersuchungen weisen aber auch immer wieder darauf hin, dass es durchaus mit den genannten allgemeinen Ergebnissen für die gesamte Altersgruppe vereinbar ist, wenn bei der Betrachtung nicht allein des Tages, sondern der Woche oder des Monats ein beträchtliches Spektrum an ausgeübten Aktivitäten und damit verbundenen Kontakten existiert. Weder gibt es also nur die sehr aktiven und erlebnisorientierten „neuen" Alten noch nur Rentnerinnen und Rentner, die nichts mit ihrer Zeit anzufangen wissen.

In welchem Umfang gehört es derzeit zur allgemeinen Zeitverwendung Älterer hinzu, „engagiert" zu sein? Hier ist zu unterscheiden: Einerseits kann damit bürgerschaftliches Engagement gemeint sein, durch das BürgerInnen Verantwortung übernehmen außerhalb einer beruflichen Tätigkeit und des privaten, familiären Bereichs im Rahmen von Gruppierungen, Organisationen etc. (Konzept des Freiwilligensurveys 1999; v. Rosenbladt 2000, S. 33). Andererseits kann es sich gerade um eine Aufgabenübernahme in diesem privaten Bereich, um Hilfeleistungen für Familienmitglieder, Freunde oder Nachbarn handeln, zum Beispiel um die Betreuung von Enkelkindern.

Der Freiwilligensurvey von 1999, der durch eine breite Konzeptionierung freiwilliger Tätigkeiten und bestimmte methodische Entscheidungen insgesamt zu relativ hohen Anteilen freiwillig Aktiver gelangt (Hacket/Mutz 2002), beziffert das Engagement Älterer mit 26% der über 60-Jährigen (31% der 60- bis 69-Jährigen, 20% der über 70-Jährigen) im Vergleich zu 34% über alle Altersgruppen hinweg (Brendgens/Braun 2000, S. 221).

Die folgende Abbildung gibt weitere Informationen zum freiwilligen Engagement der über 60-Jährigen (die erste Zahl bezieht sich auf die 60- bis 69-Jährigen, die Zahl in Klammern auf die über 70-Jährigen), wobei in diesem Zusammenhang von sozialstrukturellen Unterschieden im Engagement – zum Beispiel nach Geschlecht und Bildung – abgesehen wird (hier gibt es sicherlich Unterschiede, allerdings ist zum Beispiel eine niedrige formale Bildung allein noch kein Ausschlusskriterium für freiwilliges Engagement).

Abb. 1: Freiwilliges Engagement ab 60-Jähriger

Bevorzugte Bereiche des Engagements	Sport und Bewegung / Kirche und Religion / Sozialer Bereich / Freizeit und Geselligkeit / Kultur und Musik
Häufigste Aufgaben	Organisation und Durchführung von Veranstaltungen: 45% (38%) Praktische Arbeiten; 34% (29%) Persönliche Hilfeleistungen: 31% (29%)
Umfang des Engagements	57% (58%) der Aktiven wöchentlich 61% (64%) sind seit mindestens 10 Jahren aktiv
An Kursen und Schulungen teilgenommen, falls angeboten	73% (69%)
Wahrgenommene Anforderungen der Tätigkeit (Auswahl)	Mit Menschen gut umgehen können: 66% (64%) (häufigste Nennung) Fachwissen: 29% (33%)
Sich den Anforderungen immer gewachsen fühlen	82% (81%)
Bereitschaft zur Ausweitung des Engagements, sofern es interessant ist	27% (20%)
Häufigste Gründe Nicht-Engagierter gegen die Beteiligung	Über 60-Jährige gesamt: „So etwas ist nichts für Leute in meinem Alter" (57%) „Für so etwas fehlt mir die Zeit" (47%)

Quelle: Brendgens/Braun 2000 (Freiwilligensurvey 1999)

An den Zahlen zeigt sich unter anderem: Diejenigen, die (insgesamt in einem breiten thematischen Rahmen) aktiv sind, sind es häufig auch regelmäßig und in recht hohem Ausmaß, außerdem sind viele bereits seit etlichen Jahren aktiv. Obwohl Fachwissen eine Anforderung des Engagements ist, die die älteren Aktiven eher als nachrangig ansehen, machen sie jedoch andererseits oft von Schulungen Gebrauch, sofern sie angeboten werden. Die häufigsten Aufgaben fallen, sofern man das auf diesem allgemeinen Niveau einordnen kann, eher in den Bereich der Erstellungskompetenz statt in den der Entscheidungskompetenz. Es handelt sich also eher um praktische Tätigkeiten als um die Mitwirkung an Entscheidungen oder strukturellen Entwicklungen, was Rinderspacher hinsichtlich einer wirklichen Partizipation kritisch beurteilt (vgl. dazu seinen Beitrag in diesem Band).

Aussagen über die privaten Hilfeleistungen („Netzwerkhilfe"), wie die Pflege des Partners, Kinderbetreuung oder Einkäufe für die Nachbarin, macht die repräsentative Zeitbudgeterhebung des Statistischen Bundesamtes: Während in der öffentlichen Wahrnehmung das Phänomen überwiegt, dass Ältere eine bedeutsame Klientengruppe für solche Leistungen sind, lässt sich empirisch auch zeigen, dass die 60- bis unter 70-Jährigen im Durchschnitt gut zweieinhalb Stunden wöchentlich für diese Tätigkeiten aufwenden (auf der Basis nur der Personen, die Netzwerkhilfe leisten, sind es 7 Stunden). Im Vergleich dazu sind es bei der Gesamtbevölkerung nur eindreiviertel Stunden (bzw. fünfdreiviertel Stunden). In diesem Tätigkeitsfeld sind also zumindest die „jüngeren" Alten überproportional eingebunden, die Tendenz gilt etwas schwächer aber auch für die ab 70-Jährigen (Blanke et al. 1996, S. 163). Inwiefern diese Hilfeleistungen ebenso „freiwillig" sind wie zum Beispiel ein Ehrenamt, bleibt dahingestellt. Meistens ist die Aufgabe, den Partner zu pflegen, nicht nur aufwändiger, sondern auch weniger leicht abzuwählen als zum Beispiel das Einkaufen für die Nachbarin oder das Amt als Kassenwart im Sportverein.

Neben der Zeitverwendung, entweder allgemein oder für freiwilliges Engagement und Netzwerkleistungen, lässt sich die Zeit älterer Menschen auch durch ihre Zeitgestaltung charakterisieren, die ebenfalls von Bedeutung dafür ist, ob jemand sich engagiert oder dazu bereit ist. Mit „Zeitgestaltung" ist gemeint, nach welchen Regeln oder Strukturierungsprinzipien Ältere Zeit verwenden (in welchem Ausmaß sie zum Beispiel planen und den Tag vorstrukturieren, welche Rolle Routine und andererseits Spontaneität spielen etc.). In einer qualitativen Untersuchung (Burzan 2002) konnte gezeigt werden, dass sich anhand des empirischen Materials drei Grundtypen der Zeitgestaltung älterer Menschen (in der Studie RentnerInnen über 60 Jahre im Privathaushalt ohne erhebliche gesundheitliche Beeinträchtigungen) ergeben:

a) Eine starke Strukturierung des Alltags durch institutionelle Bindungen und Termine. Dabei kann es sich zum Beispiel um ein Ehrenamt handeln, aber auch um andere Aktivitäten, etwa ein Studium. Die Alltagsorganisation ähnelt ein wenig der von Erwerbstätigen, es gibt mehrere wöchentliche Termine. Spontane Aktivitäten sind demgegenüber seltener, der Abend und das Wochenende dienen tendenziell der Erholung. Planung gehört fest zum Alltag.

b) Eine mittlere Strukturierung des Alltags ergibt sich durch eine Mischung aus gebundener Zeit und Freiräumen. Die Bindungen können durch verschiedene „Zeitstrukturierer" (z.B. institutionelle Termine, feste Termine mit Personen, spontane Bindungen an Personen oder aufgabenbezogene Aktivitäten wie zum Beispiel die Gartenpflege) zu Stande kommen.

c) Bei einer schwachen Alltagsstrukturierung schließlich gibt es nur wenige persönliche oder institutionelle Termine und schwache aufgabenbezogene Anforderungen. Am ehesten haben diese Menschen einige spontane Bindungen an bestimmte Personen. Über Routinen hinaus (z.B. das Mittagessen) gibt es nur wenige Fixpunkte am Tag oder in der Woche, Gewohnheiten überwiegen ohne einen Zusammenhang zu festen Terminen. Planung ist untypisch.

Zeigen diese Grundtypen schon die Spannbreite der Zeitgestaltung, erweitert sich diese nochmals, wenn man berücksichtigt, dass es keinen linearen Zusammenhang zwischen dem Ausmaß der Zeitstrukturierung und subjektiver Zufriedenheit gibt: Weder sind alle „schwach strukturierten" Menschen gelangweilt und unzufrieden, noch sind alle „stark Strukturierten" zufrieden aufgrund des ausgefüllten (aber eben nicht immer: erfüllten) Tages. Auch der Mitteltypus weist eine positive Variante auf (in der die Menschen besondere Freude an ihrem Leben in der Gegenwart haben), aber auch eine negativere Variante der „Unruhe", in der die Aktivitätsdichte die notwendige Bedingung dafür darstellt, eine latent bestehende Krise erfolgreich zu bewältigen. Ein hohes Maß an Strukturiertheit bedeutet aber nicht automatisch etwas Zwanghaftes und beruht auch nicht unbedingt auf einer „Geschäftigkeits-Ethik" (Ekerdt 1986), nach der die Älteren versuchen, die Struktur der Erwerbsarbeit möglichst in den Ruhestand zu „retten" (beispielsweise waren einige Frauen im stark strukturierten Typus gar nicht berufstätig gewesen). Eine hohe Strukturiertheit, wie sie für ein starkes ehrenamtliches Engagement typisch ist, haben die Befragten in der Untersuchung in hohem Maße freiwillig gewählt und sehen ihre Aktivität entsprechend eher als (positiv besetzte) Aufgabe denn als Verpflichtung an.

Die Befunde zeigen insgesamt eine weite Bandbreite sowohl hinsichtlich der Zeitverwendung als auch der Zeitgestaltung Älterer. Die Bestandsaufnahme dient nun als Basis dafür, um im Folgenden das Potential Älterer für (mehr) Engagement in der Bürgergesellschaft kritisch auszuloten. Dabei wird auch auf Zusammenhänge der Zeitgestaltungsmuster mit dem Engagementpotential zurückgegriffen.

3. Ältere als „Ressource" für die Bürgergesellschaft?

Eine erste Frage, die sich in diesem Zusammenhang stellt, lautet: Hätte überhaupt jede(r) Ältere die Fähigkeit und Möglichkeit dazu, sich zu engagieren? Vielfältige Möglichkeiten existieren am ehesten auf der Angebotsseite: Jemand, der sich engagieren möchte, dürfte heutzutage relativ problemlos private oder institutionelle Kontexte dafür finden.

Auf der Ebene der Fähigkeit und Bereitschaft sieht es anders aus. Sieht man von in nur einigen Bereichen benötigten Fachkenntnissen oder speziellen Fähigkeiten ab, sind manche Menschen allein gesundheitlich nicht in der Lage, sich zu engagieren, sei es im Sinne des bürgerschaftlichen Engagements oder im Sinne privater Netzwerkhilfe. Für diejenigen aber, die eine relative Zeitfreiheit haben, soll nun nochmals auf die oben dargestellten Typen der Zeitgestaltung zurückgegriffen werden. Um die Antwort vorwegzunehmen, ist es gerade nicht so, dass man sagen könnte: Je schwächer die derzeitige Zeitstrukturierung ist, desto größer ist das Potential für ein zukünftiges Engagement. Im Einzelnen ist dies so zu begründen:

Beim stark strukturierten Typus ist das Ziel des Engagements oft schon erreicht. Weil die Betreffenden sich gern für eine Sache aktiv einsetzen, scheint es unter Umständen auch möglich, dass diejenigen, die derzeit in Bereichen aktiv sind, die kein bürgerschaftliches Engagement betreffen (z.B. ein Studium oder eine nachberufliche Erwerbstätigkeit), sich engagieren, etwa wenn die gegenwärtige Aufgabe beendet ist. Ein Anhaltspunkt dafür ist neben ihrer Aktivitätsbereitschaft der bereits gewohnte Kontakt zu Institutionen. Eine Bedingung könnte hierzu wie auch bei anderen Typen sein, dass die Aufgabe Spaß macht. Dafür sprechen ebenfalls die Ergebnisse der repräsentativen Untersuchung. Unter den 60- bis 69-Jährigen würde sich über ein Viertel noch mehr engagieren, wenn die Aufgabe interessant ist (siehe oben). Und unter den Erwartungen an das freiwillige Engagement rangiert die Antwort „Spaß haben" sowohl bei den 60- bis 69-Jährigen als auch bei den Älteren ganz oben, noch vor den (ebenfalls wichtigen) Aspekten „sympathische Menschen treffen", „das Gemeinwohl fördern" und „Menschen helfen" (Rohleder/Bröscher 2002, S. 66; Zahlen für NRW).

Im Typus der mittleren Zeitstrukturiertheit gehört es für einen Teil der Menschen ebenfalls bereits zum Aktivitätenspektrum, in Maßen bürgerschaftlich aktiv zu sein, eine Ausweitung ist unter den genannten Bedingungen vorstellbar. Bei den anderen ist das Potential für ein Engagement schon ein wenig fraglicher. Die Tätigkeit, die ja in erster Linie Spaß machen soll, könnte mit den anderen Interessen (z.B. einem Hobby nachgehen oder private Geselligkeit) kollidieren. Aus der Sicht der bisherigen Zeitgestaltung, zu deren ausgewogener Mischung von vorstrukturierten und nicht strukturierten Zeiten ein gewisses Ausmaß an festgelegten Terminen durchaus dazugehören kann, gibt es in dieser Gruppe möglicherweise ein „Potential" für ehrenamtliches Engagement. Dieses kann durch den teilweise bereits vollzogenen Strukturwandel des Ehrenamtes, das vielfältigere Formen und auch kurzfristigere Einbindungen annehmen kann als beim klischeehaften „Vereinsmeier", gefördert werden. Häufiger als noch vor einigen Jahrzehnten geht es heute beim freiwilligen Engagement insgesamt stärker darum, sich beispielsweise spontan oder projektförmig einzubringen als unabhängig von der Lebensphase und Lebenssituation langfristig einer bestimmten Organisation verpflichtet zu sein (Bürsch 2002). Für die Lebensphase Alter könnte es vielleicht besonders angemessen sein, sich in solchen Formen zu engagieren, bei denen ein Rückzug (etwa aus gesundheitlichen Gründen) relativ problemlos möglich ist, ohne zum Beispiel ein Projekt vollständig in seiner Existenz zu gefährden. Auf diese Weise behält das Engagement den Charakter der Freiwilligkeit.

Der Typus mittlerer Zeitstrukturiertheit zeichnet sich in hohem Maße durch die Selbstbestimmung der eigenen Zeit aus, was nicht zuletzt durch eine im Durchschnitt gute materielle Lebenssituation ermöglicht wird. Allein zusätzliche Informationen oder zusätzliche Angebote, sich freiwillig zu engagieren, reichen, so die Annahme, nicht aus, um die Älteren für solche Tätigkeiten zu gewinnen. Auch hier zeigen die repräsentativen Ergebnisse: Unter den über 60-jährigen Nicht-Engagierten (es handelte sich allerdings nicht ausschließlich um Rentnerinnen und Rentner) gaben immerhin 47%

als Begründung an, dass ihnen für ein Engagement die Zeit fehle (Brend-gens/Braun 2000, S. 289). Gensicke zeigt, dass unter den Nicht-Engagierten über 70% der ab 70-Jährigen auch nicht zu einem solchen bereit sind (bzw. über 50% der 60- bis 69-Jährigen; Gensicke 2001, S. 31). Die Engagement-bereitschaft aktuell nicht Aktiver ist damit geringer als in den jüngeren Altersgruppen.

Wie sieht es schließlich bei dem Typus der schwachen Zeitstrukturiert-heit aus? Zum einen gibt es hier Grenzfälle von Menschen, deren Mobili-täts- und Handlungsspielraum schon etwas eingeschränkt ist (größere gesundheitliche Beeinträchtigungen waren im Sample der Untersuchung zur Zeitgestaltung ausgeschlossen worden; Burzan 2002). Diejenigen im Typus, für die diese Einschränkung nicht zutrifft, wurden einem biographi-schen Typus der „Passivität" zugeordnet. In der Untersuchung sollte durch die Aufstellung von biographischen Typen ein Erklärungsansatz für die Zeitgestaltungsmuster gefunden werden. Die biographischen Typen konstituierten sich danach, wie viele Lebensbereiche den Menschen bis-lang wichtig gewesen waren (nur ein Lebensbereich mit verschiedenen Varianten, mehrere Lebensbereiche neben- oder nacheinander). Dabei ging die schwache Zeitstrukturiertheit häufig mit dem biographischen Typus „Passivität" einher: Es war nur ein Lebensbereich subjektiv zentral (z.B. der Beruf oder die Familie), dieser Bereich war jedoch durch relative Passivität und zum Teil Erfolglosigkeit gekennzeichnet. Beispielsweise fanden diese Menschen beruflich keine Erfüllung oder machten keine Karriere, sie haben (trotz Kinderwunsch) keine Kinder oder ein schlechtes Verhältnis zu ihnen etc. Der Bereich war eher zeitlich ausfüllend, und die Betreffenden entwi-ckelten keine relevanten Ergänzungen oder Alternativen. Männer erfüllten hier etwa durch die Erwerbstätigkeit die Aufgabe als Familienernährer – nicht weniger, aber auch nicht mehr.

Wie im Zusammenhang mit der Darstellung der Zeitgestaltungsmuster erwähnt, muss diese Passivität nicht zu Unzufriedenheit in der Rentenpha-se führen, es gibt ebenfalls die Variante der „fatalistischen Zufriedenheit", dadurch dass man sich mit seiner Lebenssituation arrangiert hat oder dadurch, dass Erwartungen (z.B. einer anderen Form der Lebensführung, unerfüllte Ziele) nicht existieren und damit auch nicht enttäuscht werden können (Burzan 2002). Unabhängig von der subjektiven Zufriedenheit oder Unzufriedenheit lässt sich für diese Teilgruppe der Älteren jedoch vermuten, dass sie aufgrund der bereits länger vorherrschenden Passivität als Grundhaltung ihre „freie" Zeit nicht damit ausfüllen wird, etwas ganz Neues zu beginnen, indem sie sich freiwillig engagiert, und schon gar nicht durch eigene Initiative. Gerade nicht nur ausführende Tätigkeiten leben zudem über einen ersten Anstoß zum Engagement hinaus davon, dass die Engagierten zum Beispiel eigene Ideen einbringen und selbst die Initiative ergreifen. Auch ist zu bezweifeln, ob „freiwilliges" Engagement für die Unzufriedenen in diesem Typus eine Lösung bedeuten würde. Auch hier gilt also, dass eine Angebots- und Informationsinitiative die „Ressource" Zeit älterer Menschen nicht unbedingt erschließen können wird.

Der Freiwilligensurvey stützt diese Annahme durch den Befund, dass trotz des allgemeinen Strukturwandels des Ehrenamts über 60% der engagierten Älteren bereits seit mindestens zehn Jahren aktiv sind (s. Abb. 1). Die Enquete-Kommission „Zukunft des Bürgergesellschaftlichen Engagements" des Deutschen Bundestages stellt fest: „Bürgergesellschaft bedeutet auch, dass wir die Bereitschaft zu bürgerschaftlichem Engagement nicht als selbstverständlich gegeben annehmen können. Bürgerschaftliches Engagement muss gelernt werden." (Bürsch 2002; vgl. auch Enquete-Kommission 2002) Die Älteren insgesamt können sich dabei durchaus als lernwillig und -fähig erweisen, die Wahrscheinlichkeit, dass es auch die „Passiven" tun, ist jedoch eher gering.

Die Überlegungen geben damit zum Zweifel Anlass, ob Ältere angesichts ihrer erwerbsfreien Zeit ein Potential darstellen für freiwilliges Engagement. Dies gilt gerade auch dann, wenn der bisherige Alltag nicht bereits stark strukturiert ist. Positiv formuliert könnte man aber auch sagen: Die älteren Menschen, die in die Lebensbereiche Beruf, Bildung und Kindererziehung nicht mehr oder nur noch wenig eingebunden sind, lassen sich für die Bürgergesellschaft gerade nicht vereinnahmen im Sinne einer (zeitlichen) Überforderung. Nachdem die wenig abweisbaren Anforderungen, etwa durch Erwerbstätigkeit oder kleinere Kinder, sie nicht mehr betreffen, entscheiden sie – über die notwendigen Reproduktionsaufgaben hinaus – in hohem Maße selbst, wie sie ihre Zeit verbringen und ob sie sich engagieren möchten. Notwendige Bedingung für ein freiwilliges Engagement sind bestimmte biographische Ressourcen. Hinreichende Bedingung ist, dass die Tätigkeit Spaß macht und so interessant ist, dass sie in der Prioritätensetzung vor oder zumindest neben andere tritt.

Diese Überlegungen führen dazu, die Frage nach dem Engagementpotential älterer Menschen selbst genauer zu reflektieren. Wie ist eine mögliche Erwartungshaltung, Ältere sollten sich (stärker) engagieren, zu bewerten? Ist es (in wessen Interesse?) unter allen Umständen anzustreben, dass die (älteren) Bürger möglichst umfangreich und in möglichst viele Lebensbereiche eingebunden sind?[1] Empirische Untersuchungen thematisieren oft – im Einklang mit politischen Forderungen – das Engagementpotential oder Wege der Förderung dieses per se als positiv angesehenen Potentials. Es sollten jedoch zwei unterschiedliche Seiten Berücksichtigung finden:

Einerseits kann Engagement durchaus ein Angebot für Ältere sein, das über Beschäftigungstherapien oder die einseitige Sicht, dass Menschen ohne Beruf oder Kinder sonst keinen Sinn im Leben fänden, hinausgeht. Durch Beteiligung und damit Integration können ja tatsächlich die oben genannten Ligaturen zum Zuge kommen, dazu vertreten Engagierte zugleich ihre eigenen Interessen und kommen so ihrer „Bürgerpflicht" in einer Demokratie nach.

Andererseits ist eine normative Erwartung, ältere Menschen sollten sich, da sie ja genügend Zeit dafür hätten, in besonderem Maße bürgerschaftlich engagieren, nicht ganz unproblematisch – nicht allein im Hinblick auf eine mögliche zeitliche Überforderung. Diese Gefahr ist für ältere Menschen tendenziell vielleicht geringer als bei Menschen, die durch ihre Lebenssituation zusätzlich in Lebensbereiche wie Beruf und Bildung, auch der Kinder, eingebunden sind. Sie ist aber auch nicht auszuschließen, wenn man sich zum Beispiel die überproportionale Beteiligung älterer Menschen an der Netzwerkhilfe in Erinnerung ruft oder wenn man die Bürgerpflichten in einem noch weiteren Sinne versteht, wonach man sich beispielsweise als Konsument informieren sollte, sich gesundheitlich fit halten sollte und vieles andere mehr. Neben die mögliche zeitliche Überforderung tritt der Aspekt einer Tendenz, den Bürgern nicht nur ergänzende, sondern angesichts leerer öffentlicher Kassen den (Wohlfahrts-)Staat ersetzende Aufgabenblöcke aufzuerlegen, ohne dass damit für die Engagierten größere Entscheidungskompetenzen verbunden wären.

Wenn ältere Menschen in diesem Kontext in die Pflicht genommen werden sollen, prägt dies außerdem das Bild von älteren Menschen in einer negativen Weise. Ungeachtet des Generationenvertrages könnte – etwas überspitzt – die Ansicht bestehen: „Wenn die (quantitativ zunehmenden) Älteren schon nicht mehr arbeiten (produktiv sind, Steuern zahlen) oder Kinder erziehen, sollten sie wenigstens in anderer Form etwas für die Gesellschaft tun, anstatt nur etwas von ihr zu nehmen wie Rente oder Pflegegeld". Und selbst dann könnte man wiederum kritisieren, dass die unentgeltlich Engagierten eine Konkurrenz für bestimmte Professionen darstellen etwa in der Pflege. Die Bürgerpflichten sind ebenso wie die Rechte jedoch als solche zu betrachten, nicht als Gegengabe für Bürgerrechte, ihre Folge oder Voraussetzung (Dahrendorf 1992, S. 56).

Die Übertragung „bürgergesellschaftlicher" Aufgaben an die Bürger ist schließlich nicht allein vor dem Hintergrund eines Demokratisierungsgedankens und auch nicht allein vor dem Hintergrund prekärer finanzieller Haushaltslagen zur verstehen. In beiden Fällen kann man sich relativ konkrete politische Akteure unterschiedlicher Couleur vorstellen, die die Erfüllung von Bürgerpflichten, gegebenenfalls formuliert als Wahrnehmung von Bürgerrechten, propagieren.

Ein anderer Gedanke dazu lässt sich aber auf der Basis der Individualisierungsthese (im Sinne Becks; Beck 1986) hinzufügen. Durch den allmählichen Prozess der Individualisierung, der unter anderem eine relative Freisetzung aus traditionellen Bindungen beinhaltet wie etwa der Klasse, werden ebenfalls zusammen mit bestimmten Optionen bestimmte Entscheidungen und damit auch gesellschaftliche Probleme auf den Einzelnen verlagert. Es gehört vermehrt zum Alltagsleben dazu, sich individuell speziell hinsichtlich der eigenen Situation zu informieren, etwa über Rentenansprüche, und für die Einforderung von Ansprüchen selbst die Initiative zu ergreifen oder andernfalls negative Konsequenzen in Kauf zu nehmen. Auch in diesem Sinne könnten Aufgaben für „Bürger" in den letzten Jahrzehnten zugenommen haben, ohne dass hier eindeutig eine Instanz bestimmbar wäre, die den Bürgern diese Aufgaben überträgt. Diese Facette des Bürgerengagements als Folge von Individualisierung sollte man jedoch ebenfalls nicht einseitig bewerten, denn Verantwortlichkeiten und Wahlmöglichkeiten sind in diesem Punkt eng verknüpft.

Als Fazit bleibt ein mit Vorsicht zu betrachtender Optimismus: Eine mögliche Überforderung oder mit problematischen Implikationen behaftete Übertragung von Aufgaben an ältere Menschen sollte auf jeden Fall auch in Zukunft ein Thema bleiben, das kritischer Reflexion bedarf. Ein weiterer problematischer Punkt liegt darin, dass nicht alle Älteren die biographischen oder sonstigen Ressourcen oder Motivationen haben, sich in einem für sie und andere positiven Sinne zu engagieren. Aber es spricht auch einiges dafür, dass sich die heutigen Rentnerinnen und Rentner auf der Basis ihrer recht gesicherten Lebenslage nicht leicht für „freiwillige" Aufgaben gewinnen lassen, die sie in erster Linie als eine unzumutbare empfinden würden.

Literatur

Beck, U. (1986): Risikogesellschaft. Auf dem Weg in eine andere Moderne. Frankfurt a.M.

Blanke, K. et al. (1996): Zeit im Blickfeld. Ergebnisse einer repräsentativen Zeitbudgeterhebung. Schriftenreihe des Bundesministeriums für Familie, Senioren, Frauen und Jugend 121. Stuttgart et al.

Brendgens, U.; Braun, J. (2000): Freiwilliges Engagement älterer Menschen. In: Picot, S. (Hg.): Freiwilliges Engagement in Deutschland – Freiwilligensurvey 1999, Bd. 3: Frauen und Männer, Jugend, Senioren, Sport. Schriftenreihe des Bundesministeriums für Familie, Senioren, Frauen und Jugend 194.3. Stuttgart et al., S. 209-301

Bürsch, M. (2002): Pressemitteilung: „Für eine starke Bürgergesellschaft"; www.bundestag.de/aktuell/presse/2002/pz_0206032.html; Stand 13.02.2003

Burzan, N. (2002): Zeitgestaltung im Alltag älterer Menschen. Eine Untersuchung im Zusammenhang mit Biographie und sozialer Ungleichheit. Opladen

Burzan, N.; Schimank, U. (2003): Inklusionsprofile – Überlegungen zu einer differenzierungstheoretischen „Sozialstrukturanalyse". In: Schwinn, Th. (Hg.): Differenzierung und soziale Ungleichheit. Weilerswist, im Erscheinen

Dahrendorf, R. (1979): Lebenschancen. Anläufe zur sozialen und politischen Theorie. Frankfurt a.M.

Dahrendorf, R. (1992): Der moderne soziale Konflikt. Essay zur Politik der Freiheit. Stuttgart

Ekerdt, D. J. (1986): The busy ethic. Moral continuity between work and retirement. In: The Gerontologist 26, No. 3, S. 239-244

Enquete-Kommission „Zukunft des Bürgergesellschaftlichen Engagements" Deutscher Bundestag (Hg.) (2002): Bürgergesellschaftliches Engagement und Zivilgesellschaft. Opladen

Gensicke, Th. (2001): Freiwilliges Engagement in den neuen und alten Bundesländern. Ergebnisse des Freiwilligensurveys 1999. In: Aus Politik und Zeitgeschichte Nr. 25-26/2001, S. 24-32

Hacket, A.; Mutz, G. (2002): Empirische Befunde zum bürgerschaftlichen Engagement. In: Aus Politik und Zeitgeschichte Nr. 9/2002

Küster, Ch. (1998): Zeitverwendung und Wohnen im Alter. In: Deutsches Zentrum für Altersfragen (Hg.): Expertisenband zum Zweiten Altenbericht der Bundesregierung, Bd. 1: Wohnbedürfnisse, Zeitverwendung und soziale Netzwerke älterer Menschen. Frankfurt a.M., New York, S. 51-175

Marshall, Th. H. (1992): Bürgerrechte und soziale Klassen. Zur Soziologie des Wohlfahrtsstaates. Frankfurt a.M., New York (engl. 1981)

Probst, L. (1999): Idee und Gestalt der Bürgergesellschaft. www.deutschlandstudien.uni-bremen.de/deutschlandstudien/vortrag/idee.html; Stand 13.02.2003

Rohleder, Ch.; Bröscher, P. (2002): Freiwilliges Engagement älterer Menschen in Nordrhein-Westfalen. Potenziale und Entwicklungsmöglichkeiten, Bd. 1: Ausmaß, Strukturen und sozial-räumliche Voraussetzungen für freiwilliges Engagement im Alter in Nordrhein-Westfalen. Düsseldorf: Ministerium für Frauen, Jugend, Familie und Gesundheit des Landes NRW

Statistisches Bundesamt (Hg.) (1995): Die Zeitverwendung der Bevölkerung. Methode und erste Ergebnisse der Zeitbudgeterhebung 1991/1992, Tabellenband. Wiesbaden

v. Rosenbladt, B. (2000): Freiwilliges Engagement in Deutschland – Freiwilligensurvey 1999, Bd. 1: Gesamtbericht. Schriftenreihe des Bundesministeriums für Familie, Senioren, Frauen und Jugend 194.1. Stuttgart et al.

[1] Dies ist eine der Fragen, mit denen sich auch das Konzept der Inklusionsprofile beschäftigt, vgl. dazu Burzan/Schimank 2003 (im Erscheinen)

Irmgard Herrmann-Stojanov

Familiales Zeitmanagement in der Bürgergesellschaft – ein Frauenproblem?

1. Einleitung

Unabhängig davon, welche Hoffnungen, Erwartungen oder Befürchtungen mit der aufkommenden Bürgergesellschaft verbunden sind, eines scheint gewiss: die Frage der Zeit wird eine zentrale Rolle spielen, wenn es darum geht, den Menschen mehr Eigenverantwortung zu übertragen und mehr bürgerschaftliches Engagement von ihnen einzufordern. Denn bereits heute ist das Zeitbudget vieler Bürgerinnen und Bürger bis zur letzten Minute verplant, wirkliche „Frei"-räume sind in wichtigen Lebensphasen für viele Menschen eine Rarität, Zeitwohlstand ein Luxus. Wenn nun laut darüber nachgedacht wird, die Menschen verstärkt in gesellschaftliche Aufgaben einzubinden, dann ist die Frage, woher die dazu erforderliche Zeit kommen soll, nur allzu berechtigt.

Da die Zeit objektiv begrenzt ist, bleibt als Lösung nur eine Umverteilung von Zeit. Nun ist es vorstellbar, dass sich die jeweiligen Zeitbudgets der einzelnen Gesellschaftsmitglieder so umverteilen lassen, dass Zeit für Erwerbsarbeit, Zeit für individuelle Freizeit und Zeit für die Gemeinschaft in einem ausgewogenen Verhältnis zueinander stehen („Dreizeitgesellschaft", vgl. Rinderspacher 2003). Dies allerdings hat eine Neuorganisation und Neubewertung von gesellschaftlicher Zeit zur Voraussetzung und ist aus diesem Grunde – noch – als eher utopisch zu bezeichnen. Leichter scheint es da, wie schon immer üblich, auf die Umverteilung der Zeit zwischen sozialen Gruppen zu setzen, zwischen Jung und Alt, zwischen Arbeitsplatzinhabern und Arbeitslosen und – nicht zuletzt – zwischen Frauen und Männern. Dass aufgrund der weiterhin vorhandenen unterschiedlichen Bewertung von Zeiteinheiten (hohe gesellschaftliche Anerkennung für Erwerbsarbeit, geringere für ehrenamtliche Arbeit, kaum gesellschaftliche Anerkennung für private Sorgearbeit) die ungleiche Verteilung von Zeitanforderungen zu einer Zementierung von sozialer Ungleichheit führt, wird in der gegenwärtigen Diskussion um das Für und Wider der Bürgergesellschaft viel zu wenig berücksichtigt.

Der folgende Beitrag lenkt die Aufmerksamkeit einmal mehr auf die Umverteilung von Zeit zwischen den Geschlechtern angesichts der neuen Herausforderungen durch die Bürgergesellschaft und sucht nach Alternativen gerade für jene Frauen, die sich dadurch – weil es schon immer so war – noch mehr in die Pflicht nehmen lassen.

2. Vier Beispiele aus dem „normalen" Leben

Vier Beispiele aus dem „normalen" Leben, zum Teil Ergebnisse einer empirischen Untersuchung.

Im ersten Fall handelt es sich um eine junge Familie mit drei kleinen Kindern: der Vater Bänker, die Mutter Bibliothekarin, soeben ins eigene Reihenhaus gezogen, das man noch jahrzehntelang abbezahlen muss. Sie nimmt zum dritten Mal in Folge die Erziehungszeit wahr, der Vater hat vor kurzem die Stelle gewechselt und „muss sich beweisen". Bei einem Gespräch wird deutlich, dass der Vater sich bemüht, regelmäßig abends um 19 Uhr zu Hause zu sein, um bei den abendlichen Ins-Bett-Bringen-Ritualen anwesend sein zu können. Auch am Wochenende findet er – sehr zur Freude seiner Frau und seiner Kinder – Zeit für die Familie. Kommentar einer jungen Verwandten, die zurzeit ein Praktikum bei Daimler-Chrysler absolviert: „Na, richtige Karriere wird er so nie machen, dazu ist er viel zu wenig flexibel ..." Die Mutter plant in einem Jahr zwei Tage in der Woche an den Arbeitsplatz zurückzukehren, „ganz ehrlich" – wie sie sagt – „um mal den Wirbel zu Hause hinter sich lassen zu können". Immerhin stehen zwei junge, aus dem eigenen Erwerbsleben vorzeitig ausgeschiedene Omas im nahen Umkreis bereit, jeden Familieneinsatz mit großer Freude wahrzunehmen.

Im zweiten Fall handelt es sich um eine ca. 30-jährige Türkin, zweite Generation in Deutschland, verheiratet ebenfalls mit einem Türken der 2. Generation, der Facharbeiter in Schicht bei Ford ist. Sie haben zwei kleine Kinder. Die Mutter war bisher allein für die Familie da, hat nun, da sie für das jüngere Kind von drei Jahren einen Kindertagesstättenplatz ergattert und die Große in der ersten Klasse einen der seltenen Hortplätze hat, eine Ausbildung zur Familienpflegerin begonnen. Sie sitzt teilweise mit tiefen Ringen im Unterricht, ist auch schon mal eingeschlafen und hat bittere Tränen geweint, als beide Kinder nacheinander Windpocken bekamen weil dies für sie vier Wochen Unterrichtsausfall bedeutete. Nun wächst der Druck der Großfamilie; es heißt, sie versorge die Kinder nicht mehr gut genug. Darunter leidet die Ehe, es steht sogar die Scheidung im Raum. Aber sie will ihre Ausbildung abschließen, sie will erwerbstätig sein, sie will Unabhängigkeit von der Familie. Ihre Noten sind nicht gut und seitdem sie mit Trennungsgedanken beschäftigt ist, sackt sie weiter ab. Auf die Frage, wie ihr Mann sie denn unterstütze, kommt die Antwort: „Er arbeitet doch in Schicht, und als Ausländer muss er besser sein als andere ...“

Im dritten Fall spielt eine so genannte Prominente die Hauptrolle, deren Biografie unter anderem durch die Zeitung bekannt wurde. Diese Biografie wirft in unserem Zusammenhang viele Fragen auf. Die Landesbischöfin der Landeskirche Hannover, Margot Käßmann, ist verheiratet mit einem Theologen, Mutter von vier Töchtern, und kann auf eine innerkirchliche Karriere blicken, die ihresgleichen sucht. Als die Kinder – ein Zwillingspärchen darunter – ganz klein sind, promoviert sie, um anschließend in verantwortlicher Funktion Evangelische Kirchentage zu organisieren. Seit 1999 – mittlerweile sind die Töchter nicht mehr ganz klein – steht sie an der Spitze der größten evangelischen Landeskirche in Deutschland. Wie managt sie dies, fragen wohl alle, die mit einem oder zwei Kindern schon an die Grenze ihrer beruflichen und persönlich-gesundheitlichen Möglichkeiten angekommen sind. Diese als überaus erfolgreich zu bezeichnende Frauenbiografie erinnert ein wenig an Maria Theresia, 16fache Mutter, die 1740 die Regierung der habsburgischen Erblande als Königin von Ungarn und Böhmen und Erzherzogin von Österreich übernahm (1740–1780). Sie regierte 40 Jahre und konnte sich trotz mehrerer Kriege unter anderem als Gründerin des Volksschulunterrichts in Österreich unvergesslich machen. Nun hatte Maria-Theresia im Wesentlichen die Kinder zu *gebären* – den Rest besorgte der Hof. In beiden Fällen gilt in Bezug aufs Zeitmanagement: Diese Frauen können delegieren.

Der vierte Fall entstammt einer qualitativen Erhebung mit Frauen, die in Diakoniestationen im Großraum Köln in der Mobilen Pflege tätig sind (Herrmann-Stojanov 2001). Sie ist eine sehr berufsorientierte, karrierebewusste Frau, die mittlerweile einer Diakoniestation mit 13 Mitarbeitern vorsteht. Sie hat immer ohne Unterbrechung in Vollzeit gearbeitet, auch als die einzige Tochter geboren war, die sie zu Anfang einfach oft mitbrachte – „damals war das noch möglich, da war die Mobile Pflege noch nicht so unter Druck wie heute". Ihr Mann, ein Lokomotivführer, arbeitet in Schicht, so dass es vorkommen kann, dass sie sich zwei Wochen gar nicht sehen. Zur Frage des Zeitmanagements in dieser Familie sagt sie: „Am vergangenen Wochenende war ich im Dienst, gegen 11.30 war ich mit den Patienten fertig, dann hab' ich Abrechnungen gemacht, da war ich erst um fünf nachmittags zu Hause – an solchen Wochenenden sag' ich dann auch, komm wir gehen essen. Mein Mann kocht nicht. Hausarbeiten stehen nicht mehr an, weil ich die schon direkt nach dem Aufstehen mache. Ich koche oft auch morgens vor der Arbeit. Ich bin ein Kurzschläfer, schlaf' selten länger als sechs Stunden. Mein Mann kauft teilweise ein, manchmal leg' ich ihm einen Zettel hin, bitte Waschmaschine anmachen, ich befüll' die vorher, mach' alles fertig. An manchen Tagen, wenn ich drüber nachdenke, dann hole ich mir Hilfe bei meiner Familie; Bügelwäsche geb' ich raus – ich verdiene mein gutes Geld, da hab' ich gesagt, das ist das, was ich mir leiste (...) ansonsten muss ich ganz ehrlich sagen, ich kann auch gut mal was liegen lassen ..." (Frau D., 44 Jahre).

Die hier geschilderten Beispiele zeigen den hochkomplexen Alltag von Familien, der durch hohe zeitliche Anforderungen gekennzeichnet ist und dessen erfolgreicher Ablauf eine große Menge an Koordinations- und Synchronisationsarbeit zur Voraussetzung hat. Zugleich dürfte deutlich geworden sein, dass kulturelle Normen, die auf Geschlechtsrollen und auf das Geschlechterverhältnis gerichtet sind, diese Aufgaben – unter den gegebenen Bedingungen – weiterhin relativ eindeutig den Frauen zuweisen (Döge/Volz 2002). Die Frage, die sich in diesem Zusammenhang stellt, lautet lapidar: Warum nehmen Frauen diese Herausforderung in der Regel wie selbstverständlich an, warum fühlen sie sich etwa zusätzlich zum eigenen beruflichen Engagement quasi automatisch zuständig für das Funktionieren des familiären Alltags? Warum gelten sie und fühlen sie sich eigentlich – allen Versuchen einer größeren Geschlechtergerechtigkeit zum Trotz – unangefochten als die „Managerinnen des Alltags" (Ludwig et al. 2002)? Diese immer wieder aufgeworfene Frage der Frauenforschung gewinnt eine neue Dimension, wenn man sie vor dem Hintergrund einer sich abzeichnenden Bürgergesellschaft stellt, deren Für und Wider gegenwärtig überaus ambivalent in der Öffentlichkeit diskutiert wird (Erlinghagen 2001). Das Konzept der Bürgergesellschaft, in sich bei weitem nicht stringent, sowohl was Begrifflichkeiten als auch Inhalte und Ziele anbelangt, setzt – quasi als gemeinsamer Nenner – auf das freiwillige (unentgeltliche) soziale Engagement der Bürger und Bürgerinnen: sei es, um auf diese Weise kostengünstig Mängel des sozialen Systems aufzufangen, sei es um in einer Gesellschaft, der die Erwerbsarbeit auszugehen droht, den Menschen sinnvolle Tätigkeiten anzubieten, sei es, um in Zeiten zunehmender Individualisierung Gemeinsinn zu fördern. Einige Wissenschaftlerinnen weisen in diesem Zusammenhang seit Jahren darauf hin, dass der Rolle der Frau in diesem Konzept einer Bürgergesellschaft besondere Aufmerksamkeit gewidmet werden müsse, denn, da ehrenamtliches Engagement eine gewisse Zeitsouveränität voraussetze, sei „ziemlich klar, wer als Adressat für die Ausweitung von ehrenamtlicher Tätigkeit vorgesehen ist" (Rudolph 2001, S. 27). Das sind die – in der Regel kürzer und flexibler erwerbstätigen – Frauen, deren Chancen zur Partizipation am Kuchen der Erwerbsarbeit dadurch drastisch eingeschränkt werden könnten. Somit stelle sich die Frage, ob das unbezahlte Engagement von Bürgern und Bürgerinnen „eine Chance oder eine Falle für Frauen" sei (ebd., S. 24).

Ein weiterer Konsens des Bürgergesellschaftskonzeptes besteht in der Annahme, dass viele ehedem aus dem Familienkontext „outgesourcte" und in der Folge verberuflichte Tätigkeiten wieder in die Familie zurückverlagert werden (ansatzweise ist dieser Prozess allerorten zu beobachten, vgl. unten), was Kompetenz-, aber nicht zuletzt auch massive zusätzliche Zeitprobleme aufwerfen wird. Allem Anschein nach fühlen sich die Familienmanagerinnen hier besonders gefordert. Um „alles unter einen Hut" bringen zu können (Raehlmann et al. 1992), scheint die möglichst flexible Teilzeiterwerbstätigkeit für Frauen eine für alle Seiten zumindest vordergründig akzeptable

Lösung zu sein, wie in der Folge gezeigt werden soll. Dass Teilzeiterwerbstätigkeit letztlich aber die Zuständigkeit der Frauen für die Sorgearbeit in und außerhalb der Familie zu zementieren scheint – ganz gleich, wie viel „freiwilliges" Engagement die Bürgergesellschaft den Menschen zusätzlich abverlangt –, ist ein Problem, das gegenwärtig angesichts einer gewissen Teilzeiteuphorie (Viethen/Scheddler 2002) in Deutschland unterschätzt zu werden droht. Und damit bliebe das Zeitmanagement tatsächlich ein Frauen-*Problem*, statt als Gestaltungsaufgabe jedermann und jede Frau gleichermaßen herauszufordern.

3. Warum muss Zeit in der Bürgergesellschaft gemanagt werden?

Der Begriff Zeitmanagement klingt modern, er hat etwas mit Planung, Organisation, Rationalität zu tun. Die entscheidende Botschaft in den Ratgebern, die beispielsweise der Zeitmanagement-Experte Lothar Seiwert sehr erfolgreich vermarktet, lautet: „Planung bedeutet Zeitgewinn. Acht Minuten tägliche Planung erbringen einen Gewinn von einer Stunde für das Wesentliche." (Rüb 2001, S. 652) Wen reizt diese Vorstellung nicht, eine Stunde für das Wesentliche zu gewinnen, nur dadurch, dass man Prioritäten setzt, sich motivierende Ziele vorgibt, die Aufgabenerfüllung positiv beginnt und beendet und so weiter. Doch sitzen wir hier nicht einem Phantom auf? Ist der Alltag in seinem zeitlichen Ablauf derart individualistisch planbar? Oder ist es nicht vielmehr eine Fiktion beziehungsweise ein Wunschbild, das die Komplexität des Alltags maßgeblich reduziert und nur wenig Realitätsbezug aufweist? Zwar mag ich planen und Prioritäten setzen, doch hat der Partner zur gleichen Zeit andere Pläne, muss andere Prioritäten setzen. Dazu kommt der Arbeitgeber mit seinen Plänen und zeitlichen Anforderungen, die Kinder, die Freunde, und nicht zu vergessen all die vielen unvorhersehbaren, spontanen Zeitbedarfe, wenn ein Kind plötzlich krank wird oder das Auto streikt.

Der Begriff jedenfalls suggeriert, man könne der zeitlichen Anforderungen sowohl während der Erwerbsarbeit als auch in der erwerbsarbeitsfreien Zeit mit wissenschaftlichen Methoden, nämlich Managementstrategien, Herr werden. Dies impliziert, jeder sei für sein Wohlfühlen in der Zeit oder eben auch für den Mangel desselben selbst verantwortlich. Nicht die Frage nach gesellschaftlichen Rahmenbedingungen, die einen hochkomplexen Alltag lebbarer machen könnten, steht so im Vordergrund, sondern die Fähigkeit, mit der jeder Einzelne die entsprechenden Zeitmanagement-Theorien zur Anwendung bringt. Die sich daraus ergebenden Schlussfolgerungen sollten nachdenklich stimmen: Der sich gehetzt und zeitlich gestresst fühlende Berufstätige hat also anscheinend seine Zeitmanagement-Ratgeber nicht aufmerksam genug gelesen, und die erwerbstätige Mutter, für die permanenter Zeitdruck so sehr zur Gewohnheit geworden ist, dass sie es nicht für erwähnenswert hält (Hager 1999), ist eben schlicht und einfach keine gute Organisatorin ihrer Zeit.

Dabei ist die tatsächlich als dramatisch zu bezeichnende Zunahme an zeitlichen Anforderungen mittlerweile vielfach dokumentiert. Zunächst ist die Arbeitszeit seit Jahren keine allgemeingültig definierte Größe mehr, das Normalarbeitszeitverhältnis mit dem 8-Stunden-Tag, der Fünf-Tage-Woche und dem kollektiv erwerbsarbeitsfreien Wochenende löst sich als Norm beziehungsweise als dominante Zeitstruktur zunehmend auf; Arbeitszeiten werden vielmehr individuell zugeschnitten, einerseits nach dem Bedarf des Unternehmens, andererseits aber auch gemäß den Wünschen der jeweiligen ArbeitnehmerInnen. Im kirchlichen Bereich beispielsweise wird damit geworben, dass jede Form von Arbeitszeitvereinbarung zwischen einer und 38,5 Wochenstunden möglich geworden sei. Derart unterschiedliche und darüber hinaus auch noch häufig wechselnde, also individuell flexible Arbeitszeiten unter Einbeziehung auch der ehemals als sozial schwer verträglich geltenden Zeitabschnitte (abends, am Wochenende ...) bedürfen – dies ist mittlerweile breiter Forschungskonsens – einer bewussten und zugleich zeitlich aufwändigen Koordinierungsarbeit mit anderen Lebensbereichen (Hielscher/Hildebrandt 1999). Die neuen flexiblen Arbeitsformen erfordern große organisatorische Leistungen von Familien, in denen mittlerweile überwiegend beide Erwachsenen (flexibel) erwerbstätig sind – Ende der 90er-Jahre gehen in Deutschland in 61% aller Ehepaar-Haushalte beide Partner einer Beschäftigung nach (Wochenbericht des DIW 2001, S. 653) –, die Kinder hingegen in öffentlichen Betreuungseinrichtungen meist im Fünf-Tage-Rhythmus verblieben sind, mit täglich in der Regel nicht mehr als sechs Stunden betreuter Zeit.

Dass diese „neue" familiäre Koordinierungsaufgabe auch als Chance aufgefasst werden kann, mit Hilfe eines „reflexiven Zeithandelns" (Jurczyk/Voß 2000) den modernen Familienalltag individuell zu gestalten, sei an dieser Stelle nur erwähnt. Die Frage, die hier interessiert, ist jedoch, wer sich dieser zeitaufwändigen Aufgabe stellt, sich dafür kompetent fühlt oder die nötigen Kompetenzen zu erwerben bereit ist und diese Anforderungen in das eigene Zeitbudget integriert.

Doch nicht nur die Veränderungen in der Erwerbsarbeitszeit erhöhen die zeitlichen Anforderungen an die Menschen. Hinzu kommen viele Veränderungen in erwerbsarbeitsferneren Lebensbereichen, die uns das ständige Gefühl vermitteln, die Zeit werde immer knapper. Im Folgenden einige Beispiele:

Verhelfen technischer und wissenschaftlicher Fortschritt einerseits zu einer Zeitersparnis in vielen Lebensbereichen, so wird diese scheinbar gesparte Zeit für Beschaffung, Reinigung, Wartung und Entsorgung technischer Hilfsgeräte mehr als wieder aufgezehrt, ganz zu schweigen von der notwendigen Informationsbeschaffung, die meist überaus zeitaufwändig ist. Bezogen auf die Freizeit sprach Rinderspacher im selben Zusammenhang vor Jahren bereits anschaulich von der Tendenz der *„Verarbeitlichung"* dieses Bereiches, in dem von uns sogar zum Zwecke der Entspannung zunehmend das universelle Expertentum verlangt werde, damit wir die vielfältigen Chancen der hochentwickelten Gesellschaft auch wahrnehmen könnten (Rinderspacher 1992, S. 14 f.). Bereits in den frühen 80er-Jahren hatte Joerges ganz allgemein von der Tendenz zunehmender Konsumarbeit gesprochen. Vorausblickend sah er die wachsende Notwendigkeit einer Qualifizierung der Konsumarbeiterinnen und Konsumarbeiter, um den immer komplexer werdenden Anforderungen gerade auch im privaten Lebensbereich überhaupt gewachsen zu sein: „Man halte sich vor Augen, welche buchhalterischen, verwaltenden und planerischen Tätigkeiten heute für ein wohlgeführtes Eigenheim oder eine vorausschauende Familiengründung erforderlich sind ..." (Joerges 1981, S. 180). Die *Kompetenzerwartungen*, die Bürgerinnen und Bürger an sich selbst und an ihre Mitmenschen haben, sind in der Zwischenzeit offensichtlich noch viel komplexer geworden und parallel dazu die Verunsicherung, die aus der Erfahrung resultiert, nicht überall, wo es erwartet wird, auch wirklich kompetent sein zu können. Der seit zwei Jahrzehnten prosperierende Markt für Ratgeberliteratur – ihr Anteil am Umsatz stieg seit den späten 80er-Jahren bis 1998 auf das Doppelte, nämlich auf 20 Prozent der gesamten Branche (Güntner 2001) – steht ganz offensichtlich hiermit in Zusammenhang. Dieses Phänomen kann als Indikator für den ständig wachsenden Orientierungsbedarf im modernen Alltag gesehen werden. Nicht von ungefähr vermittelt Ratgeberliteratur gerne den Eindruck, optimale Unterstützung für das Erreichen eines schnellen und individuellen Expertentums anbieten zu können.

Dabei wendet sich die Ratgeberliteratur nicht nur an Menschen mit technischen Problemen in Haus und Garten. Ratgeber gibt es für alle Fragen des Lebens, seien es Fragen der Ernährung, über Fragen der Gesundheitserhaltung und -wiederherstellung, bis zu Fragen der Erziehung von Kindern und Hunden, der Partnerschaft und juristischen Fragen, wie Ehevertrag, Scheidung, Nachbarschaftsrechte und Ähnliches mehr. Um sich in all diesen Fragen gegebenenfalls sachkundig machen zu können, bedarf es außer eines großen Bücherregals viel Zeit, um alles gelesen und verstanden zu haben. Auch andere Medien haben diesen Bedarf entdeckt. So boomen Ratgebersendungen im Fernsehen und erfahren großen Zuspruch durch die Zuschauer. Nach den Nachrichten und Informationen aus der eigenen Region stehen Ratgebersendungen an dritter Stelle einer Beliebtheitsskala von Zuschauern ab 30 Jahren (IfD 1997, S. 426).

Die Multioptionsgesellschaft (Gross 1994) ist in alle Lebensbereiche vorgedrungen, das heißt, wir müssen heute in ehemals eher einfach strukturierten Situationen schwierige Entscheidungen treffen. Um allerdings eine mehr oder minder *sinnvolle Auswahl treffen* zu können, brauchen wir Zeit, sei es für die Wahl des günstigsten Telefonanbieters, sei es die für den besten Strom oder jene für den besten Freizeitsport für die eigenen Kinder – übrigens stehen auch hier wieder Ratgeber zur Verfügung. Ein Beispiel aus dem Bereich der neu geschaffenen privaten Altersvorsorge: „Durch den Dschungel der Angebote von Banken, Versicherungen und Investmentgesellschaften führt der über 200-seitige Ratgeber (! H.-St) der Stiftung Warentest" (original Werbematerial).

Die allseits wahrnehmbare Tendenz, dass sich neben der Dienstleistungs-gesellschaft eine Selbstbedienungsgesellschaft herausbildet, in der viel-fältige Arbeitstätigkeiten *in die Haushalte rückverlagert* werden, ist eben-falls mit hohen Zeitkosten verbunden. ‚Do it yourself' mag manchmal auf den ersten Blick kostengünstiger erscheinen, aber schon als diese Idee in Amerika konzipiert wurde, wusste man, dass dies nur dann ein florierender Markt werden könne, wenn die Menschen dafür zusätzliche (Frei-)Zeit bekämen. Der erwerbsarbeitsfreie Samstag war hierfür wie geschaffen – und als in Deutschland der Samstag ebenfalls erwerbsarbeitsfrei wurde, wurde gleichzeitig die Idee des Do it yourself aus den USA mit importiert (Herrmann-Stojanov 1999). Doch ist Do it yourself eben nicht nur ein zeitintensives Hobby, sondern für viele Menschen oft die einzige Mög-lichkeit, bestimmte Reparaturen, Modernisierungen und anderes mehr fi-nanzieren zu können. Aus dem Spaß an Do it yourself ist nicht selten sehr zeitintensiver Ernst geworden.

Außerdem werden nicht nur immer mehr und schwierigere handwerk-liche Leistungen als Do-it-yourself-Pakete neu geschnürt (wer hat noch nicht einen Schrank zusammenzubauen versucht und ist daran fast ge-scheitert?), es werden auch zunehmend *Dienstleistungen an die privaten Haushalte delegiert*, für die diese unter den gegebenen Bedingungen nur selten wirklich vorbereitet sind. Ein besonders anschauliches Beispiel liefert der gegenwärtig in der Öffentlichkeit heftig diskutierte Vorschlag des Verkehrsministeriums, Jugendlichen die Fahrerlaubnis bereits mit 17 Jah-ren zu erteilen, allerdings dürfen sie das Auto ein Jahr lang ausschließlich in Begleitung eines Erwachsenen über 30 steuern. Hiermit werden die Eltern – denn in der Regel werden sie die neue ehrenvolle Aufgabe wohl oder übel übernehmen – vor ganz neue zeitliche, aber auch fachliche Herausforde-rungen gestellt. Damit die Jugendlichen die erforderliche Fahrpraxis erhal-ten, müssen sie möglichst oft fahren; damit Vater oder Mutter kompetente, dem Fahrlehrer vergleichbare Beifahrer werden, müssen sie sich zunächst in einem vorbereitenden Kurs qualifizieren. Und dann heißt es, in einem nicht speziell dafür ausgerüsteten Fahrzeug über viele zig Kilometer die Ruhe zu bewahren und einer sehr verantwortungsvollen Rolle gerecht zu werden. So weit die Zukunft.

Als ein weiteres Beispiel, das bereits für viele Realität geworden ist, sei die Pflegeversicherung erwähnt. Sie ist so konzipiert, dass es Angehörigen durch finanzielle und durch sozialversicherungsrelevante Anreize schmackhaft gemacht werden soll, ihre pflegebedürftigen Familienmitglieder wieder selbst – quasi ehrenamtlich – zu Hause zu versorgen. Doch wer zu Hause pflegen will, merkt schnell, dass ohne Fachkenntnisse und ohne entsprechende technische Hilfsmittel (deren Funktionsweise auch erst gelernt sein will) dies heutzutage gar nicht mehr möglich ist. Nicht umsonst entsteht als zweite Säule des Pflegens ein hochprofessioneller Berufsbereich mit einer Vielzahl unterschiedlich qualifizierter Kräfte, deren Grundlagen zunehmend verwissenschaftlicht sind (siehe Pflegewissenschaft; Pflegemanagement etc.). Um Angehörige hier in etwa fit zu machen, werden von den Pflegekassen vermehrt Einführungskurse und den Pflegeprozess begleitende Kurse angeboten. „Wenn Sie beabsichtigen, Ihre Angehörigen zu pflegen: Acht Abende kostenloser Einführungskurs" – so oder so ähnlich lauten derzeit die Angebote der Kranken- bzw. Pflegekassen. Also auch hier muss im Vorfeld bereits viel Zeit investiert werden, um anschließend eine sehr zeitintensive Daueraufgabe übernehmen zu können. Zudem wird oft der Austausch in Selbsthilfegruppen als erforderlich empfunden – wieder eine Zeitinvestition, die mit anderen zeitlichen Anforderungen in Einklang gebracht werden muss.

4. Verteilung der Verantwortlichkeiten

Das Beispiel pflegender Angehöriger verweist direkt in Richtung der Familienfrauen. Private Hauptpflegepersonen der Pflegefälle waren zur Zeit der Einführung der Pflegeversicherung zu knapp 70% Frauen: die Tochter, die Ehefrau, die Mutter, die Schwiegertochter, die Freundin und die Schwester. Nur in ca. 15 % der Fälle war die Hauptpflegeperson ein Mann (Ehemann; Sohn), bei den restlichen 15% teilten sich mehrere Angehörige die Arbeit (Beywl 1994). Daran hat sich bis heute nichts geändert. Der Frauengesundheitsbericht für Bremen 2001 weist aus, dass weiterhin über 70% der pflegenden Angehörigen Frauen sind (Senator für Arbeit 2001).

Um diese oft psychisch und physisch sehr belastende und zeitlich extensive Zusatzaufgabe zu bewältigen, versuchen viele Frauen, Familie, eigene Erwerbstätigkeit und die Pflege von Angehörigen irgendwie unter einen Hut zu bringen. Nicht selten pflegen sie sich damit selbst zu einem Pflegefall. Andere vormals berufstätige Frauen mit und ohne eigene Familie wählen den Ausstieg aus der Berufstätigkeit. Jede zehnte Frau gab Mitte der 90er-Jahre bei einer Befragung als Begründung für ihr Ausscheiden aus dem Erwerbsleben Pflegeaufgaben in der Familie an (Beywl 1994). Für ihre Rückkehr in die traditionelle Rolle der aufopferungsbereiten Frau erhält sie kaum gesellschaftliche Anerkennung. Durch die Pflegeversicherung wurde zwar jenen Frauen, die anerkannt pflegen, eine gewisse finanzielle Entschädigung für ihre Arbeit zuerkannt, doch bleibt diese marginal, vor allem wenn der Pflegeaufwand – wie es in der Natur der Sache liegt – mit der Zeit größer wird. Das Pflegegeld ist nach oben begrenzt; je mehr Zeit benötigt wird, desto geringer wird infolgedessen der – hypothetische – Stundenlohn (Pabst 1999, S. 237).

In der Perspektive des Lebenslaufs hat die Pflege von Angehörigen besonders einschneidende, irreversible Effekte, deren man sich bei der anfänglichen Entscheidung, selbst zu pflegen, selten bewusst ist. Über 85 % der Pflegenden sind 45 Jahre und älter, wenn sie die Pflege übernehmen. Dauert die Pflegetätigkeit, wie bei rund der Hälfte aller Fälle, länger als fünf Jahre (Senator für Arbeit 2001), so ist mit dem Ende der Betreuung die Altersgrenze entweder schon erreicht oder eine Rückkehr ins Erwerbsleben durch die Bedingungen des Arbeitsmarktes kaum noch möglich.

Über die zeitlichen Anforderungen der Kinderbetreuung ist in der letzten Dekade viel gesagt worden. Allein der Hinweis von Elke Holst und Friederike Maier aus dem Jahr 1998, dass die Vollzeiterwerbstätigkeit von Müttern mit Kindern unter 18 Jahren 1995 mit 20 % niedriger war als 1975, obwohl insgesamt die Erwerbstätigkeit von verheirateten Frauen und Müttern im selben Zeitraum stark zugenommen hat, deutet darauf hin, dass sich die Frauen weiterhin grundsätzlich verantwortlich für die Gestaltung und Organisation des Privatbereiches fühlen (Holst/Maier 1998). Das Zuverdienst-Modell ist das seit Jahren favorisierte Modell – zumindest in den betreuungsintensiven Jahren. Es wird von rund der Hälfte aller Frauen in einer Partnerschaft gewünscht, bringt es doch den allseits willkommenen Effekt einer Aufstockung des Familieneinkommens, ohne dabei im Grunde das traditionelle Geschlechterrollenmodell anzutasten: „Eine Entlastung der Frau von der Familienarbeit erscheint nicht notwendig, da sich ja Beruf und Familie mit reduzierter Erwerbsarbeit verbinden lässt." (Ebd., S. 510) Neue Daten bestätigen dieses Phänomen, immerhin nimmt der Anteil vollzeiterwerbstätiger Frauen weiter ab: 1991 hatten fast die Hälfte aller erwerbstätigen Frauen eine Vollzeitstelle, im Jahr 2000 waren es nur noch etwas über 40%. Gleichzeitig stieg der Anteil der teilzeitbeschäftigten Frauen von 20,4 auf fast 27% (DIW 2001, S. 650).

Auch bei der auf den ersten Anschein hin „moderneren" Variante, das Vereinbarkeitsproblem von Familie und Erwerbstätigkeit durch eine größere Flexibilisierung der Vollzeitstellen beider erwerbstätiger Elternteile „gleichberechtigt" zu lösen – die allerdings nur von einer kleinen, meist hochqualifizierten Minderheit praktiziert wird –, bleibt offensichtlich vieles beim Alten. So berichten Autoren eines kürzlich abgeschlossenen Forschungsprojektes zur Vereinbarkeit verschiedener Zeitrhythmen in Familien, in denen beide Partner mit Hilfe flexibler Arbeitszeiten vollzeiterwerbstätig sind, dass im Alltag solcher Familien ein verlässlicher Rhythmus eine tragende Rolle spiele. Und dann bemerken die Autoren lapidar: „Die Sicherstellung der Alltagsrhythmen liegt häufig in den Händen der Frauen, die die Verantwortung für eine gelingende Vereinbarung zwischen Erwerbsarbeit und Familie stärker als Männer übernehmen." (Pfahl/Reuyß 2001, S. 647) Zudem sind solche Familien trotz einer größeren Aufgeschlossenheit außerfamiliären Kinderbetreuungsformen gegenüber besonders anfällig für Stress und Koordinierungsprobleme, vor allem in so genannten „Engpasszeiten" wie Krankheit der Kinder oder Schulferienzeiten (Pfahl/ Reuyß 2002). Wer mag da bezweifeln, dass auch in diesen Fällen normalerweise den Frauen die Aufgabe obliegt, das erforderliche soziale Netzwerk (Freunde, Nachbar, Großeltern) zu aktivieren und Wartezeiten zu überbrücken. Immerhin ergab eine Befragung in Hamburg Ende der 90er-Jahre, dass 60 % der erwerbstätigen Mütter in Schul- und Kindergartenferien zu Hause bleiben und 80% die Möglichkeit wahrnehmen, sich bei Krankheit der Kinder krankschreiben zu lassen (Hager 1999, S. 40) – mithin die notwendige Pufferfunktion übernehmen und ihre Flexibilität bis an die Grenzen des Möglichen ausschöpfen. Dies korrespondiert der These, nach der es für Männer selbstverständlicher zu sein scheint, Zeit für sich, Zeit für Muße zu reklamieren. „Ihre Zeit ist überwiegend für den Beruf, danach haben sie ihre Pflicht sich selbst und anderen gegenüber getan. Demgegenüber ist ‚weibliche Zeit' als Zeit für andere prinzipiell endlos." (Jurczyk/Rerrich 1993)

5. Flexible Zuverdienerinnen – die „Stille Reserve" der Bürgergesellschaft?

Es sind unter den gegebenen Bedingungen also auch weiterhin ganz offensichtlich die Frauen, die das immer komplexer werdende Zeitmanagement von Familien als *ihre* Aufgabe verstehen, für die sie individuelle Lösungen finden müssen und in der Regel auch finden – auch wenn dies in wichtigen Phasen des Lebenslaufes Dauerstress impliziert. Die Lösung heißt heutzutage in Deutschland in der Regel Teilzeiterwerbstätigkeit, und diese soll flexibel getimed und ausbalanciert sein nach Kindergartenöffnungszeiten, Schulzeiten und den Arbeitszeiten des Partners. Jedenfalls geben 60% der teilzeiterwerbstätigen Frauen gegenüber 12% teilzeitbeschäftigter Männer in Deutschland als Motiv persönliche oder familiäre Gründe für die individuelle Reduktion ihrer Erwerbsarbeitszeit an (Krauthausen 2001, S. 30). Und bei jenen Erwerbstätigen, die gegebenenfalls eine Teilzeitarbeit bevorzugen würden, geben 81% der befragten Frauen Kinderbetreuung, Pflege bedürftiger Personen und die Erledigung von Hausarbeit als Gründe für ihre Teilzeitpräferenz an, während dies nur knapp 50% der befragten Männer tun (Groß/Munz 2000, S. 28).

Mehr denn je scheint es heute berechtigt, die vor etwa 20 Jahren erstmals formulierte Teilzeitkritik wiederaufzunehmen (Kurz-Scherf 1987; Stolz-Willig 1995), denn im Grundsatz hat sich seither nichts geändert: Teilzeitarbeit, einerseits die einzige Chance für viele Mütter in Deutschland, aufgrund des öffentlichen Betreuungsnotstandes eine eigene Erwerbstätigkeit aufnehmen zu können, erfüllt andererseits gerade in ihrer flexibilisierten Form hervorragend die Funktion der Entlastung für alle jene, die selbst nicht teilzeitarbeiten, während die „nur" teilzeiterwerbstätigen Frauen die wirkliche Kärrnerarbeit leisten. Diese Art einer möglichst flexiblen, an familiären Zeitbedarfen orientierten Erwerbstätigkeit vermittelt den Frauen gewissermaßen das Gefühl einer zeitlichen Omnipotenz; ihre Hauptaufgabe besteht darin, alles, wirklich alles „unter einen Hut" zu bringen. Daran wird die eigene Leistung bemessen, und Erfolg auf diesem Gebiet verleitet nicht selten dazu, noch mehr zeitlich bewältigen zu wollen – was letztlich zu einer Selbstüberschätzung führt und in Stress und Überlastung endet (vgl. das „Superfrau Syndrom" = unrealistische Erwartungen an sich selbst und an andere, wie viele Aktivitäten in die jeweiligen Zeiteinheiten gepresst werden können; Shaw 1998, S. 78). Die Männer flexibel teilzeitarbeitender Frauen wägen sich in der Gewissheit, dass ihre Frauen „die Sache schon geregelt kriegen": Sie bedenken nicht, dass teilzeitarbeitende Frauen trotz der geringsten erwerbsgebundenen Zeiten mit Abstand das größte Gesamtarbeitsvolumen realisieren (Stolz-Willig 1995, S. 121). Aufhorchen lassen sollten Befragungsergebnisse, die zeigen, dass Teilzeiterwerbstätige und in flexiblen Arbeitszeitformen Arbeitende viel häufiger zum Ausdruck bringen, unter Zeitdruck zu stehen als Erwerbstätige, die im traditionellen Normalarbeitszeitverhältnis beschäftigt sind (Bundesmann-Jansen et al. 2000).

Ergebnisse aus Studien zum Ehrenamt deuten in eine ähnlich Richtung: Anders als bei den Männern engagieren sich viele Frauen, die selbst im Moment keine Arbeit haben, ehrenamtlich. Doch an zweiter Stelle folgen erwerbstätige Frauen, und hier sind es selbstredend vornehmlich die teilzeitarbeitenden Frauen, die auch diesen Spagat meistern. In diesem Zusammenhang ist folgendes Ergebnis aus der Repräsentativerhebung zum Freiwilligen Engagement aus dem Jahr 1999 in Deutschland ganz bezeichnend: „Die Teilzeit (...) ist aber auch das Arbeitszeitmodell, das Frauen offenbar einen größeren Spielraum für Freiwilligenarbeit bietet. Das heißt auch, daß freiwillige Tätigkeit bei diesen Frauen eher *komplementär* zu anderen Zeitverwendungen erfolgt und nicht *substitutiv* (wie dies bei ehrenamtlich tätigen Männern in der Regel der Fall ist, H.-St.)." (Sing 2001, S. 166, Hervorh. H.-St.)

Es bedarf kaum der Erwähnung, dass es sich hierbei vorwiegend um ehrenamtliche Tätigkeiten aus dem Bereich der Fürsorge, oft im Zusammenhang mit der Betreuung von Kindern (zum Beispiel Elterninitiativen zur Übermittagsbetreuung; private Krabbelgruppen, Fördervereine von Schulen, Kindergärten etc.) handelt. Offensichtlich wird jenen Frauen, die die Verantwortung für das Funktionieren des Familienlebens als Herausforderung angenommen haben, die zudem nicht auf eine eigene Erwerbsarbeit verzichten wollen oder können, auch die außerhäusige Betreuung der Kinder, die eigentlich eine gesellschaftliche Aufgabe sein sollte, immer öfter „ehrenamtlich" aufgebürdet.

So könnte man behaupten, die Gesellschaft habe mit der Bereitstellung von immer mehr Teilzeitstellen – die ganz überwiegend von Frauen als Zuverdienerstellen angenommen werden, bei gleichzeitig nicht enden wollendem Verantwortungsbewusstsein für alle Aspekte der Fürsorge – gerade ihnen einen Bärendienst erwiesen. Gesellschaft und Politik fühlen sich durch die scheinbar gelungene Vereinbarkeit aller Lebensbereiche durch den Teilzeitspagat der Frauen nicht mehr dazu aufgerufen, grundlegende Änderungen in der zeitlichen Organisation der Gesellschaft in Angriff zu nehmen. Dabei sollte bei Frauen, die ihre eigene Erwerbsarbeit konsequent anderen Zeitbedarfen unterordnen, nicht unbedingt von einer gelungenen Vereinbarkeit gesprochen werden. Im Gegenteil sollte hier eher ein „Zuverdienersyndrom" diagnostiziert werden, mit dem kritisch auf potentielle Probleme der Multifunktionalität dieser Frauen hingewiesen werden kann, die sich gerade wegen ihrer zeitlichen Disponibilität der – kostengünstigen – „Inanspruchnahme on demand" durch die Bürgergesellschaft nur schwer entziehen können.

6. Echte Zeit-Balance in der Bürgergesellschaft

Nun wäre es allerdings nicht im Sinne einer sinnvollen Zukunftsperspektive, die kürzeren Erwerbsarbeitszeiten der Frauen schlecht zu reden. Denn an sich zeigt die große Teilzeitbereitschaft der Frauen, die die vielfältigen Aufgaben, die es zu bewältigen gilt, nur zu gut kennen, dass die Bürgergesellschaft ohne kürzere Erwerbsarbeitszeiten eigentlich nicht auskommt. Allerdings sollten diese Verkürzungen der Erwerbsarbeitszeit nicht auf Frauen beschränkt bleiben, vielmehr ein neues, „egalitäres Normalarbeitsverhältnis" (Holst/Maier 1998) begründen. Dann nämlich ließen sich die Probleme des Zuverdienersyndroms vermeiden. Ein Ergebnis aus 15 von mir durchgeführten leitfadengestützten Tiefeninterviews mit Frauen in der Mobilen Pflege deutet jedenfalls in diese Richtung: Es hat sich gezeigt, dass es nicht so sehr die Tatsache der Teilzeitarbeit von Frauen an sich ist, die dafür verantwortlich zeichnet, dass Frauen das Gefühl haben, immer mehr Ansprüchen gleichzeitig gerecht werden zu müssen, sondern die Frage, ob sie sich als Zuverdienerinnen erleben oder tatsächlich berufsorientiert sind. Folgende Äußerung soll die Zuverdienstorientierung illustrieren: „Mein Vorteil gegenüber meinem Mann: Er muss arbeiten gehen, weil er die Familie ernähren muss, ich muss meine Familie nicht ernähren. Das ist ein großer Vorteil: wir können jederzeit sagen, dann höre ich auf." (Frau K., 39 J., verh. 2 Kinder, 18,5 Wochenstunden) (Herrmann-Stojanov 2001)

Es zeigt sich in den Aussagen der Frauen deutlich, dass berufsorientierte Frauen zwar auch den Haushalt als ihre Domäne empfinden, aber als Profi eben auch delegieren können. So wird die Mutter einer der Interviewpartnerinnen von einem Pflegedienst betreut, das heißt, sie macht „das nicht auch noch selber", (obwohl sie es könnte). Berufsorientierte Frauen lassen sich auch nicht so leicht als Taxi für die Freizeit der Kinder einsetzen, stattdessen suchen sie beispielsweise solche Angebote, die von den Kindern mit dem Fahrrad selbständig erreicht werden können. Die Bügelwäsche wird eben außer Haus gegeben, und es wird jemand engagiert, der bestimmte Hausarbeiten professionell erledigt. Die zuverdienstorientierte Frau hingegen versucht ganz offensichtlich, alles und noch mehr allein zu schaffen: „Mein Mann macht ja morgens schon mit so gut es geht, ich kann mich nicht beschweren – die meiste Arbeit bleibt an mir hängen (...) Ja wenn man nach der Arbeit zu Hause ist, dann hat man immer was zu tun, und wenn es ein Haufen Wäsche ist, den man in Ruhe wegbügeln kann ..." (Frau Pf., 49 J., 2 Kinder, 18,5 Wochenstunden). (ebd.)

Eine ausgeprägte Berufsorientierung scheint gewissermaßen ein Schutz vor ausufernden Anforderungen aus dem hochkomplexen Alltag von Familien in der zeitintensiven Bürgergesellschaft zu sein. Doch stellt sich sofort die Frage, wer diesen familialen Alltag organisieren soll, wenn beide Elternteile berufsorientierte Vollzeiterwerbstätige sind, für die – wie A.R.

Hochschild gerade anschaulich beschrieben hat (2002) – „die Firma zum Zuhause" geworden ist, während „zu Hause nur Arbeit wartet". Offensichtlich ist dies nicht der Weg zu einer wirklichen Balance zwischen Arbeit und Leben. Denn „Arbeit" wird zum alles dominierenden Lebensbereich, wenn die Firma die Organisation des familiären Lebens der Mitarbeiter übernimmt, damit die Mitarbeiter sich ganz auf die Arbeit konzentrieren können, wie es das originäre Konzept der Work-Life-Balance vorsieht (vgl. bei Herrmann-Stojanov 2002). Ebenso gerät die wirkliche Work-Life-Balance gefährlich ins Wanken, wenn – wie es zurzeit vielfach in Mode gekommen ist – für die Delegation der familiären Organisation an Fachkräfte plädiert wird, damit „Frauen, um Eliteanschlüsse zu produzieren, Zeitregime erobern (können), die sie so entlasten wie die konkurrierenden Männer" (Priddat 2002; vgl. auch den Begriff ‚Defamilialisierung', Ostner 2002). Dass sich an dieser Frage die Nation spaltet, dürfte offensichtlich sein. Denn schon ist die Debatte um die „Beste (Mutti) im ganzen Land" erneut voll entbrannt (Rössler 2001).

Echte Balance entsteht vielmehr über ein ausgewogenes Zeitverhältnis in allen wichtigen Lebensbereichen für beide Geschlechter, für jedes Alter und unabhängig von der beruflichen Qualifikation. Eine Bürgergesellschaft, in der das Zeitmanagement kein Frauen*problem,* sondern eine Herausforderung für jedermann und jede Frau ist, braucht demnach als erste Voraussetzung kürzere Erwerbsarbeitszeiten für Männer wie für Frauen. Dann – und nur dann – kann sich vielleicht eine geschlechtergerechte, funktionierende „Dreizeitgesellschaft" entwickeln.

Literatur

Beywl, W. (1994): Soziale Sicherung. Hrsg. von der Bundeszentrale für politische Bildung. Bonn
Bundesmann-Jansen, J.; Groß, H.; Munz, E. (2000): Arbeitszeit '99. Ergebnisse einer repräsentativen Beschäftigungsbefragung zu traditionellen und neuen Arbeitszeitformen in der Bundesrepublik Deutschland. Köln

Döge, P.; Volz, R. (2002): Wollen Frauen den neuen Mann? Traditionelle Geschlechtsbilder als Blockaden von Geschlechterpolitik. Zukunftsforum Politik Nr. 47. Hrsg. von der Konrad-Adenauer-Stiftung. Sankt Augustin

Erlinghagen, M. (2001): Die sozialen Risiken „Neuer Ehrenamtlichkeit". Zur Zukunft des Ehrenamtes am Beispiel der Bürgerarbeit. In: Aus Politik und Zeitgeschichte Nr. 25-26/2001, S. 33-38

Gross, P. (1994): Die Multioptionsgesellschaft. Frankfurt a. M.

Groß, H.; Munz, E. (2000): Arbeitszeit 2000 in Nordrhein-Westfalen. Ergebnisse einer Befragung. Köln

Güntner, J. (2001): Die ignorierten Bestseller. Ratgeberliteratur – als Phänomen betrachtet. In: Neue Züricher Zeitung vom 2. Mai 2001

Hager, A. (1999): Alltäglichkeiten. In: Die Mitbestimmung Nr. 3/1999, S. 40-42

Herrmann-Stojanov, I. (1999): Der gesellschaftliche Diskurs über den Samstag in seiner Entstehungsphase. In: Fürstenberg, F.; Herrmann-Stojanov, I.; Rinderspacher, J. P. (Hg.): Der Samstag. Über Entstehung und Wandel einer modernen Zeitinstitution. Berlin, S. 101-163

Herrmann-Stojanov, I. (2001): Arbeitszeiten in der Mobilen Pflege. Forschungsbericht. Sozialwissenschaftliches Institut der EKD (SWI). Bochum

Herrmann-Stojanov, I. (2002): Work-Life-Balance. Anmerkungen zu einem schillernden Begriff. In: Lila Blätter. Rundbrief des Frauenreferates der Evangelischen Kirche von Westfalen 26; Nr. 11/2002: Moderne Zeiten – Eine Chance für Frauen?! S. 24f.

Hielscher, V.; Hildebrandt, E. (1999): Zeit für Lebensqualität. Auswirkungen verkürzter und flexibilisierter Arbeitszeiten auf die Lebensführung. Berlin

Hochschild, A. R. (2002): Work-Life-Balance: Keine Zeit. Wenn eine Firma zum Zuhause wird und zu Hause nur Arbeit wartet. Opladen

Holst, E.; Maier, F. (1998): Normalarbeitsverhältnis und Geschlechterordnung. In: MittAB Nr. 3/1998, S. 506-518

IfD (Institut für Demoskopie Allensbach) (1997): Allensbacher Jahrbuch der Demoskopie 1993-1997, Band 10, hrsg. v. E. Noelle-Neumann und R. Köcher. München

Joerges, B. (1981): Berufsarbeit, Konsumarbeit, Freizeit. Zur Sozial- und Umweltverträglichkeit einiger struktureller Veränderungen in Produktion und Konsum. In: Soziale Welt Nr. 2/1981, S. 168-195

Jurczyk, K.; Rerrich, M. S. (1993): Lebensführung weiblich – Lebensführung männlich. Macht diese Unterscheidung heute noch Sinn? In: Dies. (Hg.): Die Arbeit des Alltags. Beiträge zu einer Soziologie der alltäglichen Lebensführung. Freiburg, S. 279-309

Jurczyk, K.; Voß, G. (2000): Entgrenzte Arbeitszeit – reflexive Alltagszeit. Die Zeiten des Arbeitskraftunternehmers. In: Hildebrandt, E. (Hg.) in Zus. mit G. Linne: Reflexive Lebensführung. Zu den sozialökologischen Folgen flexibler Arbeit. Berlin, S. 151-206

Kurz-Scherf, I. (1987): Zeitzwänge, Zeitsouveränität: Teilzeitarbeit. In: Dies.; Breil, G. (Hg.): Wem gehört die Zeit? Ein Lesebuch zum 6-Stunden-Tag. Hamburg, S. 171-181

Ludwig, I.; Schlevogt, V.; Klammer, U. et al. (2002): Managerinnen des Alltags. Strategien erwerbstätiger Mütter in Ost- und Westdeutschland. Berlin

Ostner, I. (2002): Am Kind vorbei – Ideen und Interessen in der jüngeren Familienpolitik. In: Zeitschrift für Soziologie der Erziehung und Sozialisation Nr. 3/2002, S. 249-266

Pabst, St. (1999): Mehr Arbeitsplätze für Geringqualifizierte nach Einführung der Pflegeversicherung? Beschäftigungswirkungen des SGB XI im ambulanten Bereich. In: WSI-Mitteilungen Nr. 4/1999, S. 234-240

Pfahl, S.; Reuyß, St. (2001): Arbeitszeiten und Familienzeiten – Zur Vereinbarkeit verschiedener Zeitrhythmen. In: WSI-Mitteilungen Nr. 10/2001, S. 646-648

Pfahl, S.; Reuyß, St. (2002): Blockfreizeiten und Sabbaticals – mehr Zeit für die Familie? In: WSI-Mitteilungen Nr. 8/2002, S. 459-465

Priddat, B. P. (2002): Mama macht Überstunden. Überlastete Eltern, verwirrte Kinder: Es wird Zeit, die Familie professionell zu organisieren. In: Die ZEIT vom 22. August 2002

Raehlmann, I.; Meiners, B.; Glanz, A.; Funder, M. (Hg.) (1992): Alles unter einen Hut? Arbeits- und Lebenszeit von Frauen in der Dienstleistungsgesellschaft. Hamburg

Rinderspacher, J. P. (1992): Zeitstrukturen und private Haushalte im Wandel. In: Gräbe, S. (Hg.): Alltagszeit – Lebenszeit. Zeitstrukturen im privaten Haushalt. Frankfurt a. M., S. 11-30

Rinderspacher, J. P. (2003): Zeitwohlstand in der Dreizeitgesellschaft. Sozialwissenschaftliches Institut der EKD (SWI). Bochum

Rössler, B. (2001): Wer ist die Beste im ganzen Land? In der Debatte um „Mütter-Kinder-Arbeit" sind normative Differenzierungen geboten. In: Frankfurter Rundschau vom 25. Oktober 2001

Rüb, St. (2001): Sammelbesprechung zum Thema „Zeit": Beschleunigungsprozesse und Entschleunigungsmöglichkeiten als individuelle und gesellschaftspolitische Herausforderungen. In: WSI-Mitteilungen Nr. 10/2001, S. 651-653

Rudolph, B. (2001): Mögliche Chancen und befürchtete Fallen der „Neuen Tätigkeitsgesellschaft" für Frauen. In: Aus Politik und Zeitgeschichte Nr. 21/2001, S. 24-30

Senator für Arbeit, Frauen, Gesundheit, Jugend und Soziales (Hg.) (2001): Frauengesundheitsbericht. Bremen

Sing, D. (2001): Ehrenamtliches Engagement von Frauen als Arbeitsmarktstrategie? In: WSI-Mitteilungen 3/2001, S. 165-171

Shaw, J. (1998): Geschlechterverhältnis und die Beschleunigung des Lebens. In: Adam, B.; Geißler, K.; Held, M. (Hg.): Die Nonstop-Gesellschaft und ihr Preis. Vom Zeitmißbrauch zur Zeitkultur. Stuttgart, S. 63-84

Stolz-Willig, B. (1995): Sozialverträgliche Arbeitszeitgestaltung und Geschlechterverhältnisse. In: Büssing, A.; Seifert, H. (Hg.): Sozialverträgliche Arbeitszeitgestaltung. München und Mehring, S. 119-134

Viethen P.; Scheddler, A. (2002): Zwei Jahre Teilzeit- und Befristungsgesetz. In: Bundesarbeitsblatt Nr. 11/2002, S. 5-9

Wochenbericht des DIW (2001): Erwerbsverhalten von Frauen: Trotz Annäherung immer noch deutliche Unterschiede zwischen Ost und West. Wochenbericht Nr. 42/2001, S. 648-658

Helga Zeiher

Folgen des Wandels gesellschaftlicher Zeitbedingungen für Kinder

1. Einleitung

Kinder erscheinen in der Diskussion über Arbeitszeiten und Familienzeiten gewöhnlich als Auslöser von Zeitproblemen ihrer Eltern. Aber was für Folgen haben elterliche Zeitprobleme für Kinder? Kindheit ist in der Moderne als ein Schutz- und Vorbereitungsraum konstruiert, als eine eigene Welt neben der Arbeitswelt der Erwachsenen, eingeschlossen in die Familie und in die Einrichtungen des Bildungs- und Betreuungswesens, wo jeweils Erwachsene Zeit einsetzen, um Kinder zu versorgen, zu betreuen, zu erziehen, zu unterrichten. In Deutschland, mehr als in vielen anderen europäischen Ländern, gelingt die Zeitverteilung zwischen diesen beiden Kindheitsinstanzen immer weniger. Die Folgen sind bekannt: Weil Schulen und Betreuungseinrichtungen nicht genügend Zeit für Kinder haben, von Eltern jedoch erwartet wird, dass sie den Lebensunterhalt für sich und ihre Kinder verdienen, verbreitet sich Kinderarmut in doppeltem Sinn: Kinder sind die ärmste Bevölkerungsgruppe geworden, und die Gesellschaft wird arm an Kindern. Denn viele Eltern sind in ihrer Erwerbstätigkeit eingeschränkt, und viele potentielle Eltern verzichten deshalb von vornherein auf Kinder.

Im Folgenden geht es nicht um die materiellen und demographischen Auswirkungen des Mangels an Zeit für Kinder in unserer Gesellschaft, und es geht nicht nur um die Folgen der Menge an Zeit, die Eltern und Kinderinstitutionen für Kinder haben. Es geht vielmehr darum, wie Kinder in ihrer Art und Weise, Alltagsleben zu führen, von den Veränderungen der Zeitbedingungen und der Umgangsweisen mit Zeit betroffen werden, die in jüngster Zeit in vielen gesellschaftlichen Bereichen stattfinden. Wie greifen Veränderungen der zeitlichen Bedingungen der Arbeitswelt und der übrigen Alltagswelt in das Leben von

100

Kindern ein? Wie gehen Kinder mit den Zeitbedingungen um, die sie in ihrer Alltagswelt vorfinden? Wie ist ihr Alltagshandeln zeitlich bestimmt und organisiert?

Die Frage nach Folgen von Bedingungen unterstellt eine Wirkbeziehung. Gerade wenn es um Kinder geht, neigen wir dazu, eine direkte Verbindung zwischen einzelnen Gegebenheiten in der Alltagswelt, bestimmten Handlungsweisen und bestimmten psychischen Auswirkungen und deren sozialisatorischen Folgen herzustellen. Das ist jedoch eine Verkürzung, die die stattfindenden Prozesse überspringt. Das sei an der Frage nach Folgen von Veränderungen elterlicher Arbeitszeit für das Alltagsleben von Kindern erläutert. Die Bedingungen sind in diesem Fall Arbeitszeiten der Eltern. Diese schränken die Möglichkeiten der Eltern ein, wann und wie viel Zeit sie gemeinsam mit ihren Kindern verbringen können. Die Kinder werden aber nicht von den Möglichkeiten ihrer Eltern erreicht, sondern vom Handeln ihrer Eltern, in dem auch andere Möglichkeiten eine Rolle spielen, also nicht nur die Möglichkeiten, die die Arbeitszeiten lassen, sondern auch Möglichkeiten, die sich aus Zeitstrukturen des Betreuungs- und Bildungssystems ergeben, aus alltagspraktischen Erfordernissen des Familienhaushalts und aus manchem mehr. Wie Eltern diese Möglichkeiten in ihren Handlungsentscheidungen verknüpfen und wie sie dann tatsächlich handeln, hat darüber hinaus noch vielerlei weitere Voraussetzungen. Dazu gehören etwa die Vorstellungen vom Kind, von Familie und von elterlicher Arbeitsteilung, die sie sich zu Eigen gemacht haben. Erst vom Handeln der Eltern, das in solchem Zusammenhang entsteht, ist das Kind betroffen. Die Alltagspraxis der Eltern ist eine von vielerlei Bedingungen, in denen zustande kommt, wie dann das Kind handelt. Auch hier ist wieder wichtig: Handlungsbedingungen ermöglichen Handeln; aber sie bewirken es nicht. Bewirkt wird Handeln durch die Person. Erst indem die Person der Welt mit einer Handlungsintention und mit den ihr eigenen lebensgeschichtlich entstandenen Handlungsvoraussetzungen begegnet, werden Möglichkeiten und Beschränkungen, die in der Welt bestehen, zu individuell handlungsrelevanter Umwelt. Es ist immer eine Vielfalt von welt- und persongebundenen Möglichkeiten, die die Person aufeinander bezieht und bearbeitet, wenn sie Handeln hervorbringt; im Prinzip ist es die Gesamtheit der für die Person im jeweiligen Augenblick erreichbaren Alltagswelt und die Gesamtheit ihrer persönlichen Voraussetzungen.

Im Folgenden werde ich Auswirkungen gesellschaftlicher Zeitbedingungen auf Kinder nicht auf individueller Ebene rekonstruieren, sondern auf der Ebene von in unserer Gesellschaft vorhandenen Gegebenheiten und Denkmustern und von vorherrschenden oder neu aufkommenden Lebensweisen. Ich werde nach Möglichkeiten und Einschränkungen fragen, die daraus hervorgehen. Auch gesellschaftliche Zeitbedingungen entfalten erst in solchem Zusammenwirken sowohl im Leben der Erwachsenen, die Bedingungen für das Alltagsleben der Kinder herstellen, wie auch im Leben der Kinder Einfluss auf das Alltagsleben von Kindern. Und nur in solchem Zusammenwirken lässt sich die Art des Einflusses abschätzen.

Weil nach Folgen des Wandels gesellschaftlicher Zeitbedingungen gefragt wird, ist eine historische Perspektive notwendig. Um zu erkennen, was aus früheren Verhältnissen in der Gegenwart nachwirkt und was neu ist, und um den Blick für zukunftsweisende Trends zu sensibilisieren, möchte ich von Veränderungen ausgehen, die in die Gegenwart geführt haben. Ich werde mit einigen groben Strichen den alltagsweltlichen und kulturellen Zusammenhang, in dem Arbeitszeitveränderungen Kinder erreichen und Folgen für Kinder haben können, zu rekonstruieren versuchen. Dabei werde ich von zwei Umbrüchen des Wandels der Zeitbedingungen in der Arbeitswelt im letzten Drittel des 20. Jahrhunderts ausgehen: vom Übergang von der Zeitdisziplin industrieller und bürokratischer Arbeit zur Vermehrung und Optionalisierung von Zeitstrukturen, der im Zuge der Expansion des Dienstleistungssektors stattfand, und dann von den gegenwärtig sich ausbreitenden Deregulierungen und Individualisierungen von Arbeitszeiten. Ich beschränke mich auf Entwicklungen in der Bundesrepublik beziehungsweise in den westlichen Bundesländern.

2. Die Modernisierung der Kindheit im Übergang zur Dienstleistungsgesellschaft

2.1 Kindheit in der industriellen Gesellschaft: Zeitdisziplinierung im Schonraum

Arbeitsteilungen zwischen den Geschlechtern und zwischen den Generationen haben den Kindheitsentwurf der Moderne bestimmt. Zum einen war das die strikte Trennung zwischen Erwerbsarbeit und Reproduktionsarbeit zwischen Männern und Frauen im Modell der städtischen Ernährer-Hausfrau-Familie. Männer hatten ihren Platz in der Arbeitswelt, Frauen zusammen mit den Kindern in der Privatwelt der Familie. Die gesellschaftlichen Positionen der Mutter und des Kindes waren auf eine Weise miteinander verbunden, die eine permanente Versorgung des Kindes zu Hause sicherte. Zweitens wurde Lernen von den Prozessen produktiver Arbeit abgetrennt, und damit die Kinder von den Erwachsenen. Kinder wurden durch Gesetze aus der Arbeitswelt ausgeschlossen, und Lernen wurde in der Pflichtschule für alle Kinder gesellschaftlich organisiert.

Die doppelte gesellschaftliche Positionierung der Kindheit in Familie und Schule bedeutete, dass das Leben der Kinder in zwei Bereichen unter Kontrolle Erwachsener stattfand, und zwar in je sehr verschiedenen Beziehungsformen. In der Familie – so der Entwurf – waren die Kinder in der Intimität der Mutter-Kind-Beziehung geborgen, von der Mutter versorgt und behütet, und mit dieser der persönlichen Autorität des Mannes und Vaters unterworfen. Kinder hatten den untersten Platz in der Hierarchie, sollten aber von den Eltern in ihrer Persönlichkeit geliebt werden. Die bürgerliche Norm der Mutterliebe vermittelte der Mutter die Wichtigkeit dieser Aufgabe und wie sie diese zu erfüllen hatte, nämlich sich selbst verleugnend und als mit ihrer ganzen Person Dienende (Schütze 1986). Dem Entwurf der immer sorgenden guten Mutter entsprach der Entwurf des schwachen, empfindsamen, der mütterlichen Sorge bedürftigen Kindes. Denn Mütter, für die solche Sorgearbeit das dominante Lebensziel war, brauchten möglichst lange Zeit Kinder als Objekte dafür. Es herrschte die Auffassung, nur die Mutter könne das kleine Kind richtig betreuen; in wohlhabenden Familien konnte zwar eine Kinderfrau beteiligt werden, institutionelle Betreuung aber galt als schädlich. Im anderen Teil der aus-differenzierten Kindheitswelt, der Schule, wurden Kinderkollektive dagegen formal organisierter Behandlung unterworfen. Das Durchziehen des Curriculums erlaubte keine Rücksicht auf individuelle Besonderheiten und Empfindsamkeiten. Mithilfe von Zensuren und Rangplätzen wurde Konkurrenz um Erfolg erzeugt, durch Sitzenbleiben wurden Versager ausgeschlossen. Damit herrschten in der Schule, obwohl sie sich als Schonraum verstand, Prinzipien der Arbeitswelt.

Dieser Gegensatz kommt besonders deutlich am Umgang mit der Zeit der Kinder zum Ausdruck. Als Instanz der physischen Reproduktion und Regeneration ist die Familie auf Naturprozesse des Essens und Schlafens, des Wachsens und des Gesundens von Krankheit bezogen. Und als Ort, an dem die sorgende Mutter im Prinzip immer anwesend war, konnte die Familie dem Kind seine Zeit lassen, die es für solche Naturprozesse brauchte – beziehungsweise, von der man glaubte, das Kind brauche sie. Die Vorstellung, Kinder brauchten von Natur aus feste Rhythmen und Gewohnheiten, erhielt großes Gewicht im Familienalltag. Für Mahlzeiten und Schlafen galten bis über die Mitte des 20. Jahrhunderts hinaus in Familien feste Termine. Kinder wurden zwar streng an solche Zeitraster des Familienalltags gebunden, dazwischen hatten sie aber frei verfügbare Zeit – soweit nicht Schulaufgaben oder Mitarbeit im Haushalt von ihnen erwartet wurden. Spielen in eigener Zeit, im Spielen die Zeit vergessen, im Spielen Nutzloses zu tun, während die Erwachsenen immer auf das Nutzen der Zeit bedacht sein sollten, galt als kindgemäß, das hieß, als der andersartigen Natur des Kindes gemäß. In den sozialen Spielwelten waren Kinder unter sich, ohne Einmischung Erwachsener. Behnken et al. (1989) haben in einer historischen Studie beschrieben, wie in Städten zu Beginn des 20. Jahrhunderts Kinder und Erwachsene räumlich vermischt, aber in ihrem Tun je für sich lebten.

Die Schule verstand sich als eine pädagogische Veranstaltung, die auf den Ernst des Lebens erst vorbereitete; Reformbewegungen haben sich immer wieder bemüht, auch diese Vorbereitung „kindgemäß" zu gestalten. Doch haben die Zeitverhältnisse, in denen schulisches Lernen stattfand, Kinder bereits im Kindesalter voll in die in der Arbeitswelt herrschenden

Organisationsformen einbezogen. Bis zum Ende des zweiten Drittels des 20. Jahrhunderts waren das die Zeitverhältnisse der industriellen Gesellschaft. Als Industrialisierung und wachsende Staatsbürokratie den Umgang mit verselbständigter, rationalisierter Zeit notwendig machten, brauchte es bekanntlich große Anstrengungen, das bei den Arbeitenden durchzusetzen. Verstetigung, Fragmentierung und zeitliche Präzisierung waren in den Fabriken mit strenger Disziplin erzwungen worden (Thompson 1973). Die nachwachsenden Generationen mussten diesen Lernprozess in der Kindheit vollziehen, und die wichtigste Instanz dafür war die Schule. Bis in die Mitte des 20. Jahrhunderts war die zeitliche und räumliche Disziplinierung, Pünktlichkeit und Regelmäßigkeit ausdrückliches Erziehungsziel. Das ging so weit, dass die Bewegungen der Kinder in einer dem militärischen Drill ähnlichen Weise reguliert und sie zu standardisierten Körperhaltungen gezwungen wurden (Foucault 1976). Neben solchen intentionalen Disziplinierungen war es die raum-zeitliche Strukturierung schulischen Lernens, die Kinder in die Zeitdisziplin der fordistischen Arbeitswelt eingewöhnte. Der Kindheitsverlauf erhielt durch Jahrgangsstufen und Stundentafeln und der Kinderalltag durch die Wechsel von Schulstunden, Pausen und freier Zeit ein institutionalisiertes Zeitkorsett, das für alle Kinder (eines Jahrgangs und einer Schulform) gleich war. Denn lehrergesteuerter Unterricht verlangt gleichzeitige Anwesenheit, und die lineare Aufbereitung des Lernstoffs verlangt regelmäßige und pünktliche Teilnahme aller Schüler.

Im Alltag der Kinder bestanden zwei Zeitmodi nebeneinander: Das Zeitregime der industriellen und bürokratischen Arbeitswelt, dem Kinder vor allem in der Schule unterworfen waren, sowie der Zeitmodus des Spielens, wo Zeit sich im Tun entfaltete und frei war von extern gesetzten Strukturen. Solches Spielen fand zum Teil zu Hause, zum Teil jenseits der von Erwachsenen beherrschten Schutz- und Vorbereitungsräume draußen, in ihnen zugestandenen „Eigenwelten" der Kindern statt.

2.2 Der Übergang zur Dienstleistungsgesellschaft: Ausbreitung struktureller Kontrolle und Individualisierung der Lebensführung

Seit den späten 60er-Jahren ist der Anteil der Zeit, den Kinder in formal organisierten Zusammenhängen verbringen, größer geworden. Die Expansion des Dienstleistungssektors ging mit der Expansion und Reform des Bildungswesens einher. Mehr Nachfrage nach qualifizierten Arbeitskräften legte nahe, jetzt auch Mädchen und Kindern aus bislang benachteiligten Sozialschichten vermehrt bessere Ausbildung zu geben. Schulen sollten nach Leistung und nicht mehr sozial auslesen („soziale Chancengleichheit"). Unterrichtsmethodik und Didaktik wurden leistungsbezogen rationalisiert; institutionelle Lernzeit wurde detaillierter vorgeplant und Lernergebnisse wurden rational kontrolliert. Damit erreichte die fordistische Zeitrationalisierung in der Schule ihren Höhepunkt. Zugleich drang bildungsbezogene Institutionalisierung weiter in die Zeit der Kinder ein, in das Vorschulalter („Elementarbereich") und in die außerschulische Alltagszeit. Neben der neuen Bildungsorientierung beförderte in jenen Jahren ein starker Schub in der räumlichen Funktionsentmischung der Städte die Vermehrung außerschulischer Einrichtungen für Kinder. Der motorisierte Straßenverkehr verdichtete und beschleunigte sich, lückenlosere Bebauung ließ weniger Platz für spielende Kinder. Weil mehr Raum für Zwecke der Erwachsenen spezialisiert wurde, mussten auch die Zwecke der Kinder mehr spezialisierte Orte erhalten: Kindergärten, Freizeitinstitutionen und Spielplätze. Auch wo die stadträumlichen Bedingungen Spielen im Wohnumfeld zuließen, waren Kinder vermehrt auf Spezialorte angewiesen; denn nachbarschaftliche Spielgruppen können sich seltener bilden, wenn sich viele der Kinder häufig in Betreuungs- und Freizeiteinrichtungen aufhalten. (Zeiher/Zeiher 1994)

Die vorgefertigten Arrangements und Programme für die Freizeit geben Zeitstrukturen vor. Kinder haben die Termine einzuhalten. Anders als beim Rennen, Springen, Ball spielen und Klettern im Freien haben sie im veranstalteten Sport ihre Bewegungen in explizit vorgegebene Termine und Sequenzen einzufügen. Auch manche der spezialisierten Räume und Dinge, etwa die Ausstattungen von Spielplätzen, formen Bewegungsabläufe räumlich und zeitlich; der Kletterturm legt eine bestimmte Abfolge von

Klettern und Rutschen nahe. Im Unterschied zur Schule ist den Kindern freigestellt, Freizeitangebote anzunehmen. Die Macht, mit der hier Kinderleben zeitlich reguliert wird, entsteht nicht zuletzt aus der Attraktivität der Tätigkeitsgelegenheiten. Kinder werden nicht gegen ihren Willen eingeschränkt, sondern ergreifen die Tätigkeitsmöglichkeiten freiwillig.

Noch auf andere Weise hat diese Entwicklung mehr rationale Zeitorganisation in den Kinderalltag jenseits der Schule gebracht. Spezialisierte Orte sind räumlich zentralisiert und liegen mehr oder weniger weit voneinander entfernt. Die Distanzen zu überwinden braucht Wegezeit, und es braucht nicht selten Planung im Voraus. Auch Spielkontakte mit anderen Kindern sind weiter im Raum verteilt. Denn wo in der Wohnumgebung keine Spielgruppen entstehen können, finden Kinder ihre Freunde nur noch in den Kindertagesstätten und Schulen. Diese wohnen im Einzugsbereich der Einrichtungen, der weit sein und für private Treffen Verabredungen und Transporte nötig machen kann. Zentralisierung und Distanzierung schaffen Abhängigkeit von Planung und von Terminen, geben aber auch neuen Freiheitsspielraum. Eine neue Weise der Selbstbestimmung des individuellen Alltagslebens ist gefordert. Denn jetzt gibt es nicht mehr einen schicksalhaft vorgefundenen Zusammenhang von Möglichkeiten, sondern einzelne Optionen, von denen nach eigenen Interessen und Bedürfnissen einige gewählt werden können. Persönliche Interessen können bestimmt und gegeneinander abgewogen werden, institutionelle Möglichkeiten wie auch Freunde können gewählt werden, die verschiedenen Engagements und ein tägliches Zeit- und Wege-Management müssen individuell zeitlich koordiniert werden. Entfernungen zu überbrücken verlangt vor dem Tun Antizipation, oft auch Vorbereitung, Planung und Verabredung. Vor einer Aktivität im Raum geschieht Aktivität in der Zeit und ist Reflexion nötig. Auch für das Alltagsleben von Kindern gilt seither, dass das Leben weniger in traditionell vorgeformten Bahnen verläuft, sondern von den Individuen entworfen, gestaltet, immer wieder reflektiert und nicht selten neu konzipiert werden muss (Zeiher/Zeiher 1994). Damit sind auch Kinder einbezogen in eine gesellschaftliche Tendenz, die für die Moderne charakteristisch ist, aber erst im letzten Drittel des 20. Jahrhunderts, im Übergang zur Dienstleistungsgesellschaft, das private Leben aller Men-

schen verstärkt erreichte: die Individualisierung der alltäglichen Lebensführung. (Voß 1998; Jurczyk/Rerrich 1993)

Die Kehrseite der neuen Eigenständigkeit in der alltäglichen Lebensführung ist eine neue Form der Abhängigkeit der jüngeren Kinder von ihren
Eltern, die oft viele Jahre bis ins mittlere Kindesalter andauert. Denn wenn
kleine Kinder ihren Aktionsraum nicht allmählich ihren Kräften gemäß über
die Wohnung hinaus ausweiten können, sondern ihre außerhäuslichen
Orte weiter entfernt sind, sind sie darauf angewiesen, dass Eltern ihnen den
Zugang zu institutionellen Angeboten erschließen, ihnen helfen Freunde
zu finden, sie zu Spielplätzen, Freunden oder Veranstaltungen transportieren und alles dieses zeitlich zu organisieren.

2.3 Der Wandel in den Beziehungen zwischen Erwachsenen und Kindern

Je erfolgreicher strukturelle Vorgaben das Handeln der Kinder regulieren,
desto überflüssiger wird persönliche Gewaltausübung. Dem entspricht die
hohe Bedeutung, die Selbständigkeit als Erziehungsziel wie auch Partnerschaftlichkeit, Offenheit und Empathie Erwachsener für Bedürfnisse der
Kinder seither haben. Ende der 60er-Jahre fand ein radikaler Umbruch in
den persönlichen Erwachsenen-Kind-Beziehungen statt. Dieser wurde
ausdrücklich initiiert und vorangetrieben durch Pädagogen, Psychologen
und Eltern der Nachkriegsgeneration, die den eigenen Kindern die rigiden
Regulierungen nicht antun wollten, die sie selbst in der Kindheit erfahren
hatten. In Entwicklungspsychologie und Pädagogik wurden Konzepte der
Subjektivität und Autonomie des Kindes zentral. In den Familien, aber auch
in Schulen und Kindertageseinrichtungen sollen Kinder nicht mehr Befehlsempfänger sein, sondern Partner, mit denen Anforderungen und Interessen auszuhandeln sind (Büchner 1983). Selbststeuerung der Kinder
erhielt Priorität, nicht zuletzt als Selbstbestimmung der Zeit. Mütter stillten
ihre Kinder von nun an nicht nach Zeitplan, sondern wenn diese es verlang-
ten. In der Schulpädagogik wurde, dem Wandel der Arbeitsformen in der
Wirtschaft entsprechend, mit Gruppenarbeit und Projektunterricht versucht, gegen die sich gerade verstärkende „Taylorisierung des Unterrichts" (s. oben) anzugehen. „Freie Schulen" ließen jedes Kind selbst

bestimmen, wann es lernte. Kindern wurde Kritik an objektivierter linearer Zeit im Kultbuch „MOMO" (Ende 1973) vermittelt, wo ein Kind den Zeitreichtum des Lebens gegen die tote ökonomisierte Zeit erwachsener „grauer Herren", der „Zeitdiebe", zu behaupten vermochte. So sind Kinder nicht nur durch die oben beschriebenen Institutionalisierungen, sondern auch in den Erziehungszielen und in ihren persönlichen Beziehungen zu Erwachsenen in den Wandel der Kontrollverhältnisse einbezogen worden, der in den 60er- und 70er-Jahren in der Arbeitswelt stattfand, wo strukturelle Kontrollen direkte persönliche Zwänge ablösten und wo für die Arbeitenden mehr Mitbestimmung, auch in Form von Zeitsouveränität, verlangt wurde.

Wie in der Arbeitswelt, so hat freilich auch in der Alltagswelt der Kinder die Kritik an Fremdbestimmung die oben beschriebene strukturelle Macht nicht brechen können, die von wachsendem Leistungsdruck ausging. Über die Kontrollen, die den vermehrten organisatorischen und materiellen Strukturen inhärent sind, finden indirekte massive Einmischungen Erwachsener in den Kinderalltag statt. Erwachsene denken sich aus, für welches Tun der Kinder anregende und unterstützende Bedingungen geschaffen werden, etwa wenn in Betreuungs- und Freizeitinstitutionen vorgeplant und arrangiert wird, was Kinder dort tun sollen. Der expandierende Bereich der Gesellschaft, in dem professionell daran gearbeitet wird – Wissenschaften, Jugendhilfepolitik, Städteplanung, Medien und Industrien –, greift tief in alle Bereiche des Lebens von Kindern ein. Einmischungen geschehen auch auf der Ebene des Handelns. In den Einrichtungen sind Kinder zwar von der Außenwelt abgetrennt, aber nicht unter sich. Die professionellen Agenten des kinderbezogenen Dienstleistungssektors, Erzieher und Lehrer, überlassen die Kinder dort nie sich selbst. Was Kinder auch tun, immer ist mindestens ein Erwachsener initiativ, steuernd und beurteilend beteiligt, freilich in einer Weise, die nicht dirigistisch sein, sondern selbstreguliertes Handeln der Kinder herausfordern will.

Diese Einmischungen geschehen auf der Grundlage von Konzepten der kindlichen Entwicklung, des Lernens und der Sozialisation, die in den 60er- und 70er-Jahren in einem damals expandierenden kindbezogenen Wissenschaftsbereich ausgearbeitet und popularisiert wurden. Diese schreiben allem, was Kinder tun und was ihnen widerfährt, weitreichende Folgen für die Personentwicklung zu und verlangen deshalb umfassende Aufmerksamkeit der Erwachsenen für das Alltagsleben der Kinder. Die besondere Sensibilität des Kindes für jedwede Art von Erfahrung und dementsprechend die besondere Förderungsbedürftigkeit seiner Entwicklung wird hier herausgearbeitet. Diagnose- und Therapieverfahren sollen Fehlentwicklungen frühzeitig abwenden. Diese schon in den 70er-Jahren als „Pädagogisierung" und „Therapeutisierung" der Kindheit charakterisierte – und als „Kolonisierung des Kindes durch die Wissenschaft" (Gstettner 1981) kritisierte – Tendenz ist als Weiterentwicklung des Entwurfs des hochgradig sorgebedürftigen und empfindsamen Kindes zu sehen, der, wie oben erwähnt, Teil der gesellschaftlichen Konstruktion moderner Kindheit als Schutz- und Vorbereitungsraum ist – im Widerspruch zum Konzept vom Kind als autonomem Subjekt, das in diesem Entwurf ebenfalls betont wird.

Zusammenfassend lässt sich sagen: Der Widerspruch zwischen Erziehung und Autonomie, mit dem sich Pädagogen seit langem auseinander setzen (Honig 1999), hat sich im Übergang zur Dienstleistungsgesellschaft in doppelter Weise verschärft. Erstens als Widerspruch zwischen Kontrolle und Selbstbestimmung: Die externe Steuerung des Kinderlebens hat zwar die Form geändert – sich von persönlicher Herrschaft zu struktureller Kontrolle verschoben –, greift in der neuen Form aber sehr viel umfassender in das Kinderleben ein, während zugleich Selbstbestimmung des Kindes in den pädagogischen Konzepten und in den persönlichen Beziehungen sehr wichtig genommen wird. Und zweitens als Widerspruch zwischen Förderungsbedürftigkeit und Selbständigkeit. Auf der einen Seite steht die besondere Bedürftigkeit des Kindes im Zentrum eines wachsenden wissenschaftlichen, pädagogischen und therapeutischen Bereichs, sie legitimiert die Aktivität des kindbezogenen Dienstleistungssektors (am Beispiel der Legasthenie: Bühler-Niederberger 1991). Auf der anderen Seite wurde Selbständigkeit des Kindes zum vorrangigen Erziehungsziel, wie Umfragen in den 80er-Jahren zeigten (dazu: Preuss-Lausitz et al. 1990).

2.4 Mütter im Übergang zur Dienstleistungsgesellschaft

Dieser doppelte Widerspruch hat auch die Beziehungen zwischen Eltern und Kindern neu geformt. Die Ansprüche an Eltern sind immens gestiegen:

110

Ihnen ist umfassende Verantwortung für die gesamte Persönlichkeitsentwicklung sowie für die Bildungskarriere aufgebürdet worden. Die Verantwortung für das „gelingende Kind" verlangt, sich um alles zu kümmern, was Kinder tun und lassen und erfahren. Das oben genannte Management des Kinderalltags gehört dazu einschließlich der Entwicklung individueller Interessen, der Förderung schulischen und außerschulischen Lernens und der Steuerung und Unterstützung von Gleichaltrigenbeziehungen des Kindes.

Diese Anforderungen erreichten in den 70er- und 80er-Jahren eine Generation von Eltern der Mittelschicht, die selbst noch überwiegend in autoritär strukturierten Ernährer-Hausfrau-Familien aufgewachsen waren, die als Jugendliche im kulturellen Umbruch der 60er-Jahre kritisch geworden waren gegen diese Kindheitserfahrungen, und die bei den eigenen Kindern alles anders und besser machen wollten und sich sehr engagiert darum bemühten. Kinder wurden zum Träger von Hoffnungen auf Gesellschaftsveränderung, und sie wurden für viele Frauen im Rahmen individualistischer Lebensplanung ausdrücklich zu Projekten der Selbstverwirklichung. Der Bruch zwischen den eigenen Kindheitserfahrungen und dem neuen Entwurf vom Kind prägte diese Elterngeneration und ihre besondere Weise, mit den neuen Aufgaben umzugehen. Trotz veränderter Vorstellungen von geschlechtlicher Arbeitsteilung blieben die Mütter für Kinder und Haushalt zuständig, doch verlor die Hausfrauenrolle ihre Selbstverständlichkeit und Attraktivität (Pross 1975). In der Ambivalenz zwischen Hausarbeit und Berufsarbeit bot der veränderte Kindheitsentwurf Frauen aus der Mittelschicht eine Orientierung an neu verstandener Mutterarbeit an. Mutterarbeit konnte als anspruchsvoller und als der Berufsarbeit gleichwertiger wahrgenommen werden, seit sie im Zusammenhang von Scholarisierung, Pädagogisierung und Therapeutisierung der Kindheit wichtige neue Aufgaben hatte. Tatsächlich verlangte Mutterarbeit jetzt neue pädagogische Reflexion, Alltagsmanagement und Kontaktpflege wie auch Mitarbeit in Kinderinstitutionen, während manche praktischen Arbeiten einfacher wurden, weil es jetzt Waschmaschinen, Pampers, Strumpfhosen, Klettverschlüsse und Fertignahrung gab. Manche Frauen betrieben mit hohem Engagement und in quasi-professioneller Weise ihre Mutterarbeit (Pasquale 1998). Untersuchungen haben gezeigt, dass das ebenfalls für erwerbstätige Mütter galt, diese ihre Ansprüche an die Mutterrolle sogar steigerten (Bertram/Bayer 1984). Jene Müttergeneration hatte freilich sowohl den Bruch mit den selbst erfahrenen Kindheits- und Erziehungsvorstellungen zu bewältigen, wie auch die Widersprüche im neuen Entwurf des Kindes zwischen Abhängigkeit und Selbständigkeit auszutragen. So war die umfassende Verantwortung für das „gelungene Kind" verbunden mit Warnungen vor zu viel Sorge, vor „neurotischer" Überbetreuung (Hardach-Pinke 1986). Diese erste Generation von Müttern seit dem Umbruch in Kindheitsbedingungen und Kindheitsentwurf war häufig verunsichert, nicht zuletzt weil trotz kritischer Distanzierung tradierte Vorstellungen nachwirkten. So schickten sie ihre Kinder in Betreuungseinrichtungen, aber möglichst nur für einige Vormittagsstunden, und wenn es länger sein müsste, geschah das oft mit schlechtem Gewissen. Die neuen Vorstellungen und Ziele waren zunächst Kopfprodukte und wurden als solche in ideologischen Auseinandersetzungen immer wieder geschärft und mit oft heftigem Engagement realisiert.

Was dies für die Kinder bedeutet hat, lässt sich an deren Position in der häuslichen Arbeitsteilung erkennen. War es bis dahin verbreitet gewesen, Kinder mehr oder weniger häufig, Mädchen mehr als Jungen, zum Mithelfen im Haushalt heranzuziehen, um der Mutter Arbeit abzunehmen, so rückten jetzt das Lernen und die Entwicklungsförderung der Kinder so sehr in den Vordergrund, dass Kinder in vielen Familien kaum mehr mit Haushaltsarbeit belastet wurden, es sei denn aus pädagogischen Gründen. Kindern wird Verantwortung für kleine Arbeitsbereiche, etwa für den Mülleimer, übertragen, damit sie daran Selbständigkeit und Verantwortlichkeit üben. Es geht nicht mehr darum, dass Kinder den Eltern helfen, vielmehr helfen Eltern den Kindern, indem sie ihnen entwicklungsfördernde Aufgaben stellen (Lang 1985; Zelizer 1985; Zeiher 2000). Der Familienhaushalt ist in sehr viel höherem Maß als zuvor zum Schonraum Kindheit geworden, in dem Kinder als Empfänger elterlicher Sorgeanstrengungen und als Nutznießer elterlicher Hausarbeit ins Zentrum gerückt sind, zum Dienstleistungsbetrieb für Kinder.

Der andere Zielkonflikt jener Müttergeneration war die Verbindung von Erwerbsarbeit und Familienarbeit, als Doppelbelastung der Frau ein viel diskutiertes Problem. Während die – meist teilzeitliche – Erwerbstätigkeit von Müttern zunahm, haben sich die übrigen Arbeitsteilungen nicht geändert, die mit dem Hausfrau-Ernährer-Familienmodell verbunden gewesen waren. Das war erstens die geschlechtliche Arbeitsteilung zwischen Eltern. Obwohl sich Gleichheitsvorstellungen ausbreiteten, sind diese nur äußerst zögernd in der Beteiligung der Männer im Haushalt und an Arbeit für die Kinder wirksam geworden (Künzler 1995). Und das war zweitens die auf Kinder bezogene Arbeitsteilung zwischen Familie und Bildungs- und Betreuungseinrichtungen. Das deutsche Bildungssystem hat immer mit obrigkeitlicher Macht Anpassung der Familien an sein Zeitregime verlangt. Halbtagsunterricht, unterschiedliche Unterrichtsdauern an den Wochentagen, wenig Unterrichtszeit für Schulanfänger, lange Ferien ohne passende Betreuungsangebote setzen die ständige zeitliche Verfügbarkeit der nicht erwerbstätigen Hausfrau voraus. Die unzureichende Ausstattung mit Krippen- und Hortplätzen und die oft zu kurzen Öffnungszeiten der Betreuungseinrichtungen tun das ebenfalls.

Auch durch diese neue Konstellation von Mutterrolle und Kindheit – Ergebnis von Frauenemanzipation und dem oben beschriebenen Wandel der Strukturen und Konzepte der Kindheit – sind Kinder in die damals neuen Zeitbedingungen einbezogen worden. Um Familienarbeit, Erwerbsarbeit und Zeitregimes von Schulen und Kindertagesstätten zu koordinieren und um Kinder im Management des außerschulischen Alltags zu unterstützen, bedarf es ständiger Zeitkoordination (Jurczyck/Rerrich 1993). Die genannten Entwicklungen haben strukturelle Zeitzwänge und rationales Zeitmanagement, die im damaligen Wandel gesellschaftlicher Zeitbedingungen hervortraten, auch in die Familien hineingetragen, symbolisiert in Terminplänen an der Pinnwand, die damals unerlässlich wurden. Kinder erfahren diesen Zeitgebrauch somit auch zu Hause.

3. Deregulierungen und Individualisierungen der Zeitbestimmung in der Arbeitswelt: ein erneuter Wandel der Kindheit?

Die beschriebenen Veränderungen der Alltagsstrukturen und der Konzepte der Kindheit waren Teil eines gesellschaftlichen Wandels, der nicht zuletzt durch die Expansion des Dienstleistungssektors bestimmt war und der für Kinder im Wandel der Formen und Instanzen der Kontrolle über ihre Zeit zum Ausdruck kam. Im Laufe der 90er-Jahre sind im Zusammenhang von Beschleunigungen und Globalisierungen ökonomischer Prozesse weitere Veränderungen in den gesellschaftlichen Zeitbedingungen hervorgetreten. Ermöglicht durch den Entwicklungssprung der Informations- und Kommunikationstechnik sind viele soziale Prozesse erheblich beschleunigt worden. Nachdem in den vorausgegangenen Jahrzehnten feste Zeitstrukturen sich vermehrt, häufiger den Charakter von Optionen für die Individuen angenommen und individualisierte Lebensführung herausgefordert hatten, sind nun Entgrenzungen von Zeitstrukturen und weitere Individualisierungen der Zeitbestimmung zu beobachten. Damit stellt sich erneut die Frage nach der Einbindung der Kinder in Veränderungen gesellschaftlicher Zeitbedingungen. Ich werde im Folgenden versuchen aufzuspüren, ob und wo heute Veränderungen erkennbar werden. Weil es noch keine Untersuchungen hierzu gibt, kann ich nur Fragen aufwerfen und spekulative Antworten geben.

3.1 Deregulierungen und Individualisierungen in den Zeitregimes elterlicher Arbeit

Betriebe stehen heute unter zunehmendem Druck des Wettbewerbsfaktors Zeit. Ökonomische Rationalisierung und Marktanpassung geschehen durch Just-in-Time-Produktion, durch Flexibilisierungen des Arbeitskräfteeinsatzes und indem Verantwortung vermehrt an Mitarbeiter weitergegeben wird (Voß 1998). Gearbeitet wird unter wachsendem Zeitdruck und immer häufiger in deregulierten Zeiten. Das erscheint in Arbeitszeitverlängerungen, Wechselschicht-, Nacht- und Wochenendarbeit, Heimarbeit sowie Diskontinuität von Arbeitszeiten in Zeitarbeits- und Scheinselbständigkeitsverhältnissen und in eigenen Unternehmen. Alle diese Formen haben in den 90er-Jahren zugenommen (Garhammer 1999). Der Wandel breitet sich sowohl direkt mit ökonomischer Macht aus, wie auch durch den Anpassungsdruck, den Synchronisationsbedarf und Zeitkonflikte erzeugen. In den Städten werden Angebotszeiten von Dienstleistungen und Handel ausgedehnt, auf Druck veränderter Arbeitszeiten der Kunden und mit der Folge neuer Deregulierungen der Zeiten für die dort Arbeitenden. Insgesamt ist in Produktion, Zirkulation und Dienstleistungen eine Tendenz zum Nonstop-Betrieb zu beobachten, innerhalb dessen die Zeitmuster der Einzelnen unterschiedlich gelagert sind. Damit verlieren kollektive Rhythmen der Tages-, Wochen- und Jahreseinteilung an Bedeutung (Eberling/Henckel 1998; Fürstenberg et al. 1999). Zeitdisposition und Synchronisation gemeinsamer Aktivitäten werden in noch größerem Umfang zur individuellen Aufgabe. Weil Zeit weniger gebunden ist und Raumdistanzen an Bedeutung verlieren, erhöhen sich individuelle Gestaltungspotentiale. Individuen müssen sich Zeitdisziplin und Zeitdruck selbst antun. Synchronisation wird schwieriger und wird variabler, weil mobile Medien virtueller Vernetzung jeden Partner im Prinzip jederzeit erreichbar machen, unabhängig von Raumbedingungen.

Ein Weg, auf dem Kinder vom Wandel in den Zeitbedingungen der Arbeitswelt erreicht werden, geht über die Art und Weise, wie ihre Eltern das Problem lösen, Arbeitszeit und Kinderbetreuungszeit zu synchronisieren, sowie über die Belastung ihrer Eltern durch Zeitkonflikte und Zeitdruck. Dabei ist zunächst einmal darauf zu verweisen, dass in der westlichen Bundesrepublik die Erwerbstätigkeit von Müttern in dem hier betrachteten Zeitraum von vier Jahrzehnten ständig zugenommen hat. Die Aufgabe, Erwerbsarbeit und Kinderbetreuung zeitlich zu verbinden (s. oben) haben also immer mehr Eltern zu lösen, somit sind immer mehr Kinder in ihrem Alltagsleben davon betroffen.

Die gegenwärtig immer deutlicher hervortretende Tendenz zur Auflösung von betrieblichen Zeitvorgaben der Arbeit, indem es den Arbeitenden mehr oder weniger überlassen wird, ihre Zeit zu bestimmen, verstärkt Tendenzen der Individualisierung der Lebensführung, die schon seit längerem beobachtbar sind (s. oben). In Bezug auf die Arbeitszeit von Eltern begann diese Entwicklung mit zwei Arten von Flexibilisierungsangeboten, die beide als Unterstützung von Eltern betreuungsbedürftiger Kinder propagiert wurden. Das sind zum einen Angebote an junge Eltern, die sich auf die Lebensarbeitszeit beziehen: Die Möglichkeit, diese durch eine erwerbsarbeitsfreie Familienphase zu unterbrechen oder eine Phase der Teilzeitarbeit einzulegen. Zum anderen sind es Angebote an Arbeitnehmer, die Tages- und auch die Wochenarbeitszeit in gewissen Grenzen selbst zu verteilen. Auf den zweiten Typ möchte ich etwas näher eingehen.

In Deutschland waren die Zeitregimes beider externer Taktgeber des Familienalltags, des Bildungswesens und der Arbeitgeber, lange Zeit nur an deren eigenen Abläufen und an allgemeinen Rhythmen des gesellschaftlichen Lebens, etwa der Sonntagsruhe, orientiert. Auf die Tatsache, dass viele Arbeitnehmer Eltern sind, brauchten beide Instanzen keine Rücksicht zu nehmen, solange sie in den Familienhaushalten nicht erwerbstätige Mütter voraussetzten, auch wenn Letzteres nie allgemeine Realität war. Durchbrochen wurde diese Orientierung zuerst in der Arbeitswelt (und bis heute noch kaum im Bildungswesen) mit der Möglichkeit für Arbeitnehmer, um Kernzeiten gelagerte „Gleitzeiten" am Tag selbst zu bestimmen. Ausdrücklich sollte erwerbstätigen Eltern durch diese Flexibilisierung der Arbeitszeit ermöglicht werden, ihre Arbeitszeit den Anfangs- und Endzeiten von Kinderbetreuungseinrichtungen und Schulen besser anzupassen. Eine weitere Möglichkeit, nämlich Arbeitsstunden bei Bedarf auf andere Tage zu verlagern, kommt in Notsituationen Eltern entgegen, zieht jedoch an dadurch verlängerten späteren Arbeitstagen neuen Lösungsbedarf nach sich. Von teilzeitarbeitenden Müttern lässt sich diese Möglichkeit für Arbeitszeitmuster nutzen, bei denen bestimmte Wochentage arbeitsfrei bleiben. Dann können individuell passende feste Zeitpläne gemacht werden, die mit dem Partner, mit Betreuungseinrichtungen oder mit anderen betreuenden Personen zeitlich abgestimmt sind. Alle diese Individualisierungen von Zeitregimes können zweifellos für sehr viele Eltern, insbesondere für halbzeitlich arbeitende, hilfreich sein.

Andere Formen der Verlagerung der Arbeitszeitbestimmung auf die Arbeitnehmer sind nicht von der Familientauglichkeit her entworfen, sondern aus Gründen ökonomischer Effizienz. Selbstbestimmung über die Arbeitszeit bis hin zu völlig freier Arbeitszeit verlagert Verantwortung. Das Produkt und sein Endtermin zählen, nicht die Strukturierung und Menge der aufgewandten Arbeitszeit. Wenn überdies der Ort von dem des Arbeitgebers abgelöst ist, kann zu Hause gearbeitet werden. Für Eltern betreuungsbedürftiger Kinder mögen freie Arbeitszeit und freier Arbeitsort auf den ersten Blick attraktiv erscheinen. Zu bedenken ist, dass damit der Zeitdruck auf die Arbeitenden oft stark wächst. Es kann zu häufigen Verlängerungen der täglichen Arbeitszeit im Betrieb oder an anderen Orten führen, zum Mitbringen von Arbeit nach Hause, zu Stress und Erschöpfung. Heimarbeit, neu als Telearbeit, bedeutet für Eltern mit jüngeren Kindern oft Nachtarbeit, weil sich neben der Kleinkindbetreuung schlecht arbeiten lässt. Wechselschichten mit Nacht- und Wochenendarbeit geben Eltern die Möglichkeit, häufiger tagsüber zu Hause zu sein. Deshalb wählen manche Mütter kleiner Kinder, zum Beispiel Krankenschwestern, trotz der damit verbundenen Überanstrengung eine Zeit lang solche Arbeitszeiten. Wenn bei unvorhergesehenem Bedarf Überstunden zu leisten sind, wenn abends oder am Wochenende Weiterbildung stattfindet, muss Kinderbetreuung ad hoc organisiert werden.

Folgen für Kinder haben nicht die Deregulierung von Arbeitszeiten ihrer Eltern, sondern die Weisen, wie Eltern damit umgehen. Ich werde deshalb im Folgenden zunächst auf andere Bedingungen eingehen, die elterliche Arrangements für die Zeit ihrer Kinder und das elterliche Verhalten in der Zeit mit ihren Kindern beeinflussen.

3.2 Möglichkeiten familienexterner Kinderbetreuung

Wie gesagt, stellen die kurzen und unregelmäßigen Schulzeiten, die noch immer am Muster der Hausfrauenfamilie orientiert sind, in Deutschland ein großes Problem für erwerbstätige Eltern dar. Erst in jüngster Zeit beginnen Schulen, ihre Zeitregimes im Hinblick auf Zeitbedingungen in Familien zu überprüfen. „Verlässliche" Grundschulen verlängern und verstetigen die Unterrichtszeiten über den ganzen Vormittag, manche Schulen öffnen und betreuen Kinder frühmorgens vor Schulbeginn, einzelne bieten sogar Mittagessen. In politischen Debatten wird der Ruf nach Ganztagsschulen lauter.

Unregelmäßig entstehende Arbeitszeitverschiebungen und -verlängerungen in den Abend und ins Wochenende hinein erzeugen ad-hoc Bedarf an Hilfsdiensten, die gerade zu diesen Zeiten schwer zu finden sind. In den westlichen Bundesländern ist die Versorgung mit Betreuungseinrichtungen, vor allem solchen mit Betriebszeiten, die Normalarbeitszeiten von Eltern entsprechen, noch immer unzureichend; Öffnungszeiten, die über Normalarbeitszeiten hinausreichen, werden nicht angeboten. Auch auf die verlängerten Öffnungszeiten in Einzelhandel und Dienstleistungen und die dadurch vermehrten Regelarbeitszeiten an Abenden, Sonnabenden und auch an Sonntagen haben die Kindertageseinrichtungen der Wohlfahrtsträger meines Wissens bislang nicht reagiert. Die aktuellen Ansätze zu „Kundenorientierung" und zu Selbstfinanzierungsstrategien (Leu/Preissing 2000) gehen noch nicht so weit. Nur kommerzielle Anbieter entwickeln bislang Betreuungsangebote für Kinder von Eltern, die regelmäßig oder gelegentlich zu Abend-, Nacht- oder Wochenendzeiten arbeiten. Angebote wie zum Beispiel die „Kinderpension" sind freilich gut zahlungsfähigen Eltern vorbehalten. Es dem Dienstleistungsmarkt zu überlassen, zeitliche Betreuungslücken zu schließen, befördert soziale Ungleichheit. In den aktuellen Diskussionen um die Verbesserung der Kinderbetreuung geht es freilich nicht nur um den Mangel an Angeboten. Es geht auch um die pädagogische Qualität der Betreuung, die angesichts von Kommerzialisierungstendenzen und von zu knapper öffentlicher Finanzierung gefährdet ist.

Der traditionelle Bereich, in dem Eltern Hilfen zur Kinderbetreuung finden können, ist der Bereich privater Dienstleistungen. Hier gibt es zwei klassische Optionen: Familienmitglieder helfen oder es wird Personal angestellt. Die Konstanzer Untersuchungen von Lange und Lauterbach (1997) haben gezeigt, dass heute noch sehr viele Großeltern erreichbar und willens sind, bei Betreuungsbedarf einzuspringen, sei es in regelmäßigen Zeiten, von der ständigen Kleinkindbetreuung bis zur mittäglichen Versorgung von Schulkindern, sei es in besonderen Situationen. Doch lässt die zunehmende Erwerbstätigkeit von Frauen und möglicherweise ein mehr an eigenen Interessen orientierter Lebensstil von Großeltern im Ruhestand erwarten, dass diese Betreuungsmöglichkeit an Bedeutung verlieren könnte. In gelegentlichen Notfällen, abends und an Wochenenden werden manche Eltern hilfsbereite Freunde finden. Für regelmäßige Betreuungszeiten bieten sich Abkommen mit Freunden an, wenn ein Time-Sharing möglich ist, etwa unter teilzeitlich arbeitenden Müttern, die ihre Arbeitsstunden auf je andere Wochentage konzentrieren können. Bezahlte Dienste zu nutzen war immer ein Privileg Wohlhabender. Abends oder an Wochenenden Jugendliche als Babysitter zu engagieren mag als gelegentliche Lösung heute in allen sozialen Schichten genutzt werden. Eine ständige Kinderfrau oder ein Au-Pair-Mädchen zu beschäftigen ist wohl nach wie vor Beziehern höherer Einkommen vorbehalten. Rerrich (1999) hat gezeigt, wie in den 90er-Jahren relativ billige Arbeitsangebote osteuropäischer Frauen es besser verdienenden deutschen Frauen ermöglichen, auch mit Kindern berufliche Karrieren zu verfolgen.

3.3 Veränderungen im Entwurf des Kindes

Vergleicht man die jetzige Müttergeneration mit der vorangegangenen (s. oben), die als erste mit dem neuen Entwurf des Kindes und mit neu definierten Elternaufgaben zurechtzukommen hatte, so werden andere Verhaltensweisen und Einstellungen erkennbar. Heutige junge Frauen betrachten Erwerbsarbeit und Elternschaft nicht als Alternativen in der Lebensplanung. Die meisten streben beides an, sei es gleichzeitig nebeneinander, möglichst mit einer Phase der Teilzeitarbeit, sei es indem eine Zeit lang die Erwerbsarbeit unterbrochen wird (Geissler/Oechsle 1996; Pfau-Effinger 1996; Diezinger/Rerrich 1998). Sie müssen dieses nicht mehr gegen das Leitbild der nicht erwerbstätigen Hausfrau und Mutter durchsetzen, weder gegen Erwartungen in der Außenwelt noch gegen verinnerlichte Spuren der eigenen Sozialisation, wie das ihre Mütter tun mussten. So scheinen sie sich auch weniger mit den für diese typischen Schuldgefühlen und Unsicherheiten, die Elternarbeit gut genug zu tun, plagen zu müssen. Die heutigen Mütter werden als pragmatischer beschrieben; die Dienste von Kinderbetreuungseinrichtungen werden genutzt ohne allzu viel ideologiebeladenes Engagement. Offensichtlich sind Frauen kaum mehr bereit, eigene Interessen ganz denen der Kinder nachzuordnen; ihre Großmütter „opferten sich auf" für die Kinder; ihre Mütter plagten sich in der Ambivalenz zwischen umfassender Arbeit für das „gelingende Kind" und eigenem Emanzipationsanspruch; sie selbst realisieren eigene Interessen neben denen des

Kindes. Hungerland (2002) fasst die Bestimmung der „neuen Aufgabe der Eltern", die in der aktuellen Elternratgeber-Literatur erscheint, zusammen: „(...) das Spannungsfeld zwischen den individuellen Ansprüchen des Kindes und denen von Mutter, Vater sowie weiteren involvierten Betreuungspersonen und deren institutionellen Rahmenbedingungen zu koordinieren."

Der Verweigerung ständiger Dienstleistungsbereitschaft für das Kind entspricht ein verändertes Bild vom Kind. Der bisherige Entwurf des höchst sensiblen, ständig auf die Mutter angewiesenen Kindes war mit dem Entwurf der stets sorgenden „guten" Mutter des bürgerlichen Ernährer-Hausfrau-Familienmusters entstanden (Schütze 1986); er war in der oben beschriebenen Umbruchphase in den 60er- und 70er-Jahren in der Vorstellung vom umfassend förderungsbedürftigen Kind radikalisiert, aber zugleich auch gesprengt worden, indem die Selbstbestimmung des Kindes hervorgehoben wurde. Seit die Familie nicht mehr die enge Verbindung von mütterlicher Sorge und dieser Sorge bedürftigem Kind realisieren kann, weil Mütter erwerbstätig sind und „eigenes Leben" verlangen (Beck-Gernsheim 1983), ist es eine konsequente Fortführung der Akzeptanz des Kindes als eigenständiges Subjekt[1], wenn jetzt die Bedürftigkeit des Kindes relativiert und deren Überhöhung kritisiert wird. „Selbständige Mütter brauchen selbständige Kinder" war ein Slogan der 80er-Jahre (Rauschenbach 1989). Aus Ländern, in denen schon ein größerer Anteil der Mütter erwerbstätig war als in Deutschland, in den nordischen Ländern (Dencik 1989; Sommer/Langstedt 1994), wurden damals Forschungsergebnisse bekannt, die zeigten, dass Kindern die frühe institutionelle Betreuung keineswegs schade; dort war vom „robusten Kind" die Rede. Dieses Umdenken greift die gegenwärtige Generation junger Mütter auf. Die erwähnte Elternratgeber-Literatur liefert die Argumente dafür, indem sie gegen die Mütter der 68er-Generation polemisiert und insbesondere deren „Verwöhnung" der Kinder missbilligt. Die Titel dieser Literatur pointieren eine neue Selbstbehauptung der Eltern: „Die kleinen Bosse. Wenn der Nachwuchs die Führung übernimmt" (Schneider 1999); „Die Erziehungskatastrophe. Kinder brauchen starke Eltern" (Gaschke 2001). Manches mag hier auch wieder überzogen werden, doch scheint die Elternaufgabe nun von überhöhten

Ansprüchen entlastet und damit konfliktfreier geworden zu sein. Deshalb ist sie nicht weniger arbeitsaufwändig. Denn obwohl die Toleranzgrenzen weiter werden (Hungerland 2002) und institutionelle Betreuung als selbstverständlich gilt, geben Eltern der Verantwortung für Entwicklung, Lernen und Schulerfolg unvermindert hohe Priorität (Pasquale 1998).

Bei amerikanischen Eltern, die in einem New-Economy-Betrieb in neuen Zeitbedingungen arbeiteten, beobachtete Hochschild (1997) drei unbewusst entwickelte Strategien, dem Zeitdruck auszuweichen und dabei ihre Elternaufgabe umzudefinieren. In „emotionaler Askese" leugneten Eltern eigene Bedürfnisse und die ihrer Kinder und Partner, erklärten die Kinder für selbständig und brachten es so leichter fertig, die Kinder sich selbst zu überlassen. Durch Kaufen von Dienstleistungen verlagerten sie Familienaufgaben an andere. Und indem sie ihr Selbst in ein reales, den Zwängen gehorchendes und ein potentielles „Wenn ich Zeit hätte, dann ..." aufteilten, wichen sie der Notwendigkeit aus, Zeitkonflikte in der Realität zu bearbeiten.

3.4 Folgen für Kinder: Geteilte und gemeinsame Familienzeit

Schwierigkeiten und auch Erleichterungen, die deregulierte Arbeitszeiten für die Organisation des Alltagslebens mit Kindern schaffen können, sowie das Vorhandensein oder Fehlen von externen Betreuungsmöglichkeiten treffen also Eltern einer neuen Generation, die auf neue Weise an die Verknüpfung von Erwerbsarbeit und Elternarbeit herangehen. Wie tun sie das in der Praxis, und mit welchen Folgen für die Kinder?

Eltern tun das immer häufiger arbeitsteilig; beide sind erwerbstätig und beide teilen sich die Arbeit für die Kinder – wenn auch nur sehr selten gleichgewichtig. Die heute jungen Väter, die „neuen Väter" (Fthenakis 1999; Metz-Göckel 1988; Sauter 2000), akzeptieren die gleichberechtigte Partnerin und wollen aktive Väter sein. Auch im Wandel des Verhältnisses von Vätern zur Familienarbeit kommt das Ineinandergreifen der Entwicklungen von Geschlechterverhältnis und Generationenverhältnis zur Erscheinung. Arbeitsteilige Arrangements zwischen Müttern und Vätern zur Kinderbetreuung sind die Probe darauf, wie weit der Einstellungswandel die Praxis verändert. Bislang ist dies an zwei Aspekten in empirischen

Untersuchungen verfolgt worden. Zum einen in der Beteiligung der Männer an Hausarbeit, und zum anderen in der Beteiligung von Vätern an Erziehungsurlaub-Regelungen. Beides zeigt bekanntlich, wie sehr langsam sich die Abkehr vom Ernährer-Hausfrau Familienmuster in der Praxis vollzieht (z.b. Holz 2000; Künzler 1995). Zu wenig Aufmerksamkeit haben dagegen bislang die vielen verschiedenen Formen des Time-Sharing erhalten, in denen Eltern jüngerer Kinder Erwerbszeiten und Zeiten der Kinderinstitutionen im Alltag koordinieren, also nicht nur das langfristig angelegte Time-Sharing, bei dem Mutter und Vater nacheinander für einige Monate oder Jahre die Erwerbsarbeit oder auch die Berufsausbildung unterbrechen. Time-Sharing im Alltag wird mit den Auflösungen von Normalarbeitszeiten leichter möglich – das ist vermutlich eine bedeutsame Folge der neuen Zeitverhältnisse der Arbeitswelt für Kinder (Presser 1989; 1999). Manche Mütter und Väter arbeiten zeitversetzt und kümmern sich entsprechend zeitversetzt um die Kinder. Wechselschichten sowie selbst bestimmbare deregulierte Arbeitszeiten werden zum Beispiel von Eltern genutzt, um entweder an verschiedenen Wochentagen oder an denselben Tagen zu anderen Uhrzeiten zu arbeiten. Auch für manche getrennte Eltern mögen Arbeitszeiten, die nicht den alten Normen entsprechen, nur möglich sein, wenn der getrennte Elternteil mit Hilfe eigener Arbeitszeiteinteilung Betreuungszeitlücken füllen kann. Alltagsbeobachtungen lassen vermuten, dass es eine große Vielfalt solcher Arrangements gibt und diese sehr verbreitet sind. Die Mengen der Arbeits- und der Kinderbetreuungszeiten sind sicherlich zwischen den Eltern verschieden verteilt. Untersuchungen über solche Arrangements und ihre Verbreitung fehlen. Den vorliegenden Zeitbudgetuntersuchungen (wie z.B. Holz 2000; Garhammer 1999; Blanke et al. 1996) ist hierzu nichts zu entnehmen.

Auch über Folgen des elterlichen Time-Sharing für Kinder kann bislang nur spekuliert werden. Hier wäre es nötig, zunächst einmal zu wissen, wie Alltagsabläufe von Kindern bei den verschiedenen elterlichen Arrangements und in verschiedenen Altersphasen der Kinder aussehen. Wenn die Zeitpläne, Orte und Betreuungspersonen über die Tage hin wechseln, entstehen entsprechend vielfältige Zeitmuster im Leben der Kinder (s. 3.5). Wenn Eltern getrennt leben, ist Time-Sharing mit Ortswechseln der Kinder verbunden, über die meistens wohl die Eltern entscheiden. Überhaupt stellt sich die Frage, wie die Selbstbestimmung der Kinder in den verschiedenen Arrangements betroffen sein könnte.

Mehr Zeit mit dem Vater, betreut vom Vater, kann eine Folge sein. Presser (1989) hat dies als positive Folge der Deregulierung von Arbeitszeiten und der dadurch häufiger werdenden Time-Shifting-Arrangements zwischen Eltern hervorgehoben. Nock und Kingston (1988) haben in den USA Zeitbudgetdaten von Müttern und Vätern nach Tageszeiten differenziert ausgewertet. An Werktagen hatten erwerbstätige Mütter mehr Kontaktzeiten mit den Kindern als Väter. Nur wenn ihre Arbeitszeit in die Stunden nach Schulschluss der Kinder hineinreichte, war die gemeinsame Zeit reduziert. Nachtarbeit verminderte dagegen kaum die Zeit der Mütter mit ihren Kindern. (Zu Vergleichen der Zeiten von Müttern und von Vätern mit Kindern auch im historischen Wandel vgl. Bianchi 2000.)

Zweifellos verändern sich die Familienarrangements mit dem Älterwerden der Kinder. In welchem Alter und in welchem Umfang hat elterliche Erwerbsarbeit, und hier insbesondere deregulierte Arbeitszeiten, zur Folge, dass Kinder häufiger zeitweise allein zu Hause sind? In USA, wo sich schon früher als bei uns deregulierte Arbeitszeiten sehr verbreitet haben und die Folgen für Familien schon seit langem diskutiert werden (Presser 1989), hat die Sorge um das Wohl unversorgter „Schlüsselkinder" seit den 80er-Jahren Debatten und Forschungen hervorgerufen. Die Ergebnisse zeigten ein breites Spektrum an Formen, aber keine negativen Auswirkungen von Selbstbetreuung auf die Kinder. Eltern überließen die Kinder in der Regel dann sich selbst, wenn sie Vertrauen in deren Selbständigkeit hatten. Manche Kinder wurden telefonisch überwacht, oder sie waren es dadurch, dass sie Freunde besuchten. Wenn Kinder die Zeit, in der sie sich selbst überlassen waren, zu Hause verbrachten, erschien das weniger problematisch, als wenn sie sich draußen aufhielten. Bianchi und Casper (2000, S. 34) fassen in ihrer Übersicht über Ergebnisse dieser Studien zusammen: „... findings may show that parents select self-care for children who are more mature and better behaved, rather than any effect of self-care on children." (s. auch Cain/Hofferth 1989) Telefonische Mittel, insbesondere Anrufbeantworter und Handy – auch als „Babyphone" – machen es möglich, Kinder aus der Ferne zu kontrollieren, und können Eltern die Entscheidung erleichtern, Kinder allein zu Hause zu lassen. In welchen Situationen Eltern gegenwärtig in Deutschland diese Mittel einsetzen, ist noch zu untersuchen.

Die norwegische Studie von Solberg (1990) revidiert noch deutlicher die überkommenen Vorstellungen vom sehr lange betreuungsbedürftigen Kind. Solberg hat zehn- bis zwölfjährige Kinder untersucht, die über Mittag, nach der Vormittagsschule, bis zur Heimkehr ihrer Eltern in der Wohnung allein waren. Diese Kinder schätzten diese Phase der Selbstbestimmung sehr und versorgten sich selbst und den Haushalt auf ihre eigenen Weisen. Die Eltern waren froh über Kompetenzen, die sie den Kindern in diesem Alter zunächst gar nicht zugetraut hatten. Sie revidierten ihre bisherigen Normalitätsvorstellungen über das „soziale Alter" von Kindern. Solberg interpretiert diesen Einstellungswandel der Eltern als einen Prozess, in dem der gesellschaftliche Entwurf von Kindheit durch die Aktivitäten der Kinder ein Stück weit verändert wurde. Sie betont, dass die Möglichkeit hierzu sich der Erwerbstätigkeit der Mütter verdanke, also dem Umbruch der Frauenrolle. Denn nur weil Kinder tagsüber eine Zeit lang zu Hause sind, könnten sie allein über Raum, Zeit und Tätigkeiten bestimmen; die Situation des alleinigen „homestayer" verlange erwachsenes Handeln. Im gemeinsam verbrachten Alltag müssten Kinder dagegen ihr soziales Alter mit den Eltern aushandeln, wobei die Eltern meistens die mächtigeren seien. Wie Solberg darlegt, führt die Tatsache, dass erwerbstätige Eltern nicht ständig zu Hause sein können, zu einem Wandel in der gesellschaftlichen Konstruktion der Kindheit; Kinder werden in früherem Alter als selbständig behandelt. Eine größere Chance zu Selbständigkeit in früherem Alter könnten Kinder heute auch dem Wunsch der jetzigen Elterngeneration verdanken, Dienstleistungen für Kinder eher zu reduzieren.

Vermindern die genannten Weisen, wie Eltern Arbeitszeiten und Kinderbetreuung koordinieren – Kinderbetreuung in Institutionen oder durch andere Personen, Time-Sharing der Eltern, Selbstbetreuung der Kinder –, den Umfang möglicher gemeinsamer Zeit aller Familienangehörigen? Werden nun Kinder vernachlässigt und zerfallen Familien, wenn ihre Mitglieder kaum mehr gleichzeitig zu Hause sind, wenn die Familie zur „Pinnwand-Familie" wird? Mit Ergebnissen einer vergleichenden Untersuchung von

Tageslaufprotokollen 1981 und 1997 weisen Sandberg und Hofferth (2001) für die Verhältnisse in den USA solche Sorgen zurück. Sie berichten sogar von einer Zunahme der Zeit, die amerikanische Kinder mit ihren Eltern verbringen. Den Grund dafür sehen sie in veränderten Verhaltensweisen im Familienleben. Nicht nur die Zeitmengen seien zu betrachten, sondern auch der Wandel in der Art und Weise, wie Eltern ihre Sorge- und Erziehungsaufgaben verstehen, wie Familien den Haushalt organisieren, wie sie füreinander sorgen und miteinander Freizeit verbringen (in gleiche Richtung weisen Daten und Argumentation von Bianchi 2000). Ergebnisse einer Repräsentativbefragung österreichischer Viertklässler und ihrer Eltern (Wilk/Beham 1994) weisen ebenfalls darauf, dass gemeinsame Familienzeit nicht einfach von der elterlichen Erwerbsarbeitszeit bestimmt wird. Die Häufigkeit, mit der es gelang, Zeit gemeinsam zu verbringen, war vielmehr nur von der Kinderzahl und der ökonomischen Situation abhängig (am häufigsten in Zweikinderfamilien und solchen mit höherem Einkommen des Vaters; S. 106). Drei Viertel dieser Kinder erklärten freilich, später mit ihren eigenen Kindern mehr Zeit für gemeinsame Aktivitäten haben zu wollen, als es jetzt ihre Eltern hätten; unter Kindern erwerbstätiger Mütter war dieser Anteil noch höher. Galinsky (1999) hat in amerikanischen Familien Kinder und ihre Eltern befragt und unterschiedliche Vorstellungen bei Kindern und bei ihren Eltern zum Bedarf an gemeinsamer Zeit gefunden. Während ein Fünftel der erwerbstätigen Mütter vermuteten, ihr Kind wolle mehr Zeit mit ihnen verbringen, wünschte sich dieses tatsächlich nur die Hälfte der Kinder dieser Mütter. Doch wünschten sich sehr viele Kinder, dass ihre Mutter weniger müde und gestresst durch ihre Arbeit sein sollte.

Mit der Erwerbstätigkeit von Müttern hat sich seit den späten 60er-Jahren die Vorstellung verbreitet, es komme nicht auf die Menge der gemeinsamen Zeit, sondern auf die Qualität der Zuwendung zum Kind an. Amerikanische Untersuchungen zeigen jedoch nur bei kleinen Kindern etwas mehr direkt auf Kinder bezogene Spiel- und Bildungsaktivitäten nicht erwerbstätiger Mütter, bei Schulkindern jedoch keine Unterschiede zu erwerbstätigen Müttern. Nicht erwerbstätige Mütter waren jedoch häufiger in der Nähe für Kinder erreichbar (Nock/Kingston 1988; Bianchi 2000). Heute sind erwerbstätige Eltern auch ohne physische Nähe mit mobilen telefonischen Medien für ihre Kinder ständig erreichbar. Welche Formen und welche Bedeutung das hat, wäre zu untersuchen (Waite 2001). Auch Vorstellungen über das richtige Ausmaß an direkter Zuwendung sind historisch bedingt und wandelbar. Christensen, James und Jenks (2000) kritisieren das Konzept der Qualitätszeit als „contemporary family ideology". In einer ethnographisch-soziologischen Studie des Alltagslebens von Kindern zu Hause betonen sie die Bedeutung gemeinsamer Anwesenheit in der Familienwohnung, die nicht unbedingt in gemeinsamen Aktivitäten besteht. Das Gefühl der Zugehörigkeit zur Familie bilde sich „precisely through the dynamic and fluid movement of children in and around the home" (S. 146), wo „a constant balancing of the concerns for independence and that for togetherness takes place". (S. 148)

Befragungen von Müttern bestätigen, was die beschriebenen Schwierigkeiten der Koordination von Erwerbs-, Familien- und „eigenem" Leben erwarten lassen, zumal bei härter werdenden Arbeitsbedingungen: Mütter fühlen sich häufig unter Zeitdruck (Krings-Heckemeier 1997). Es gibt auch viele Anhaltspunkte dafür, dass Kinder im Wandel von Familien- und anderen Lebensbedingungen in den vergangenen Jahrzehnten sehr verstärkt unter Stress leiden (Hurrelmann 1990). Trotzdem muss Zeitdruck der Eltern nicht unbedingt auch Zeitdruck für Kinder zur Folge haben. Aber Eltern kann die Zeit fehlen, in Ruhe mit dem Kind zu reden, vielleicht auch, die Zeit des Kindes mit Angeboten und Anforderungen in Beschlag zu nehmen. Es gibt Mütter, die meinen, keine Zeit zu haben, Kinder bei der Hausarbeit mittun zu lassen; die Arbeit selbst zu tun, gehe schneller, als sich auf die Umständlichkeit und Langsamkeit des Kindes einzustellen (Zeiher 2000). Das Kind partizipiert dann weniger aktiv am Familiengeschehen, gemeinsames Familienleben verliert an Intensität. Im Sinne von Christensen, James und Jenks kann das freilich auch einen eigenen Wert für Kinder haben: Es lässt ihnen mehr selbst bestimmbare Zeit, es überlässt sie mehr der Art des Sich-zu-Hause-Fühlens, die im eigenen Tun und Bewegen in der Wohnung neben dem der Erwachsenen entsteht.

3.5 Neue Alltagsmuster der Kinder: Vielfalt der Situationen und Zeitmodi

Eine der erwähnten möglichen Folgen der aktuellen zeitlichen Veränderungen möchte ich hervorheben. Die Situationen, in denen das Alltagsleben von Kindern über den Tag und über die Woche hin stattfindet, sind heute vermutlich vielfältiger als in den vorausgegangenen Jahrzehnten, sowohl innerhalb der individuellen Leben wie zwischen Kindern. Schon in den 70er-Jahren waren zum täglichen Wechsel zwischen Familie, Nachbarschaft und Schule für Kleinkinder die Betreuungseinrichtung und für alle Kinder nachmittägliche Kurs- oder Trainingsveranstaltungen in viel größerem Umfang als zuvor hinzugekommen. Heute kommen im Alltagsleben von Kindern aufgrund deregulierter Arbeitszeiten Arrangements in externer Betreuung oder Time-Sharing-Arrangements zwischen den Eltern hinzu. Es ist also mehr Vielfalt zu vermuten in den Personkonstellationen, den Orten, der Art der Ereignisse und nicht zuletzt darin, wie über die Zeit des Kindes bestimmt wird. Für kleine Kinder, die vermutlich ein besonderes Bedürfnis nach stabilen Gewohnheiten haben, wird das andere Bedeutung haben als für größere.

Vielfalt an Arrangements kann zur Folge haben, dass im Kinderalltag mehr fremdbestimmte Ortszuweisung und Mobilität stattfindet. Betreuungsarrangements werden immer von den Eltern verfügt; die Zeitzwänge der Eltern sind meistens so groß, dass Unlust und Protest der Kinder wenig fruchtet. Mitgenommen werden in Stücken des elterlichen Alltags mag mal als interessant erlebt werden, mal aber auch als langweilig, als mitgeschleppt in fremdbestimmte Situationen. Hinzu kommt vermutlich eine vermehrte Abhängigkeit der Kinder von elterlicher Begleitung bei Wegen außer Haus, weil Eltern neben dem Straßenverkehr auch Kriminalität fürchten.[2] Häufige Transporte von Ort zu Ort fragmentieren den Alltagsablauf und lassen Wartezeiten entstehen. Auch wenn einem Kind in solcher Wartezeit niemand vorschreibt, was es tun soll, sind seine Aktivitätsmöglichkeiten durch den Ort und die Kürze der freien Zeit beschränkt.

Andererseits können durch die Vielfalt neue Momente von Eigenständigkeit der Kinder hervorgerufen werden. Von der Selbständigkeit, die ein möglicherweise im Lebensalter früheres zeitweiliges Alleinsein mit Verantwortung für sich selbst und im Haushalt bedeuten kann, war schon die Rede, und auch davon, dass die jetzige Elterngeneration mit der Abkehr von der ständigen Dienstbereitschaft für das Kind diesem weniger Bedürftigkeit und vermutlich mehr Selbständigkeit unterstellt. Mit der Vielfalt an betreuenden Personen und Situationen könnten die Möglichkeiten für Kinder, einzelne Situationen und Personen vergleichend zu relativieren und aus einer eigenständigen Position zu reflektieren, zunehmen. Eine solche reflexiv-distanzierende Haltung ist bei Kindern, die mit geschiedenen Eltern umzugehen haben, bekannt. Für den Umgang mit Zeit lässt sich eine ähnliche Wirkung vermuten. In den vielerlei Situationen ihres Alltags erfahren Kinder auch eine Vielfalt an Umgangsweisen mit Zeit. Am elterlichen Verhalten können Kinder die Macht, aber auch Grenzen der Macht externer Zeiten erleben. Wenn Eltern ihre Arbeitszeiten flexibel handhaben, wenn der Haushalt nicht mehr durch feste Abläufe strukturiert ist, wenn Eltern Zeitgebrauch bedarfs- und situationsbezogen modifizieren, erfahren Kinder, dass Zeitstrukturen nicht notwendig als starr hinzunehmen sind, sondern individuell gehandhabt werden können. Im Umgang mit Medien sind Kinder gewohnt, dass sie selbst die Zeiten bestimmen, seit Verkabelung des Fernsehens, Videogerät, Playstation und Computer das möglich machen. Im Unterschied dazu werden in der Schule Kinder nach wie vor in ein detailliertes Zeitgerüst gezwungen: In den täglichen Stundenplan und in detaillierte Handlungssequenzen, die die Lehrerin vorgibt. Trotz Reformen in der Unterrichtsorganisation hinken die Zeitmuster der Schule hinter Zeitentwicklungen in der Arbeitswelt her.

Wie gehen Kinder damit um, wenn sie einerseits an vielen Stellen des Alltagslebens Flexibilisierungen und Individualisierungen des Zeitgebrauchs erfahren und selbst praktizieren, andererseits aber in fordistische Zeitorganisation gezwungen werden? In Fallstudien, die ich im Jahr 2000 durchgeführt habe, beklagte ein zehnjähriges Mädchen das starre Stundenschema der Schule und wünschte sich die Zeitbedingungen, wie sie sie in der Berufsarbeit ihrer Eltern wahrnehmen konnte: „Sich freie Zeit lassen, sich öfter Pausen lassen (...) sich dann selbst aussuchen, wo man anfängt." Strandell (2001) berichtet von Kindern, die ihre bezahlte Arbeit neben der Schule deshalb besonders schätzen, weil sie dort weniger kontrolliert arbeiten können als in der Schule. Die Vermischung verschiedener Zeitmodi könnte eine Erfahrung sein, die reflexive Distanz ermöglicht. Christensen und James (2001) beschreiben, wie Grundschulkinder während des Unterrichts hin und her wechseln zwischen Aktivitäten, die vorgegeben und kontrolliert werden und die sie deshalb gar nicht mögen, und Aktivitäten neben dem Unterrichtsgeschehen, die von ihnen selbst ausgehen. Für diese Kinder sei die eigene Kontrolle über das Wechseln das entscheidend Wichtige. Die Autorinnen kommen in ihrer Studie zu dem Schluss, dass die Kinder durch Wechseln des Zeitmodus aktiv eine eigene Kontrolle über Zeit praktizieren, und dass sie damit die als zeitlich so sehr einschränkend erlebte Unterrichtssituation für sich selbst erträglicher machen.

Diese englische Studie beschreibt eine – wohl auch schon in früheren Zeiten von Kindern praktizierte – Weise des Zeitgebrauchs, die gegenwärtig in der Arbeitswelt hervorzutreten scheint (s. oben): Wann welcher Zeitmodus angemessen ist, wird zur individuellen Entscheidung. Auch für Kinder könnte damit ein neuer Schritt in der Tendenz der Individualisierung der Zeitbestimmung stattfinden: Nachdem seit den späten 60er-Jahren mit der Vermehrung und Differenzierung von institutionellen Angeboten für Lernen und Freizeit individuelle Entscheidungen über Aktivitäten und individuelles Alltagsmanagement wichtig wurden, wird nun auch die Art des Zeitmodus im Zusammenhang individueller Lebensführung reflektiert und entscheidbar. Selbst die Macht der starren Zeitmuster der Schule scheint heute nicht mehr ganz ungebrochen. Nach Berichten von Schülern und Lehrern scheint sich zu verbreiten, es in Schulen mit dem pünktlichen Erscheinen nicht mehr absolut genau zu nehmen. Beobachtungen dieser Art, die sich auch an anderen Stellen des Alltagslebens gerade junger Menschen machen lassen, könnten eine Erosion der Pünktlichkeit anzeigen.

Technische Mittel tragen dazu bei oder kommen dem entgegen. Im sozialen Leben untereinander verschafft das Handy Kindern raum-zeitliche Flexibilität. Wenn von jedem Ort aus jederzeit alle Freunde zu erreichen sind, ist zeitlich spontanes Treffen leichter möglich. Auch kann man Freunde sofort informieren, wenn sich eine Verabredung nicht einhalten lässt, und Verabredungen sind leichter zeitlich verschiebbar geworden. Ständige virtuelle Nähe macht reale Nähe leichter realisierbar, weil es Planungszeiten reduziert. Planung verliert an Länge der Voraussicht, auch Alltagsleben wird mehr „just in time" produziert. Kinder untereinander nutzen die Möglichkeit der virtuellen Vernetzung, um sich im realen Raum zu treffen, sehr extensiv. Auch desynchrone Alltagsabläufe von Familienmitgliedern, unter anderem als Folge irregulärer Arbeitszeiten, lassen sich auf diese Weise ohne viel – manchmal vielleicht kaum mehr mögliche – längerfristige Planung ad hoc verknüpfen.

Die Verlagerung der Zeitbestimmung von den Arbeitsstrukturen auf die Arbeitenden stellt eine neue Stufe der Beherrschung der Menschen durch die Produktionsverhältnisse dar, in der die Arbeitenden gezwungen werden, sich selbst den Zeitzwang zu definieren und anzutun. Die Einübung in individuelle Arbeitszeitbestimmung könnte nun aber die Menschen auch in die Lage versetzen, sich dem Zwang wenigstens teilweise zu entziehen, etwa indem sie den Phasen der Beschleunigung ihres Tuns in der Arbeitswelt Phasen der Entschleunigung in der Freizeit entgegensetzen. Bewusster individueller Einsatz von Zeitmodi je nach erkannter Notwendigkeit, Situation und akuter Befindlichkeit könnte optimistisch als eine Selbstbefreiung der Menschen aus den zu eng gewordenen Zeitkorsetts des Alltagslebens interpretiert werden. Nicht zufällig werden heute vielerlei Entspannungstechniken angeboten und gesucht. Überlegungen dieser Art finden sich in der gegenwärtig florierenden Literatur zum Thema Zeit, etwa wenn Geißler (1999) die Bindung der Menschen an den in der Moderne anerzogenen rationalen, ökonomischen Zeitgebrauch sich lockern sieht. Auch diese Weisen der Erwachsenen, mit Zeit umzugehen, erfahren Kinder in ihrem alltäglichen Umfeld.

Literatur

Alanen, L. (1997): Soziologie der Kindheit als Projekt: Perspektiven für die Forschung. In: Zeitschrift für Sozialisationsforschung und Erziehungssoziologie. 17. Jg., S. 162-177

Bauer, F. (2000): Zeitbewirtschaftung in Familien. Opladen

Beck-Gernsheim, E. (1983): Vom „Dasein für andere" zum Anspruch auf ein Stück „eigenes Leben". In: Soziale Welt, S. 307-322

Behnken, I.; du Bois-Reymond, M.; Zinnecker, J. (1989): Stadtgeschichte als Kindheitsgeschichte. Opladen

Bertram, H.; Bayer, H. (1984): Berufsorientierung erwerbstätiger Mütter. Zum Struktur- und Einstellungswandel mütterlicher Erwerbstätigkeit. München

Bianchi, S. M. (2000): Maternal employment and time with children: dramatic change or surprising continuity? In: Demography, 37. Jg., S. 401-414

Bianchi, S. M.; Casper, L. M. (2000): American families. In: Population Bulletin, Vol. 55, No.4, S. 1-43

Blanke, K.; Ehling, M.; Schwarz, N. (1996): Zeit im Blickfeld. Ergebnisse einer repräsentativen Zeitbudgeterhebung. Stuttgart

Büchner, P. (1983): Vom Befehlen und Gehorchen zum Verhandeln. In: Preuss-Lausitz, U. et al.: Kriegskinder, Konsumkinder, Krisenkinder. Zur Sozialisationsgeschichte seit dem Zweiten Weltkrieg. Weinheim, Basel, S. 196-212

Bühler-Niederberger, D. (1991): Legasthenie. Geschichte und Folgen einer Pathologisierung. Opladen

Cain, V. S.; Hofferth, S. L. (1989): Parental choice of self-care for school-age children. In: Journal of Marriage and the Family, 51. Jg., S. 65-77

Christensen, P.; James, A. (2001): What are schools for? The contemporal experience of children's learning in Northern England. In: Alanen, L.; Mayall, B. (Hg.): Conceptualizing child-adult-relations. London, S. 70-85

Christensen, P.; James, A.; Jenks, Ch. (2000): Home and movement: children constructing „family time". In: Holloway, S. L.; Valentine, G. (Hg.): Children's geographies. Playing, living, learning. London, New York, S. 139-155

Dencik, L. (1989): Growing up in the post-modern-age. On the child's situation in the modern family, and on the position of the family in the modern welfare state. In: Acta Sociologica, 32. Jg., S. 155-180

Diezinger, A.; Rerrich, M. S. (1998): Die Modernisierung der Fürsorglichkeit in der alltäglichen Lebensführung junger Frauen. In: Oechsle, M.; Geissler, B. (Hg.): Die ungleiche Gleichheit. Opladen, S. 165-183

Eberling, M.; Henckel, D. (1998): Kommunale Zeitpolitik. Veränderungen von Zeitstrukturen – Handlungsoptionen der Kommunen. Berlin

Elias, N. (1978): Über den Prozeß der Zivilisation. Soziogenetische und psychogenetische Untersuchungen. 2. Band (5. Aufl.). Frankfurt a. M.

Ende, M. (1973): MOMO oder Die seltsame Geschichte von den Zeit-Dieben und von dem Kind, das den Menschen die gestohlene Zeit zurückbrachte. Stuttgart

Foucault, M. (1976): Überwachen und Strafen. Frankfurt a. M.

Fthenakis, W. (1999): Engagierte Vaterschaft. Die sanfte Revolution in der Familie. Opladen

Fürstenberg, F.; Herrmann-Stojanov, I.; Rinderspacher, J. P. (Hg.) (1999): Der Samstag. Über Wandel und Entstehung einer modernen Zeit-institution. Berlin

Galinsky, E. (1999): Ask the children. What America's children really think about working parents. New York

Garhammer, M. (1994): Balanceakt Zeit. Auswirkungen flexibler Arbeitszei-ten auf Alltag, Freizeit und Familie. Berlin

Garhammer, M. (1999): Wie Europäer ihre Zeit nutzen. Zeitstrukturen und Zeitkulturen im Zeichen der Globalisierung. Berlin

Gaschke, S. (2001): Die Erziehungskatastrophe. Kinder brauchen starke Eltern. Stuttgart

Geissler, B.; Oechsle, M. (1996): Lebensplanung junger Frauen. Zur wider-sprüchlichen Modernisierung weiblicher Lebensläufe. Weinheim

Geißler, K. A. (1999): Vom Tempo der Welt. Am Ende der Uhrzeit. Freiburg u.a.

Gstettner, P. (1981): Die Eroberung des Kindes durch die Wissenschaft. Aus der Geschichte der Disziplinierung. Reinbek

Hardach-Pinke, I. (1986): Zwischen Angst und Liebe. Die Mutter-Kind-Beziehung seit dem 18. Jahrhundert. In: Martin, J.; Nitschke, A. (Hg.): Zur Sozialgeschichte der Kindheit. Freiburg und München, S. 525-590

Hengst, H. et al. (1981): Kindheit als Fiktion. Frankfurt a. M.

Hillman, M.; Adams, J.; Whitelegg, J. (1990): One false move... A study of children's independent mobility. London

Hochschild, A. R. (1997): The time bind. When work becomes home and home becomes work. New York

Holz, E. (2000): Zeitverwendung in Deutschland – Beruf, Familie, Freizeit. Wiesbaden

Honig, M.-S. (1999): Entwurf einer Theorie der Kindheit. Frankfurt a. M.

Hungerland, B. (2002): „Und so gedeiht das Baby!" – Altersgerechte Entwicklung und Gesundheit als gesellschaftliche Norm und Leistung. In: Hengst, H.; Kelle, H. (Hg.): Kinder, Körper, Identitäten. Weinheim, München

Hurrelmann, K. (1990): Familienstreß, Schulstreß, Freizeitstreß. Gesundheitsförderung für Kinder und Jugendliche. Weinheim, Basel

Jurczyk, K.; Rerrich, M. S. (Hg.) (1993): Die Arbeit des Alltags. Beiträge zu einer Soziologie der alltäglichen Lebensführung. Freiburg

Krings-Heckemeier, M.-Th. (1997): Die Stadt der Frauen. In: Informationen zur Raumentwicklung, 10, S. 669-675

Künzler, J. (1995): Familiale Arbeitsteilung in der Bundesrepublik Deutschland 1988. In: Gerhardt, U. et al. (Hg.): Familie der Zukunft. Opladen, S. 149-170

Lang, S. (1985): Lebensbedingungen und Lebensqualität von Kindern. Frankfurt a. M., New York

Lange, A.; Lauterbach, W. (1997): Wie nahe wohnen Enkel bei ihren Großeltern? Aspekte der Mehrgenerationenfamilie heute. Konstanz: Universität Konstanz (Arbeitspapier 24 des Forschungsschwerpunkts „Gesellschaft und Familie")

Leu, H. R.; Preissing, Ch. (2000): Bedingungen und Formen der Pluralisierung des Angebots von Kindertageseinrichtungen. In: Zeitschrift für Soziologie der Erziehung und Sozialisation, 20. Jg., S. 132-148

Metz-Göckel, S. (1988): Väter und Väterlichkeit. Zur alltäglichen Beteiligung der Väter an der Erziehungsarbeit. In: Zeitschrift für Sozialisationsforschung und Erziehungssoziologie, 8. Jg., S. 264-280

Mückenberger, U. (Hg.) (2000): Zeiten der Stadt. Reflexionen und Materialien zu einem neuen gesellschaftlichen Gestaltungsfeld. Bremen

Nock, St. L.; Kingston, P. W. (1988): Time with children: the impact of couples' work-time commitments. In: Social Forces, 67. Jg., S. 59-85

O'Brien, M. et al. (2000): Children's independant special mobility in the urban public realm. In: Childhood Nr. 3/2000, S. 257-277

Oerter, R.; Montada, L. (Hg.) (1987): Entwicklungspsychologie: Ein Lehrbuch. München

Pasquale, J. (1998): Die Arbeit der Mütter. Verberuflichung und Professionalisierung moderner Mutterarbeit. Weinheim, München

Pfau-Effinger, B. (1996): Analyse internationaler Differenzen in der Erwerbsbeteiligung von Frauen. Theoretischer Rahmen und empirische Ergebnisse. In: Kölner Zeitschrift für Soziologie und Sozialpsychologie, 48. Jg., S. 462-492

Presser, H. B. (1989): Can we make time for children? The economy, work schedules, and child care. In: Demography, 26. Jg., S. 523-543

Presser, H. B. (1999): Toward a 24 hour economy. In: Science, 284, S. 1778-1779

Preuss-Lausitz, U.; Rülcker, T.; Zeiher, H. (1990): Selbständigkeit für Kinder – die große Freiheit? Kindheit zwischen pädagogischen Zugeständnissen und gesellschaftlichen Zumutungen. Weinheim, Basel

Pross, H. (1975): Die Wirklichkeit der Hausfrau. Reinbek

Qvortrup, J. (1993): Die soziale Definition von Kindheit. In: Markefka, M.; Nauck, B. (Hg.): Handbuch der Kindheitsforschung. Neuwied

Qvortrup, J.; Bardy, M.; Sgritta, G.; Wintersberger, H. (Hg.) (1994): Childhood Matters. Social Theory, Practice and Politics. Aldershot et al.

Rabe-Kleberg, U.; Zeiher, H. (1984): Kindheit und Zeit. Über das Eindringen moderner Zeitorganisation in die Lebensbedingungen von Kindern. In: Zeitschrift für Sozialisationsforschung und Erziehungssoziologie, 1, S. 29-43

Rauschenbach, B. (1989): Selbständigkeit, vom Kopf auf die Füße gestellt. Anmerkungen zur Inflation eines Begriffs. In: Widersprüche, 9. Jg., H. 30, S. 85-90

Rerrich, M. S. (1999): Zwischen Lohn und Liebe. Frauen und neue Ungleichheiten in den Geschlechterverhältnissen. Köln

Sampson, R.; Morenoff, J. D.; Earls, F. (1999): Beyond social capital: spatial dynamics of collective efficacy for children. In: American Sociological Review, 64. Jg., S. 633-666

Sandberg, J. F.; Hofferth, S. (2001): Changes in children's time with parents: United States, 1981-1997. In: Demography, 38. Jg., S. 423-436

Sauter, S. (2000): Väterlichkeit – eine normative Kategorie in der Familienforschung. In: Zeitschrift für Familienforschung, 12. Jg., S. 27-48

Schneider, R. (1999): Die kleinen Bosse. Wenn der Nachwuchs die Führung übernimmt. Reinbek

Schütze, Y. (1986): Die gute Mutter. Zur Geschichte des normativen Musters „Mutterliebe". Bielefeld

Solberg, A. (1990): Negotiating Childhood: Changing Constructions of Age for Norwegian Children. In: James, A.; Prout, A. (Eds.): Constructing and Reconstructing Childhood. Contemporary Issues in the Sociological Study of Childhood. Basingstoke

Sommer, D.; Langstedt, O. (1994): Modern childhood: Crisis and disintegration or a new quality of life? In: Childhood, 2. Jg., S. 129-144

Strandell, H. (2001): Work in Finnish childhood. Presented at the Conference „Work, Employment and Society", University of Nottingham, UK

Thompson, E. P. (1973): Zeit, Arbeitsdisziplin und Industriekapitalismus. In: Braun, R. et al. (Hg.): Gesellschaft in der industriellen Revolution. Köln, S. 81-112

Voß, G.-G. (1998): Die Entgrenzung von Arbeit und Arbeitskraft. Eine subjektorientierte Interpretation des Wandels der Arbeit. In: Mitteilungen aus der Arbeitsmarkt- und Berufsforschung ,31, 3, S. 473-487

Waite, L. J. (2001): Parenting from the office: how dual-career families stay in touch with teens. Presented at the conference „Work and Family: Expanding the Horizons". San Francisco

Wilk, L.; Beham, M. (1994): Familienkindheit heute: Vielfalt der Formen – Vielfalt der Chancen. In: Wilk, L.; Bacher, J. (Hrsg.): Kindliche Lebenswelten. Opladen, S. 89-160

Zeiher, H. J./Zeiher, H. (1994): Orte und Zeiten der Kinder. Soziales Leben im Alltag von Großstadtkindern. Weinheim, München

Zeiher, H. (1996a): Kinder in der Gesellschaft und Kindheit in der Soziologie. In: Zeitschrift für Sozialisationsforschung und Erziehungssoziologie, 16. Jg., S. 26-46

Zeiher, H. (1996b): Von Natur aus Außenseiter oder gesellschaftlich marginalisiert? In: Zeiher, H.; Büchner, P.; Zinnecker, J. (Hg.): Kinder als Außenseiter? Umbrüche in der gesellschaftlichen Wahrnehmung von Kindern und Kindheit. Weinheim, München

Zeiher, H. (2000): Hausarbeit: zur Integration der Kinder in die häusliche Arbeitsteilung. In: Hengst, H.; Zeiher, H. (Hg.): Die Arbeit der Kinder. Kindheitskonzept und Arbeitsteilung zwischen den Generationen. Weinheim, München

Zelizer, V. A. (1985): Pricing the priceless child. The changing social value of children. New York

[1] Dieser Wandel im Generationenverhältnis folgt nicht allein dem Wandel im Geschlechterverhältnis. Der Entwurf des eigenständigen Kindes entspricht wie der Entwurf der emanzipierten Frau Demokratisierungstendenzen. Seit der Autoritätskritik Ende der 60er-Jahre wird das Kind im Umgang mit Erwachsenen als Verhandlungspartner und nicht mehr als Befehlsempfänger betrachtet, und die psychologische und pädagogische Theorie konzipiert das Kind seither als eigenständiges Subjekt. In den 80er-Jahren ist dieser Entwurf dann über die pädagogischen und familialen Schutz- und Vorbereitungsräume hinaus in den gesamtgesellschaftlichen Raum ausgedehnt worden. Seither hat sich die Rechtsauffassung durchgesetzt, dass Kinder prinzipiell Träger der Grundrechte sind, es geht um ihre eigenständigen Teilhabeansprüche im Sozialstaat und um ihre politische Partizipation. Ebenfalls seit den 80er-Jahren gibt es eine Soziologie der Kindheit, die die Position und die Wahrnehmung der Kinder im gesamtgesellschaftlichen Raum reflektiert, und die das Verhältnis der Generationen als gesellschaftlich konstruiertes untersucht. (z.B. Hengst 1981; Qvortrup 1993; Qvortrup et al. 1994; Zeiher 1996a; Alanen 1997)

[2] Englische Studien haben am Vergleich von Surveydaten festgestellt, dass Eltern ihre Kinder immer mehr an Familienwohnung und Kindereinrichtungen binden und auf Straßen begleiten. Während 1970 94 Prozent der Londoner Zehn- und Elfjährigen ihre Schulwege unbegleitet gingen, waren es 1990 nur noch 54 Prozent und 1998 47 Prozent (O'Brien et al. 2000). Hillman et al. (1990) haben 1990 einen Vergleich zwischen englischen und westdeutschen Kindern (NRW) durchgeführt. In Deutschland war 1990 der Anteil der selbständig zur Schule gehenden Kinder dieses Alters noch etwa so hoch wie er in England zwanzig Jahre früher gewesen war. Seit 1990 könnten auch bei uns Eltern ängstlicher geworden sein.

Joachim H. Spangenberg

Nachhaltiger Konsum – Genuss ohne Reue?

Ziel dieses Beitrags ist es nicht, normativ ein bestimmtes, als nachhaltig betrachtetes Verhaltens- und Konsummuster zu propagieren – schon unser Verständnis von Nachhaltigkeit als ein Spektrum unterschiedlicher Optionen und damit von nachhaltiger Entwicklung als richtungsgebundenem, aber ergebnisoffenem Suchprozess schließt dies aus. Trotzdem ist es möglich, richtungssichere Aussagen darüber zu treffen, welche Art von Kriterien für einen nachhaltigen Konsum anzulegen sind und an Beispielen zu illustrieren, welche Rolle dabei Konsumenten und Haushalte spielen. Dazu wird zunächst der hier verwandte Begriff von Nachhaltigkeit kurz erläutert und seine Anwendung auf den Haushaltskonsum illustriert. Anschließend werden der ökologische Aspekt nachhaltigen Konsums durch Identifikation der wesentlichen umweltrelevanten Verbrauchsfelder der Haushalte konkretisiert und an einigen Beispielen Möglichkeiten eines zukunftsfähigeren Konsums unter besonderer Berücksichtigung ihrer Wirkung auf die Zeitbudgets der Konsumenten/innen aufgezeigt.

1. Nachhaltigkeit

Nachhaltigkeit ist mehr als Umweltverträglichkeit: Sie beinhaltet neben der aus gutem Grund viel zitierten ökologischen Dimension auch eine soziale (die Sicherung des Zusammenhalts der Gesellschaft im weitesten Sinne), eine ökonomische (die Sicherung der wirtschaftlichen Funktionsfähigkeit als Grundlage der Bedürfnisbefriedigung) sowie eine institutionelle Dimension (nicht nur die Gestaltung der gesellschaftlichen Organisationen, sondern auch die anderer entscheidungsrelevanter Institutionen wie Mechanismen, Abläufe und Orientierungen, zum Beispiel Gewohnheiten oder Wertvorstellungen, BMU 1992). In allen vier Dimensionen lassen sich Oberziele formulieren, die zwar keine detaillierten Handlungsanweisungen bieten können und sollen, wohl aber Richtungsangaben hin zu mehr Nachhaltigkeit (Spangenberg 2001).

Nachhaltigkeit ist damit ein normatives Konzept, das heißt eines, in dem von Zielen auf die anzuwendenden Maßnahmen geschlossen wird, aber kein eindeutig bestimmtes: Wer vier unabhängige Ziele gleichgewichtig verfolgen will, muss Prioritäten setzen, Kompromisse zwischen den Präferenzen aller Beteiligten finden, Ausgleich herstellen.

Soll dies funktionieren, so ist es notwendig, die Ziele explizit zu benennen und den politischen Streit in erster Linie um die Ziele zu führen, nicht um Maßnahmen, Strategien oder Instrumente.

Abbildung 1

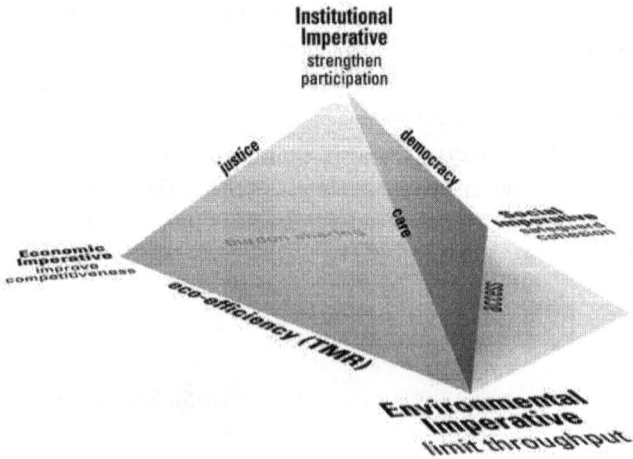

Solche Ziele müssen auf allen Ebenen der gesellschaftlichen Entscheidungsfindung diskutiert und vereinbart werden, auf der Metaebene gesellschaftlicher Wertvorstellungen ebenso wie auf der Makroebene nationaler Politik- und Wirtschaftsentscheidungen, auf der Mesoebene regionaler Kooperationen und Netzwerke wie auf der Mikroebene von Haushalten, Firmen und Gemeinden.

Nachhaltig ist eine Entwicklung also dann, wenn ihr sektoral wie funktional, das heißt in allen Bereichen der Gesellschaft und auf allen Entscheidungsebenen integrierte, soziale, ökonomische, ökologische und institutionelle Aspekte umfassende Leitbilder zugrunde liegen. Die Summe dieser Leitbilder, ihr gemeinsamer Fluchtpunkt, der diese Ziele zu einem produktiven Kompromiss bringt, ist dann Nachhaltigkeit als Metaleitbild (Spangenberg 2000), als konkrete Utopie (Morus 1517).

Mit anderen Worten: Es gibt nicht das Nachhaltigkeitsmodell, aber eine gemeinsame Richtung für viele verschiedene Kulturen, Konsum- und Lebensstile hin zu einer nachhaltigen Entwicklung. Diese Diversität der strategischen Ansätze wie der Umsetzungsformen erfordert außer individuellen Prioritätensetzungen besonders die Fähigkeit, mit Widersprüchen leben zu können – auch das gehört zu nachhaltigen Lebensstilen.

Eine besondere Herausforderung an eine vorsorgende Politik stellt die Tatsache dar, dass nicht nur die ökologische wie soziale Nichtnachhaltigkeit hervorrufenden Ursachen erst mit erheblicher Verzögerung ihre Wirkung zeigen („time lag"). Ein ähnliches Trägheits-Phänomen kennt die Politik, so dass es vorkommen kann, dass Maßnahmen einer nachhaltigen Politik zwar schon kurzfristig Aufwendungen, Kosten und Umstellungen verursachen, deren positive Effekte aber erst langfristig sichtbar werden (Spangenberg 1998). Das Metaleitbild der Nachhaltigkeit bietet hier – wenn anders als zum Beispiel die Ökosteuer offensiv vertreten – ein Erklärungs- und Legitimationsmuster, das hilft, langfristige Errungenschaften zu kurzfristigen Belastungen in Relation zu setzen und so „time lags" zu überwinden.

2. Was ist nachhaltiger Konsum?

Konsum, hier verstanden als Konsum der Haushalte[1], ist zunächst dann nachhaltig, wenn er dazu beiträgt, die oben genannten komplexen Ziele umzusetzen, so weit dies in der Macht der Haushalte und ihrer Entscheidungen steht.

Nachhaltiger Konsum ist also insbesondere umweltbewusst, sozialverträglich, wirtschaftlich und partizipativ. Das heißt

–   eine geschlechtergerechte Aufteilung der familiären Versorgungs-
arbeit einschließlich der konsumbezogenen Tätigkeiten ist Teil von Nachhaltigkeit. Das beinhaltet auch die Überwindung der geschlechtsspezifischen Arbeitsteilung in der Ver- und Entsorgung des Haushalts und die
geschlechtergerechte Aufteilung der Zeiten für Erwerbs- und Versorgungs-
arbeit.

–   kostenbewusstes Einkaufen ist ein Beitrag zur Nachhaltigkeit (und
Teil der Eigenarbeit, Scherhorn 1993). Kostenbewusst einkaufen heißt aber
nicht billig einkaufen, sondern unter Minimierung der ökonomischen,
ökologischen und sozialen Kosten. Als Faustregel kann dabei gelten, dass
sich Qualität auszahlt, ihr Finden aber Zeit kostet. Die Konsummuster der
Reichen in Deutschland können dabei – trotz ihres Trends zum Qualitäts-
konsum – nicht als Vorbild dienen; sie sind ökologisch nicht nachhaltig
(Lorek/Spangenberg 2001b).

–   umweltbewusst konsumieren ist zwar zeitaufwendiger, aber nach-
haltigkeitsfördernd, einschließlich der Bevorzugung von Produkten aus
regionaler Herstellung, Lebensmitteln aus ökologischem Landbau und
Textilien – wenn Naturfasern gekauft werden sollen – aus kontrolliert
biologischem Anbau. Entgegen weit verbreiteter Auffassungen sind jedoch im Bekleidungssektor ökologische Nachteile von Kunstfasern und
im Nahrungsmittelsektor von Tiefkühlkost nicht eindeutig belegbar (Lorek
et al. 1999).

–   sozialverträglich hergestellte Produkte (zum Beispiel mit TransFair
Siegel) vorzuziehen, ist Teil von Nachhaltigkeit; sozial unverträglich hergestellte Produkte (zum Beispiel aus Zwangsarbeit oder in Gefängnissen)
zu vermeiden, ist zumindest ein Beitrag zum nachhaltigen Konsum. Generell helfen Kennzeichnungen und Produktsiegel den Zeitaufwand für die
Identifikation der gesuchten nachhaltigkeitsgerechten Produkte zu verringern.

Diese sehr breit gefasste, ungewöhnliche Definition von nachhaltigem
Konsum mag zunächst verwirren – sie entspricht aber der Nachhaltigkeits-
definition, wie sie von den Vereinten Nationen und der Kommission für
nachhaltige Entwicklung verwandt wird (United Nations 1993, Kap. 4).
Dabei ergeben sich drei Grundsatzprobleme:

Einerseits werden Konsumentscheidungen produktspezifisch getroffen, so dass viele der verfügbaren, aber nicht produkt- oder verhaltensspezifischen Umweltinformationen nicht anwendbar sind. Andere, insbesondere soziale Informationen zu spezifischen Konsumartikeln sind meist überhaupt nicht verfügbar oder nur mit teils erheblichem Zeitaufwand beschaffbar. *Darüber hinaus* ist die Entscheidungskompetenz der Haushalte beschränkt. Sie können zwar durch ihre Nachfrage nach umwelt- und sozialverträglich hergestellten Produkten und Dienstleistungen deren Marktposition stärken, aber nur wenn diese überhaupt angeboten werden. *Schließlich* ist Nachhaltigkeit in ihrer Mehrdimensionalität durchaus nicht eindeutig zu definieren. So kann man entweder auf Produkte aus der Region oder auf solche mit TransFair Siegel setzen, die sozialverträglich in Ländern der Dritten Welt hergestellt sind.

Nachhaltiger Konsum ist also ein ständiger, zeitaufwändiger Optimierungsprozess, der auf individueller Abwägung beruht und verschiedene Präferenzen und Konsummuster beinhaltet. Wichtig ist auf jeden Fall eine umfassende produkt- respektive dienstleistungsbezogene Information für Konsumentinnen und Konsumenten, die ihnen erlaubt, ihre eigenen Prioritäten in nachhaltige Konsumentscheidungen umzusetzen (Spangenberg/Lorek 2001).

3. Umweltfreundlicher Konsum: Wohnen, Mobilität, Ernährung

Ökologisch gesehen muss zwischen dem direkten und dem indirekten Umweltverbrauch der Haushalte unterschieden werden. Während der erstgenannte direkt verhaltens- und konsumabhängig und weitgehend durch die Haushalte zu beeinflussen ist, ist der zweite, der die im Rahmen der Herstellungsprozesse aller Güter und Dienstleistungen anfallenden Umweltwirkungen umfasst, von den Konsumentinnen und Konsumenten meist nicht abschätzbar und damit auch kaum beeinflussbar (Lorek/Spangenberg 2001a). Da es letztlich aber dieser indirekte Konsum ist, der die wesentlichen Umweltbelastungen ausmacht (so zum Beispiel rund zwei Drittel der CO_2-Emissionen; der Rest ist Strom-, Öl- und Gasverbrauch im Haushalt, vgl. Hetterschij 1998), bedeutet die Diskussion um nachhaltigen

Konsum keinesfalls, Politik und Wirtschaft aus ihrer Verantwortung zu entlassen. Jeder Akteur hat seinen Teil beizutragen, durch das Setzen geeigneter Rahmenbedingungen, durch das Angebot nachhaltiger Produkte und Dienstleistungen sowie verlässlicher Informationen darüber, durch private Konsumentscheidungen, durch Kommunikation der Akteure und durch Synchronisation ihrer Handlungen.

Soweit der direkte und indirekte Umweltverbrauch durch die privaten Haushalte beeinflussbar ist, geschieht dies zu überwiegenden Teilen durch nur drei Konsumbereiche[2]:

–   Bauen und Wohnen, einschließlich Renovieren, Umbauen, Heizen
–   Mobilität, einschließlich Freizeit und Reisen, sowie
–   Ernährung (indirekt, das heißt ohne Kochen/Kühlen)

Hinzu kommen Bereiche wie Bildung, Kultur, Sicherheit im gesellschaftlichen Zusammenleben und so weiter, die zwar zum Teil ökologisch relevante Konsumbereiche darstellen, aber überwiegend Staatskonsum und nicht Haushaltskonsum sind. Textilien, also Waschen und Reinigen machen zusammen unter 10% der gesamten Stoff- und 3% der Energieverbräuche aus, Gesundheit (5%), Hygiene und Körperpflege (2%) liegen noch niedriger – die resultierenden Einsparpotentiale liegen im Bereich von wenigen Prozenten. In dieser Hinsicht können die letztgenannten Konsumbereiche als ökologisch und politisch weniger zentral betrachtet werden, auch wenn Bereiche wie Kleidung wegen ihres lebensqualitäts- und statusprägenden Charakters eine wichtige symbolische Bedeutung aufweisen. So ist zum Beispiel die unter Umweltfreunden/innen verbreitete Haltung, Mode abzulehnen und auf Second Hand Textilien zu setzen eine durchaus legitime und wichtige Frage von Lebensstilpräferenzen, aber kaum eine ökologisch signifikante Entscheidung. Aus diesem Grund beschränken sich die folgenden Konsumbeispiele auf Handlungsmöglichkeiten der Haushalte in den drei erstgenannten Bereichen.

3.1 Konsumbeispiel Wohnen

Die Umweltrelevanz des Wohnens wird durch eine Vielzahl von Faktoren bestimmt. Dazu gehören die folgenden Leitfragen, die die Bürger/innen zu erwägen haben:

142

Wo? – Im Ballungszentrum oder im ländlichen Raum (unterschiedliche Versorgungsstrukturen und Fahrzeiten)?

Wie? – Im Einzelhaushalt mit in der Regel höherem Pro-Kopf-Verbrauch an Wohnfläche, Heizenergie und so weiter, oder in der Familie/Wohngemeinschaft mit Möglichkeiten zu günstigem Einkauf und gemeinsamer Nutzung?

Wie viel? – Die Wohnfläche pro Kopf steigt im Schnitt der Gesamtbevölkerung über die Zeit und für jeden Einzelnen mit steigendem Lebensalter immer weiter an – und damit in der Regel der Haushaltsenergieverbrauch. Die Mengenfrage kann sich aber ebenso auch auf die Bauweise und den Materialeinsatz beziehen, wobei bessere Isolierung mit mehr Materialverbrauch während der Bauphase in der Regel signifikante Energie- und Stoffstromeinsparungen im Betrieb mit sich bringt.

Woraus? – Nicht nur ökologisch, sondern auch für die Lebensqualität macht es einen erheblichen Unterschied, ob Häuser aus Holz, aus Backstein oder aus Beton gebaut werden. Das gilt für das Wohnklima genauso wie für Heizbedarf, Isolationsnotwendigkeit oder Recyclingfähigkeit des Baumaterials. Eine wichtige Rolle spielen hier klimatische Gegebenheiten, lokale Traditionen und so weiter.

Wie effektiv? – Aus Ressourceneinsparungsgründen ist in Mitteleuropa vorrangig die Sanierung des bestehenden Baubestandes in Richtung Niedrigenergiestandard zu fordern und zu fördern; die neuen Maßnahmen der Bundesregierung sind hier ein erster Schritt in die richtige Richtung. Noch strengere Werte bezüglich des Energieverbrauchs je Quadratmeter Wohnfläche könnten bei Neubauten (die im Prinzip zur Reduzierung der Gesamtstoffströme so weit wie möglich zu vermeiden sind: Hier zielen die Förderprogramme der Bundesregierung in die falsche Richtung) zugrunde gelegt werden. Wo Besitzer und Bewohner auseinander fallen wie im Mietwohnungsbestand, wo also Investor und Nutznießer von wertsteigernden investiven Sanierungsmaßnahmen verschiedene Personen sind und so ein als Investitionshindernis wirkendes Planer-Nutzer-Dilemma entsteht, kann über Organisationsformen wie das Contracting dennoch ein signifikanter Fortschritt erzielt werden, der sowohl Mieter als auch Vermieter finanziell entlastet und den Zeitaufwand für ihre Koordination auf kommerzielle Dienstleister verlagert. Vollständig in der Hand der privaten Haushalte liegt jedenfalls das Heiz- und Lüftungsverhalten, während die Wahl des Heizsystems wiederum sowohl vom Mieter als auch vom Vermieter beeinflusst wird.

Wie voll? – Wie viele Geräte insgesamt und wie viele pro Kopf ein Haushalt aufweist, ist nicht nur eine Frage des Lebensstandards, sondern auch eine Frage der Zeitbudgets und der effizienten Organisation. So lange Haushaltsgeräte wie zum Beispiel Staubsauger in einem halben Dutzend Jahren Lebenszeit nur eine gesamte akkumulierte Nutzungszeit von zwei Wochen aufweisen (Spangenberg 1997), können durch das gemeinsame Nutzen solcher Geräte erhebliche Umweltentlastungen bei gleichbleibendem Serviceniveau erzielt werden, wobei allerdings zusätzlicher Zeitbedarf für Synchronisationsarbeit entsteht. Die sozial-ökonomischen Organisationsformen reichen von Privatbesitz über Pooling und Sharing bis zu Leih- oder Dienstleistungsfirmen. Als Faustregel kann dabei festgehalten werden, dass der Nutzen von Produkten in ihrer Benutzung liegt (sofern nicht vorrangig Abgrenzungs- und Statusmerkmale damit verbunden sind), so dass immer dann, wenn durch Teilen Effizienzgewinne der Nutzung erzielt werden können, sich diese realisieren lassen nach dem Motto „Nutzen maximieren – Besitz vermeiden" (Schmidt-Bleek 1994).

Abbildung 2:
Handlungs- und Akteursmatrix
„Bauen und Wohnen"

	private Haushalte						
	Nutzer der Wohnung	Eigentümer	Kommunen	Wohnungsbaugesellschaften	Politik	Planer	Dienstleister
Heizenergieverbrauch	+	+	□	+	+	+	+
Ressourcenintensität	□	+	□	+	+	+	+
Wohnfläche	++	+	+	+	+	+	□
pr. Wohnungsinvestitionen Alt-/Neubau	□	++	+	□	+	□	□
Siedlungsfläche	□	+	++	+	++	□	+

Quelle: Spangenberg, Lorek 2001

Die öko-effizienten Produktbeispiele sind inzwischen Legion, vom Niedrigstenergiehaus über den Energiesparkühlschrank bis hin zur reparaturfähigen Vollholzküche und dem mechanisch betriebenen Staubsauger reicht das Spektrum der ökologisch optimierten Produkte; eine auch nur halbwegs umfassende Aufzählung und Bewertung zu versuchen, wäre vermessen und würde den Rahmen dieses Beitrags sprengen. Sie alle sind – was in unserem Zusammenhang noch einmal hervorzuheben ist – Gegenstand von kraft- und zeitaufwändigen Entscheidungsalternativen, jedenfalls für diejenigen Bürger/innen, die den Anspruch haben, ihre Lebensführung einigermaßen umweltgerecht zu gestalten.

Dagegen ist es durchaus möglich, die ressourcenintensivsten Teilbereiche des Konsumfeldes „Bauen und Wohnen" zu identifizieren und die ihnen zugrunde liegenden Antriebsmechanismen zumindest kursorisch zu skizzieren (Lorek et al. 1999). Auf dieser Basis – das heißt eher ad hoc denn analytisch – können auch beteiligte Akteure benannt und ihre relative Bedeutung schematisch dargestellt werden (von ++ = dominant bis o = relevant). Eine derartige Darstellung macht sowohl die prioritären Handlungsbereiche als auch die jeweils einzubindenden Akteure deutlich und kann so helfen, integrierte und kohärente Umsetzungsformen zu entwickeln.

3.2 Konsumbeispiel Mobilität

Fast jede Frau und jeder Mann haben heutzutage Zugang zur Automobilnutzung. Zugang zu einem Automobil scheint für die Mehrheit der Menschen nicht nur eine sachliche Notwendigkeit, sondern auch ein Teil ihrer Lebensqualität zu sein. Dies gilt besonders für Deutschland, wo der Besitz von Pkws pro Kopf den OECD-Durchschnitt deutlich übersteigt. Andererseits liegt die Gesamtstrecke der zurückgelegten Kilometer pro Einheit des Bruttosozialprodukts deutlich unter dem OECD-Durchschnitt – typisch für ein dicht besiedeltes Land. Der Ausstoß von NO_x und CO aus Deutschlands Autos ist durch die Einführung des Katalysators überdurchschnittlich stark gesunken. Noch sind die Mehrzahl der Pkws auf unseren Straßen „Rennreiselimousinen", also Fahrzeuge, die gleichzeitig für die Fahrt zum Postamt wie zum großen Urlaub dienen, die kurz- und langstreckentauglich sein sollen, für Einzelfahrten wie für Familienausflüge – und durch diese

Vielzahl von gleichzeitig zu erfüllenden Aufgaben groß, schwer, schnell und aufwändig ausfallen.

Dass es auch anders geht, zeigen nicht nur effiziente Kleinwagen wie der VW Lupo (der sich gerade in der „Öko-Version" allerdings nicht so glänzend verkauft), sondern noch eher neue Mobilitätsmarketing-Konzepte, wie die erfolgreiche Strategie des Smart in Frankreich. Dieser wurde dort häufig nicht verkauft, sondern verleast, so dass die Wartung in den Händen der Verkaufsfirma lag. Dessen fehlender Reiselimousinen-Charakter wurde dadurch ökologisch sinnvoll kompensiert, dass er zusammen mit einem Carsharing-Vertrag verbunden war. Damit bot es sich an, längere Entfernungen mit der Bahn zurückzulegen, um dann zur örtlichen Mobilität die Fahrzeuge der lokalen Sharing-Organisation zu nutzen.

Entscheidend für die Verkehrsmittelwahl ist unter anderem die Wahrnehmung der Reisezeit. Zählt die Zeit von Tür zu Tür als verlorene Zeit, gilt das Fahren des Autos selbst als Erlebnis und als Mittel der Selbstbestätigung, oder zieht man es vor, die Landschaft zu betrachten (Reiseerlebnis) oder die Zeit zum Lesen und Ähnlichem zu nutzen: Neben der (schwindenden) Verlässlichkeit der öffentlichen Verkehrsmittel ist die persönliche Zeit- und Inhaltspräferenz der die Wahrnehmung der Reisezeit als Lust oder Last prägende Faktor. Dabei ist bemerkenswert, dass insbesondere im alltäglichen Nahverkehr Männer deutlich häufiger als Frauen den „Rausch der Geschwindigkeit" als Zeitkriterium wählen, während Frauen die Gesamtzeit von Tür zu Tür als Bewertungsgrundlage nehmen.

Allgemein gilt, dass wenn schon individuelle Mobilität in unserem Lebensstil unverzichtbar ist, sie nicht noch zusätzlich verschwenderisch organisiert werden sollte. Neue Designkonzepte von Seiten der Anbieter gehören zur nachhaltigen Entwicklung: Wenn schon ein Auto, sollten sich Produzenten und Konsumenten fragen, dann welches und für welchen Zweck. Hier weist der oben noch gelobte Smart zum Beispiel als typischer Zweitwagen sozial wie ökologisch Schwächen auf: Da für Kinderbeförderung und Einkauf nur begrenzt geeignet, ergänzt er die üblichen „Rennreiselimousinen", statt sie zu ersetzen. Noch einen notwendigen Schritt weiter geht die Frage, ob und warum überhaupt bestimmte Wege notwendig sind und wenn ja, mit welchem Transportmittel (öffentlich, Taxi,

Privat-Pkw) auf Seiten der Konsumenten sie am besten zurückgelegt werden. Auch hier spielt die Zeitwahrnehmung eine wichtige Rolle für die Konsumpräferenzen.

Verkehrsvermeidung durch bessere Planung, Verkehrsverlagerung durch bessere Angebote und beide verstärkt durch entsprechende Kostengestaltung sind Stand der Diskussion. Das Drei-Liter-Auto ist auf dem Markt, was kann also noch getan werden? Verfolgt man jedoch den Weg des Pkw vom Rohmaterial bis zur Dienstleistung, so zeigen sich erstaunliche Optimierungspotentiale:

Ein durchschnittliches europäisches Auto entsteht, indem man aus rund 20 Tonnen Material rund 1 Tonne eines Gerätes macht (Schmidt-Bleek 1998) das man nutzt, um rund 100 Kilogramm Mensch zu transportieren. Dies – so die Zahlen für Deutschland – zu vier Fünfteln der Zeit im Stadtverkehr, das heißt, mit Geschwindigkeiten deutlich unter 20 km/h (langsamer als das Fahrrad oder die Pferdekutsche ehedem), und in der Hälfte der Fälle in „Fußgängerentfernung", das heißt 1-2 Kilometer Wegelänge. Diese gesamten, notwendigen wie nicht notwendigen Nutzungen zusammengenommen, wird ein Auto in dem Dutzend Jahren seines Lebens nur zirka drei Monate wirklich gefahren. Den Rest der Zeit steht es – also eher „Autostabil" als Automobil – herum, dann wird es zu Müll (Spangenberg 1997). Die Effizienzpotentiale sind also enorm, erfordern jedoch in fast allen Fällen neben technischen Verbesserungen auch soziale Innovationen, das heißt die Bereitschaft zu Verhaltensänderungen – und hier sind die Haushalte und ihr Zeitmanagement gefordert.

3.3 Konsumbeispiel Ernährung

Ernährung ist mehr als satt werden; sie soll nicht nur die körperlichen Grundbedürfnisse befriedigen, sondern auch gesund erhalten, schmecken und Spaß machen. Essen ist eine physiologische Notwendigkeit ebenso wie ein soziales Ereignis. Verglichen mit diesen Zielen essen wir heute in Mitteleuropa zu hektisch, zu unbewusst, zu viel „zwischendurch", zu fett, zu wenig frische oder zu stark verarbeitete Speisen, so dass das Essen nicht nur schmackhafter sein könnte, sondern vor allen Dingen auch gesünder und – in Muße genossen – genussvoller. Nach wie vor wird – trotz sinkender Tendenz – in Deutschland zu viel Fleisch gegessen, liegt der Verzehr an Gemüse und Getreide deutlich unter dem europäischen Durchschnitt (OECD 1998). Dies zeigt eine Entwicklung der Ernährung an, die teuer und ungesund ist. Zudem ist die Nahrungsmittelerzeugung in Deutschland zu je 20% an Primärenergieverbrauch, Stoffströmen und Klimabelastung beteiligt und so in vielfacher Weise nicht nachhaltig (BUND/MISEREOR 1996). Gleichzeitig gäbe es Handlungsmöglichkeiten, auch wenn diese mit leichten Preisanstiegen verbunden wären, denn Lebensmittel sind – im Vergleich zum Haushaltseinkommen – heute so billig wie noch nie zuvor. Dass diese nicht ausgeschöpft werden, liegt nicht nur am Preissystem (aber auch: Brasilianischer Orangensaft ist billiger als regionaler Apfelsaft), sondern auch an einem Konsumentenverhalten, das regionale und saisonale Verfügbarkeitsbeschränkungen nicht mehr berücksichtigt und alles jederzeit überall zur Verfügung haben möchte, also Zeitstrukturierungen (auch naturgegebene) als Beengung der eigenen Lebensführung empfindet.

Hinzu kommt eine wachsende Produktions-Ineffizienz und eine auch vom Dualen System Deutschland (DSD) nicht eingedämmte Verpakkungsflut (Verheyen/Spangenberg 1998) aus Fertiggerichten in Kleinverpackungen für die zunehmende Zahl von Einpersonenhaushalten wie für die „eilige Hausfrau", die im Rahmen der geschlechtsspezifischen Arbeits(zu)teilung bis heute neben der zunehmenden Erwerbsarbeitszeit die Hauptverantwortung für Einkauf und Kochen, für Hygiene, Spülen und Entsorgung hat.

Hier ist das für einen qualitätsbewussten Lebensstil Wichtige zumeist auch das ökologisch und sozial Richtige wie das politisch Gebotene: Bei entsprechender Umstellung der Konsumgewohnheiten und Zeitpräferenzen lässt sich häufig das Angenehme mit dem Nützlichen verbinden. Diese Qualitätsorientierung kann aber nicht als Folge einer veränderten Agrarpolitik abgewartet werden, sie ist deren Voraussetzung. Denn ohne Konsumenten/innen die bereit sind, Zeit in Einkauf und Zubereitung von Mahlzeiten zu investieren, gäbe es keine Agrarwende!

– Regionale Produkte der Saison sind frisch, vitaminreich, gesund, schmackhaft und nach traditionellen Rezepten zubereitbar (wer vermisst nicht Großmutters Küche?), exotische und außersaisonale Nahrungsmittel sind ein Luxus, den man sich durchaus gelegentlich, nicht aber ständig leisten sollte.

– Eine weniger fleischzentrierte Ernährung ist gesünder und – wenn gut gemacht – schmackhafter als die Dominanz von Fleisch aus Massentierhaltung. Der Umstieg auf (weniger) Fleisch aus artgerechter Tierhaltung erhöht den Genuss und verringert zugleich den Druck auf die Landwirtschaft, extreme Mastmethoden einzusetzen (zum Beispiel Ursache für Dioxinhühner, Seuchenschweine, Rinderwahn und indirekt auch für Nitrofen-Eier aus Bio-Betrieben); er entlastet so Umwelt und Gesundheit.

– Obst und Gemüse aus ökologischem Landbau schont nicht nur die Böden und schützt die biologische Vielfalt, es ist zudem pestizidfrei und schmeckt auch gut, besonders wenn frisch geerntet.

– Gemeinsam einkaufen, kochen und aufräumen mit Partner/in und Freunden kostet zwar Zeit, kann aber auch Spaß machen – und der ist, wie bei vielen schönen Dingen des Lebens, die Zeit mehr als wert, die er kostet. Eine derartige Bewertung geht deutlich über das ökonomische Verständnis hinaus, so dass der „Wert" dieses Genusses meist verkannt oder ignoriert wird (Cogoy 1999).

– Restaurants sind zwar teurer als das Kochen in der eigenen Küche, und wer essen geht, isst meist aufwendiger als daheim, aber bei gleichem Aufwand ist im Restaurant die Ökoeffizienz meist höher.

4. Fazit

Nachhaltig leben heißt gut, gesund, partnerschaftlich, entspannt und tolerant leben, den Dingen ihren Wert und ihre Zeit gewähren, bewusst genießen, auch genussvoll konsumieren.

– Das heißt auch, auf Qualität zu achten, nicht jeder Mode nachzulaufen, aber auch nicht jede zu verachten: Das gehört zur Lebensqualität.

– Nachhaltig konsumieren heißt, sich zu erinnern, dass das Bessere der Feind des Guten sein sollte, nicht das Billigere oder Schnellere, dass Gemeinschaftlichkeit und Individualismus zusammengehören wie Partnerschaftlichkeit und Selbstständigkeit, dass gemeinsame Zeit nicht individueller Verlust, sondern sozialer Gewinn ist.

– Nachhaltige Lebensstile sind die Kunst des richtigen Verhaltens in falschen Strukturen. Deshalb braucht es beides – Politik von oben und Handeln von unten. Nur zusammen entstehen nachhaltige Produktions-, Konsum- und Wirtschaftsstrukturen.

– Zum nachhaltigen Leben und Konsumieren muss Mut gemacht werden, und ein nachhaltiger Lebensstil darf nicht ständig finanziell bestraft werden, sonst bleibt praktizierte Nachhaltigkeit etwas für Masochisten und Märtyrer. Deshalb ist die langfristig verlässliche Weiterentwicklung der Ökosteuer unverzichtbar, hinzukommen müssen geeignete ordnungs- und planungsrechtliche Rahmenbedingungen. Auch das Potenzial ökonomischer Instrumente ist noch lange nicht ausgeschöpft. So könnten zum Beispiel Abgaben auf kurzlebige und ineffiziente Güter erhoben werden, die für Kommunen eine neue, umwelt- und budgetentlastende Einnahmequelle wären. Das Ziel müsste dabei sein, dass für die Verbraucher/innen das ökologisch Richtige auch das ökonomisch Attraktive wird, dass also der ökologisch-ethische Imperativ mit dem ökonomischen zur Deckung gebracht wird. Der Verfügung über genügend Zeit kommt im Hinblick auf die oben genannten Kriterien und Anforderungen eine Schlüsselrolle zu, sowohl für die Auswahl- und Entscheidungsprozesse, die immer mehr zunehmen, als auch für einen ökologische verträglichen Lebensstil als solchem. Mit anderen Worten ist ein allgemein hohes Niveau an Zeitwohlstand eine wichtige Voraussetzung für umweltgerechte Optionen.

– Arbeitszeitverkürzungen bieten die Zeit, die – bewusst genutzt – zur Entspannung des Alltags, zu Entschleunigung statt zu Mehrarbeit und zu Genuss und Kontemplation genutzt werden kann. Das setzt allerdings eine Politik der Nachhaltigkeit voraus, die den Stellenwert der Nichterwerbsarbeit anerkennt und diese fördert, und nicht die Erwerbsarbeit und ihre Kosten zum Maß aller Dinge erhebt.

Dann, und in unserer ökonomiezentrierten Welt wohl nur dann, lassen sich nachhaltige Konsummuster durchsetzen, ohne staatliche Zwangsmaßnahmen und ohne auf einen besseren Menschen zu hoffen.

Literatur

BMU Bundesminister für Umwelt Naturschutz und Reaktorsicherheit (Hg.) (1992): Konferenz der Vereinten Nationen für Umwelt und Entwicklung im Juni 1992 in Rio de Janeiro - Dokumente -. Reihe Umweltpolitik. Bonn

BUND/MISEREOR (Hg.) (1996): Zukunftsfähiges Deutschland. Eine Studie des Wuppertal Instituts. Basel, Berlin

Cogoy, M. (1999): The Consumer as a Social and Environmental Actor. In: Ecological Economics Nr. 3/1999, S. 385-398

Hetterschij, J. (1998): Project Perspective: Perspectives for low-energy lifestyles. In: Change 41 (April/May), S. 7-8

Lorek, S.; Spangenberg, J. H. (2001a): Indicators for environmentally sustainable household consumption. In: Int. J. Sustainable Development Nr. 4/2001, S. 101-120

Lorek, S.; Spangenberg, J. H. (2001b): Reichtum und Umwelt. In: Stadlinger, K.; Rilling, R. (Hg.): Reichtum in Deutschland. Münster

Lorek, S.; Spangenberg, J. H.; Felten, C. (1999): Prioritäten, Tendenzen und Indikatoren umweltrelevanten Konsumverhaltens. Endbericht des UBA-Forschungsvorhabens 209 01 216/03. Wuppertal

Morus, T. (1517): Utopia – De optimo rei publicae statu. Basel

OECD Group on the State of the Environment (1998): Sustainable Consumption Indicators, Part III, Measured Indicators – Selected Trends and Patterns, ENV/EPOC/SE(98)1/ADD3. Paris

Scherhorn, G. (1993): Über Konsumverhalten und Wertewandel – Die Notwendigkeit der Selbstbestimmung. In: Politische Ökologie, Sonderheft 1993, S. 24-30

Schmidt-Bleek, F. (1994): Wieviel Umwelt braucht der Mensch? Berlin, Basel

Schmidt-Bleek, F. (1998): Das MIPS-Konzept – Faktor 10. München

Spangenberg, J. H. (1997): Design on Demand. In: Neef, W.; Pelz, T. (Hg.): Ingenieurinnen und Ingenieure für die Zukunft. Berlin

Spangenberg, J. H. (1998): Systeme zwischen Evolution, Trägheit und technischer Beschleunigung. In: Renner, A.; Hinterberger, F. (Hg.): Zukunftsfähigkeit und Neoliberalismus. Baden-Baden

Spangenberg, J. H. (2000): Zukunftsfähigkeit als Leitbild? Leitbilder, Zukunftsfähigkeit und die reflexive Moderne. In: Hildebrandt, E.; Linne, G. (Hg.): Reflexive Lebensführung. Berlin

Spangenberg, J. H. (2001): Investing in Sustainable Development. In: Int. J. Sustainable Development Nr. 4/2002, S. 184-201

Spangenberg, J. H. (2002): The changing contribution of unpaid work to the total standard of living in sustainable development scenarios. In: Int. J. Sustainable Development Nr. 5/2004, S. 461-475 (accepted for publication)

Spangenberg, J. H.; Lorek, S. (2001): Sozio-ökonomische Aspekte nachhaltigkeitsorientierten Konsumwandels. In: Aus Politik und Zeitgeschichte 2001 (B 24), S. 23-29

UNDESA UN Department of Economic and Social Affairs (Hg.) (1998): Measuring Changes in Consumption and Production Patterns. A Set of Indicators. New York, United Nations

United Nations, Ed. (1993): Earth Summit: Agenda 21, the United Nations programme of action from Rio. New York, United Nations

Valentin, A.; Spangenberg, J. H. (2000): A guide to community sustainability indicators. In: Environmental Impact Assessment Review Nr. 20, S. 381-392

Verheyen, R.; Spangenberg, J. H. (1998): Die Praxis der Kreislaufwirtschaft. Ergebnisse des Kreislaufwirtschaft- und Abfallgesetzes. Friedrich-Ebert-Stiftung, Bonn

[1] Während im englischen Sprachraum „consumption" in der Regel den gesamten Verbrauch der Volkswirtschaft bezeichnet und „household consumption" davon abgegrenzt wird, folgen wir hier dem deutschen (und analog dem skandinavischen) Sprachgebrauch, der unter Konsum den Konsum der Haushalte versteht. Zum internationalen Sprachgebrauch siehe beispielsweise UNDESA (1998).

[2] Der Umweltverbrauch wird bestimmt als Material-, Energie- und Flächenverbrauch; Daten für Deutschland nach Lorek et al. (1999).

Klaus Beck

Im Netz der Zeit – Zeit im Netz:

Online-Kommunikation, gesellschaftliche Zeitordnung und
Zeitbewusstsein

1. Einleitung

Glaubt man den Apologeten der so genannten Informationsgesellschaft,
dann stehen wir – wieder einmal – unmittelbar vor einer gesellschaftlichen
Revolution; einige behaupten sogar, wir seien schon mitten drin, nur manche
hätten es noch nicht gemerkt. Der Kapitalismus habe sich in eine „New
Economy" verwandelt, der Erfurter Amoklauf habe einmal mehr gezeigt, wie
Computerspiele zur Verrohung der Jugend führen und überhaupt: Seit dem
11. September sei alles anders – eine „neue globale Ordnung" werde künftig
unser Leben bestimmen. Als eine, wenn nicht die ausschlaggebende Ursache für diese weit reichenden Umwälzungen werden vielfach die „neuen
Medien" genannt; insbesondere das Internet beschleunige unseren Weg
in die globale Informationsgesellschaft unaufhaltsam. Skeptiker und Be-
fürworter dieser Entwicklungen scheinen sich zumindest in diesem Punkt
einig zu sein: Das Internet verändere die Art und Weise, wie wir arbeiten,
konsumieren und kommunizieren und bald vielleicht auch, wie wir wählen,
reisen oder lieben werden.

Weit reichende Prognosen – mal als apokalyptische Befürchtung, mal als
euphorische Hoffnung formuliert – waren ständige Begleiter des medialen
Wandels, und in vielen Fällen stand dabei die – erwünschte oder befürchtete – Beschleunigung des Alltagslebens im Vordergrund. Die Beschleunigung der Kommunikation führe zu Zeitgewinn, weil die eingesparte Zeit nun
für andere Zwecke zur Verfügung stünde, argumentieren einige. Im Gegenteil,
wenden andere ein, die Beschleunigung verschärfe die Zeitnot noch, weil
immer mehr in der gleichen Zeit bewältigt werden müsse. Die „Informationsflut"
der neuen Medien überfordere das Zeitbudget der Menschen, lasse weder Zeit
für Muße noch für Kritik. Wer Zeit für alles habe, habe letztlich Zeit für nichts.

So populär und medienwirksam diese hier nur skizzierten Argumentationen sein mögen, aus kommunikationswissenschaftlicher Sicht erscheinen sie aus mehreren Gründen zu undifferenziert, denn es mangelt beiden Betrachtungsweisen an historischer und theoretischer Tiefenschärfe: Wer Veränderungen prognostizieren will, sollte sich zunächst Gewissheit über die Gegenwart und soweit möglich auch die Vergangenheit verschaffen. Ein solcher Versuch zeigt, dass die Beziehung zwischen Medien und Zeit vielschichtiger ist. Ausgangspunkt der folgenden Überlegungen ist ein soziologisches Verständnis von Zeit, bei dem zwischen Zeitbewusstsein und Zeitordnung unterschieden werden muss (Kap. 2). Im nächsten Schritt geht es um die Analyse der medialen Zeitordnung, genauer um die temporalen Qualitäten und Zeitgestalten der Medien. Und schließlich stellt sich die Frage nach den zeitlichen Mustern der Mediennutzung, insbesondere den Taktiken und Strategien, die Mediennutzer in Anbetracht der medialen Zeitordnung anwenden. Die Zeitgestalten der alten wie der neuen Medien und die Zeitgestaltung durch die Mediennutzer werden dabei als Wechselspiel begriffen.

2. Der Mensch im Netz der Zeit: Zeitordnung und Zeitbewusstsein

Der Mensch hat kein Sinnesorgan für die Zeit; gleichwohl können wir uns ein Leben außerhalb der Zeit nicht vorstellen. Unser Leben wird von „inneren Uhren" mit ihren basalen Rhythmen geprägt und von „natürlichen Zeitgebern" wie dem Wechsel von Tag und Nacht beeinflusst, jedoch keineswegs determiniert. Längst sind soziale Zeitgeber und Rhythmen hinzugekommen, die den natürlichen Tag in einen zivilisierten, „bürgerlichen Tag" (Schütz 1981, S. 177) verwandelt haben. Zeit ist ein in hohem Maße soziales Konstrukt (zusammenfassend Beck 1994, S. 83ff.). Sie selbst unterliegt historischem (also zeitlichem) Wandel und kultureller Varianz, wie jeder, der als Tourist einmal Mitteleuropa verlassen hat, bestätigen wird. Die Rhythmen unseres Lebens, das Tempo unseres Alltags, die Wahrnehmung von Dauer, kurz: unser gesamtes Zeitbewusstsein ist kulturell und sozial geprägt. Hierbei spielt Kommunikation eine zentrale, wenn nicht die entscheidende Rolle, wie Paul Ricoeur (1977, S. 18) betont hat. Zeit ist ein alltägliches, lebensweltliches Wissenselement, das durch soziale Handlungen und Kommunikation – Prozesse in der Zeit – konstruiert und immer wieder rekonstruiert wird. Zeit bedarf der symbolischen Vermittlung durch Kommunikation.

Vermittelt werden Zeitordnung und Zeitbewusstsein: Die Zeitordnung strukturiert unser Handeln, gibt ihm Dauer, Geschwindigkeit, Rhythmus. Das Zeitbewusstsein, verstanden als „subjektive Interpretation der das soziale Handeln strukturierenden Zeitnormen" beziehungsweise -ordnungen (Schöps 1980, S. 197) hilft uns, formelle und informelle soziale Zeitgeber (Rinderspacher 1988, S. 12ff.) zu identifizieren und unser Handeln zu strukturieren. Die zeitliche Struktur unseres Handelns wiederum erzeugt soziale Ordnung, indem sie die soziale Zeitordnung reproduziert oder variiert. Beide stehen also in einem zirkulären Verhältnis, das soziale Evolution erst ermöglicht: Zeitordnungen sind das Produkt sozialer Handlungen und sie werden durch Interaktion und Kommunikation vermittelt. Verändert sich unsere soziale Welt, dann verändern sich Zeitordnung und Zeitbewusstsein. Differenziert sich unsere soziale Welt aus, dann pluralisieren sich die Lebensstile und damit auch die Zeitordnungen der sozialen Teilsysteme und deren Zeitsemantiken. Längst sind unterschiedliche Zeitordnungen in Gestalt eines „Chronotops" (Hörning 1990, S. 138) miteinander vernetzt.

Allerdings gilt: „Wir denken Zeit als etwas Natürliches, als eine natürliche Dimension der eigenen Existenz wie des Seins überhaupt. Der Gesellschaftlichkeit von Zeiterfahrung sind wir uns jedoch in der Regel nicht bewußt." (Zoll 1988, S. 27ff.) Wir neigen zur Externalisierung und Objektivierung von Zeit. Als Uhrenzeit quantifiziert, verliert sie ihre Qualitäten. Zeit wird als leeres Quantum, als zu füllender Zeitraum angesehen oder als knappe natürliche Ressource, die es zeitökonomisch zu nutzen gilt. Tatsächlich jedoch ist Zeit als transzendentale Grundausstattung des Subjekts nicht a priori gegeben, sondern erst das Resultat von Handlung und Erfahrung in der Sozialwelt, wie Günter Dux (1989, S. 64) bemerkt: „Die anthropologische Verfassung macht deutlich, daß Zeit als konstruktives Verfahren der Daseinsführung des Menschen ausgebildet werden muß. Wie alle geistigen Formen ist sie an den Erwerb von Handlungskompetenz gekoppelt und deshalb auch in die Strukturen der Handlung selbst verstrickt. Alle naturwüchsig entstehende Zeit ist Handlungszeit." Zeitordnungen sind also weder natürlich determiniert, noch sind sie unveränderbare soziale Gesetze, denen wir als Handelnde auf Gedeih und Verderb unterworfen wären. Zeitordnungen finden ihren Ausdruck in Zeitgestalten, die durch Handlungen gestaltbar sind.

3. Medien im Netz der Zeit

Zeit (Zeitordnung und Zeitbewusstsein) ist mit Kommunikation elementar verbunden: Kommunikation braucht – wie alle Handlungen – Zeit. Und Zeit bedarf der Vermittlung durch Handlung sowie der symbolischen Vermittlung, also der Kommunikation. Die Form der Kommunikation und die Wahl ihrer Medien bleiben dabei nicht rein äußerlich, sondern besitzen Folgen für die soziale Konstruktion von Zeit.

Die menschliche Sprache überwindet als grundlegendes Symbolsystem menschlicher Kommunikation die unmittelbare Präsenz; indem sie die Konstruktion von Vergangenheit, Zukunft und damit auch von Gegenwart ermöglicht, erzeugt sie zeitliche Kontingenz. Gesprochene und geschriebene Sprache versetzen uns in die Lage, ein komplexes Gewebe (Text) von zeitlichen Referenzen zu knüpfen. Mit ihrer Hilfe errichten wir Zeitordnungen, die uns die Ordnung der Zeit „vorschreiben", also Zeitordnung und Zeitbewusstsein symbolisch vermitteln. Für die Zeit gilt, was Harry Pross (1974, S. 23) an Ernst Cassirer und Susanne K. Langer anknüpfend formulierte: „Was dem Menschen ‚Wirklichkeit' heißt, wird von ihm durch die *künstlichen* Medien der Zeichen erfaßt, so daß es keine Wirklichkeit für ihn gibt als die durch Zeichen erfahrene und vergegenständlichte."

Medien sind, wie Ulrich Saxer (1996) es in seiner Abschiedsvorlesung nannte „offenbar Symptom, Determinante und Agens gesellschaftlich verbreiteter, ja herrschender Zeitmuster." Aus kommunikationswissenschaftlicher Sicht dürfen Medien dabei jedoch nicht auf materielle Artefakte oder die Techniken der Signalübertragung und -speicherung reduziert werden, denn Technik an sich kann kein *sozialer* Zeitgeber sein. Es ist auch nicht das Federwerk oder der Zeiger der Uhr, der zur Eile mahnt, vielmehr symbolisiert der vorrückende Zeiger das Verstreichen von Zeit, auf das wir je nach unserer Interpretation der sozialen Situation und Normen jeweils unterschiedlich handeln können.

Medien sind zugleich technisch basierte Zeichensysteme, soziale Organisationen und Institutionen (hierzu auch Saxer 1980): Als Zeichensysteme beruhen sie auf kulturellen Konventionen, als Organisationen stellen sie arbeitsteilig verfasste Sozialgebilde dar und als Institutionen stellen sie ein Set von auf Dauer gestellten Normen, Regeln, Handlungsrollen und wechselseitigen Erwartungen dar. Kurz: Medien sind primär soziale Phänomene, die einen Handlungsspielraum oder Rahmen (Erving Goffman) darstellen. Erst hieraus ergibt sich ihre Funktion als Vermittler von Zeitordnung und Zeitbewusstsein.

Das Internet entpuppt sich vor dem Hintergrund dieses differenzierten Medienbegriffs als technische Infrastruktur, auf der unterschiedliche Zeichensysteme (Text, Bild, Animation, Ton, hypermediale Mischformen und so weiter) aufsetzen und verschiedene Formen der Institutionalisierung und sozialen Organisation sich entwickeln: Wir müssen also auch hinsichtlich der Zeitgestalten genau unterscheiden, ob wir über das World Wide Web, die E-Mail, den Chat oder andere Modi computervermittelter Kommunikation sprechen.

Medien lassen sich, so meine These, als Vermittler zwischen sozialer Zeitordnung und Zeitbewusstsein verstehen. In Anlehnung an den britischen Soziologen Anthony Giddens könnte man von einem Strukturierungsprozess sprechen: Medien geben eine nicht allein technisch, sondern sozial in einem arbeitsteiligen Prozess gestaltete Zeitordnung vor, die unserer Mediennutzung einen Rahmen gibt. Zugleich jedoch erweist sich dieser Rahmen nicht als immer während des, unflexibles Gesetz. Die Zeitordnung der Medien wird vielmehr reproduziert und variiert durch alltägliche Handlungen. Dieses Medienhandeln erfolgt nicht allein durch die professionellen Kommunikatoren, also die Journalisten, PR-Profis oder Programmdirektoren, sondern auch durch uns als Nutzer dieser Medien. Es findet nämlich zum einen eine Rückkopplung statt zwischen unseren Nutzungsgewohnheiten und dem Angebot, und zum anderen verfügen wir durchaus über Spielräume im Umgang mit den medialen Zeitstrukturen. Auf den letzten Punkt wird noch ausführlicher einzugehen sein.

Zunächst zur Rückkopplung: Die Medien der öffentlichen Kommunikation sind schon aus Gründen der eigenen Refinanzierung darauf angewiesen, entweder eine möglichst große Öffentlichkeit oder eine bestimmte (möglichst kaufkräftige) Zielgruppe zu erreichen. Erreichbar sind – jedenfalls mit den klassischen Massenmedien – jedoch nicht alle jederzeit im gleichen Maße. Es wird deshalb sehr viel Mühe und Geld (übrigens auch Zeit) darauf verwendet, die Erscheinungsweisen und Programmabläufe der Medienangebote so zu optimieren, dass die Nutzer erreicht werden. Erinnert sei hier nur an das Beispiel der Fußballbundesliga-Übertragungen, deren zeitliche Verlegung um wenige Stunden zu einem Politikum wurde und die letztlich wieder rückgängig gemacht werden musste.

Welche Zeitstrukturen oder Zeitgestalten weisen die Medien nun auf, und welche Taktiken oder gar Strategien entwickeln die Nutzer im Umgang mit diesen Zeitgestalten? Die Zeitgestalten der „alten" Medien werden uns als Ausgangspunkt für die Untersuchung der möglichen Veränderungen durch die „neuen" Medien dienen.

3.1 Zeitgestalten der Medien

Wie lassen sich nun die Zeitgestalten, also die zeitlichen Muster der medialen Angebote beschreiben? In der Kommunikationswissenschaft wurde den zeitlichen Qualitäten der Medien lange Zeit allenfalls geringe Aufmerksamkeit geschenkt, es dominierte die Erfassung zeitlicher Quantitäten. Betrachtet man Medien jedoch als soziale Institutionen und Organisationen, dann lassen sich eine Reihe von temporalen Qualitäten erkennen, die auf das Medienhandeln der Kommunikatoren zurückgehen. Als wichtigste Analysekriterien (vgl. für die zeitsoziologische Begründung Beck 1994, S. 159ff.; für eine ausführlichere Darstellung der Analysekriterien Beck 1994, S. 208ff.) können gelten:

- Dauer
- Geschwindigkeit
- Aktualität
- Periodizität
- Sequenzierung (Montage und Programming)

Die *Dauer* von Medienangeboten und Mediennutzung kann bei zeitbasierten Medien chronometrisch (also in Minuten und Sekunden) gemessen werden; im klassischen Mediengeschäft dient sie zunächst als objektives Maß bei der Gestaltung von Nutzungstarifen (z.B. in der Telekommunikation) oder von Werbetarifen (bei Hörfunk, Fernsehen und Kinofilm). Gleichwohl ist die Berechnung von Dauern nicht unproblematisch, denn zum einen lassen sich objektiv nur die Betriebsdauern von elektrischen Geräten messen (zum Beispiel mit dem GfK-Meter), zum anderen werden chronometrisch gleich lange Zeiträume subjektiv sehr unterschiedlich erlebt und bewertet. Für die Zuschauerforschung ergibt sich die Frage, ob und wie aufmerksam die sekundengenau erfassten Nutzungsdauern tatsächlich vor dem Fernseher verbracht wurden. Für die Hörfunkforschung stellt sich das Problem noch schärfer: Hier werden Nutzer meist lediglich danach befragt, in welchen Viertelstunden-Abschnitten des Vortages sie welchen Radiosender gehört haben; ähnliches gilt für Print- und zum Teil auch für Online-Medien. Mittlerweile werden in der Radionutzungsforschung so genannte Radiometersysteme erprobt und eingesetzt, die eine genaue chronometrische Messung der Hörfunknutzung gestatten (Müller 2002). Raumbasierte Medien wie die Tageszeitung, aber auch das „Pull-Medium" WWW sind auf selektive Nutzung angelegt, das heißt, die Freiheitsgrade der Nutzer sind hier höher: Eine vorgegebene Dauer oder Eigenzeit des Angebotes lässt sich sinnvoll kaum bestimmen, gleichwohl verläuft auch hier die Rezeption als Prozess in der Zeit.

Bei der Online-Kommunikation spielt Dauer zum einen als objektive Berechnungsgrundlage für die meisten Tarifierungsmodelle (Internet-Access) eine Rolle und zum anderen in der subjektiven Wahrnehmung der Nutzer: Das Warten auf den Ladevorgang schlecht oder aufwändig programmierter Websiten oder die beim Navigieren durch ein unübersichtlich strukturiertes Webangebot „vertane Zeit" kann auch für ansonsten geduldige Zeitgenossen zur schier enervierenden Qual werden, obwohl es doch meist nur um Sekunden geht. So zählen Wartezeiten für den Seitenaufbau oder das Herunterladen von Dateien sowie unübersichtliche Homepages neben störender Werbung zu den Hauptproblemen, über die Internetnutzer in einer repräsentativen Befragung berichteten (van Eimeren et al. 2001, S. 387).

Entscheidender scheint vor allem zukünftig, dass die gemessene Nutzungsdauer eines konkreten Medienangebotes hinter den Faktor Aufmerksamkeit zurücktritt. Der Anbieter kann tatsächlich jeden Mouseklick des Nutzers verfolgen, das heißt, er weiß, was dieser tatsächlich gesehen oder gelesen hat. Die Rückkopplung ist durch die technische Interaktivität des Mediums unmittelbarer geworden. Die Nutzungsdauer tritt als vergleichsweise unzuverlässiger Indikator zurück hinter „Klickraten", „Page views" und „Page impressions". Anbieter, die den Erfolg ihrer Kommunikationsangebote optimieren möchten, werden also nicht um jeden Preis bemüht sein, die Verweildauer auf ihren Websites zu verlängern, etwa indem sie für möglichst lange Ladezeiten sorgen. Sie werden vielmehr versuchen, möglichst viel Aufmerksamkeit zu erzielen – und zwar für das eigene Webangebot und nicht für das des Konkurrenten, der ja bekanntlich nur einen Mausklick – also einen Augenblick – entfernt ist. Hierfür sind in den vergangenen Jahren eine ganze Reihe von Instrumenten entwickelt worden:

Zum einen versucht man durch Werbung in anderen Medien (Zeitungen, Zeitschriften, Plakate, Fernsehsendungen und so weiter), die Aufmerksamkeit auf das eigene Webangebot zu lenken. Zum anderen werden die Webangebote durch aufwändige Grafiken und Animationen so gestaltet, dass sie Aufmerksamkeit für Werbung erzeugen und binden sollen. Scroll-Ads bleiben im Sichtfeld des Nutzers, auch wenn dieser sich mittels der Mouse auf der Webpage nach unten bewegt („scrollt"); Interstititials unterbrechen den eigentlichen Rezeptionsvorgang, indem sie unaufgefordert ein sehr großes Browserfenster über das aktuelle Nutzungsfenster legen und es so mit einer Werbebotschaft überdecken. Oder es öffnen sich Pop-up-Windows, die den Nutzer am Verlassen der Website hindern. Er muss erst dieses Fenster bearbeiten und eine Klick-Entscheidung treffen, bevor er weiter navigieren kann. Nicht selten werden immer neue Fenster geöffnet, so dass sich der Browser nur mit Mühe schließen lässt. Mitunter bewirkt das Anklicken der „Schließen"-Option genau das Gegenteil und es öffnen sich neue, unerwünschte Fenster oder Webpages. Und schließlich können wir in zunehmendem Maße eine so genannte „Lateralität" von Websites beobachten. Hierbei werden dem Nutzer zwar Links angeboten, die scheinbar auf andere Websites verweisen, tatsächlich jedoch auf das eigene Webangebot zurückführen. Der Nutzer wird „im Kreis" geführt, was am Ende sicherlich auch seine Verweildauer erhöht, vor allem aber der Steuerung von Aufmerksamkeit dienen soll.

Geschwindigkeit ist eng verknüpft mit dem Phänomen der Dauer und ebenfalls relativ gut chronometrisch messbar. Das tatsächlich oder vermeintlich steigende Tempo unserer Lebensweise und der gesellschaftlichen Kommunikation gehört zu den traditionellen Topoi kultur- und medienkritischer Debatten wie fortschrittsoptimistischer Betrachtungen: Die Beschleunigung des materiellen Transports und des Reisens wurde bereits anhand des Fahrrads (!), der Eisenbahn und des Automobils problematisiert. Essayisten wie der französische „Dromologe" Paul Virilio sehen in der Beschleunigung das zentrale Kennzeichen des medialen Wandels. Allerdings muss die verbreitete Akzelerationsthese relativiert werden (Beck 1994, S. 334ff.), denn zum einen bedeutet eine beschleunigte Datenübermittlung noch keine schnellere Kommunikation (Verständigung) oder zügigere Information. Und zum anderen gehört Geschwindigkeit seit langem zu den medialen Stilformen: So erzeugte Alfred Hitchcock schon 1960 in der legendären „Dusch-Szene" des Films Psycho dadurch Spannung, dass innerhalb von nur 45 Sekunden 70 Einstellungswechsel folgten (Hickethier 1987, S. 97ff. sowie Monaco 1980, S. 161). Actionfilme wie Rambo II weisen durchschnittliche Schnittfolgen von nur 2,9 Sekunden auf (Stephenson/Phelps 1989, S. 122), Musikvideos von nur 2,2 Sekunden (Nachtigäller 1989, S. 68).

Technisch gesehen, ermöglichen Online-Medien eine enorme Beschleunigung, was den erfolgreichen Informationssucher immer wieder beglücken mag. Verkürzt man die Betrachtung aber nicht auf das WorldWide-Web, dann wird eine zweite Konsequenz erkennbar. Beim Chat und zum Teil sogar bei der E-Mail erfordert die hohe Übertragungsgeschwindigkeit auch kurze Antwortzeiten. Wer langsam tippt, ist rasch raus aus dem Kommunikationszusammenhang des Chatrooms. Die E-Mail kann, muss aber nicht ähnliche Beschleunigungseffekte zeitigen. Das Übermitteln auch größerer Textdateien als Attachment bringt den Kommunikationspartner rasch in Zugzwang, meist noch schneller als die Übertragung per Fax. Dem

Sender wird nämlich meist signalisiert, dass seine Mail nicht nur übertragen, sondern auch geöffnet wurde. Im betrieblichen Arbeitszusammenhang bedarf es nicht einmal des Attachments, um Zeitdruck zu erzeugen: Sind alle Mitarbeiter ständig online, dann wird jede verzögerte Beantwortung einer Mail begründungspflichtig, genau so wie das seit langem für das Telefonieren gilt.

An diesem Beispiel wird zugleich deutlich, dass nicht die eingesetzte Kommunikationstechnik allein darüber entscheidet, ob Zeitdruck entsteht. Es hängt von den herrschenden Kommunikationsregeln ab, die individuell oder institutionell vereinbart werden. Die empfangene E-Mail eröffnet zugleich auch die Chance, die persönliche Zeitautonomie zu steigern: denn im Gegensatz zum Telefon muss die Antwort nicht schon aufgrund der synchronen Technik unmittelbar erfolgen. Der Eingang einer E-Mail reißt den Empfänger nicht aus seinem aktuellen Zusammenhang, so wie das Klingeln des Telefons. Die Zeitstrukturen der Medien – hier der Geschwindigkeiten – haben durch die Online-Kommunikation an Komplexität gewonnen. Es werden erhöhte Anforderungen an die Medienkompetenz des Einzelnen gestellt. Auch für die neuen Medien müssen soziale Normen ausgehandelt werden, eine erweiterte Medienethik muss sich erst entwickeln.

Aktualität gehört zu den zeitlichen Qualitäten, durch die sich die klassischen Nachrichtenmedien besonders auszeichnen. Die medienhistorisch gestiegene technische Übertragungsgeschwindigkeit (vom Boten über die Postkutsche und die Telegraphie bis hin zum Satelliten und den digitalen Datennetzen) spricht auf den ersten Blick für eine immer weitere Steigerung der Aktualität bis hin zur „Echtzeit" der Live-Übertragung.

Versteht man unter Aktualität aber nicht bloß chronometrisch zeitliche Nähe, sondern auch den Gegensatz zur Potentialität (so jedenfalls lautet das neulateinische Begriffspaar), dann ist die schnelle Übermittlungstechnik nur eine notwendige, aber keine hinreichende Voraussetzung für Aktualität. Hinzu treten muss eine soziale Relevanz und die Möglichkeit des Reagierens. Bei den politischen Weltnachrichten macht es für die meisten von uns vermutlich wenig Unterschied, ob wir sie einige Minuten oder Stunden früher oder später erfahren, weil sie unser aktuelles und potentielles Handeln nicht unmittelbar beeinflussen. Die klassischen Nachrich-

tenmedien könnten langfristig durch die Online-Medien vom Aktualitäts-
druck (verstanden als chronometrischer Nähe zu den Ereignissen) entlastet werden: So wie die Tageszeitung durch den Hörfunk und das Fernsehen
vom Aktualitätspostulat entlastet wurde und sich der Hintergrundbericht-
erstattung widmen kann, so könnte dies künftig für die Rundfunkmedien
zutreffen. Allerdings nur, wenn die Reichweite der Online-Medien der
Verbreitung des Rundfunks vergleichbar sein sollte und mobile Online-
Geräte entsprechende Verbreitung finden würden.

Martin Emmer et al. (2002) haben untersucht, durch welches aktuelle
Medium die meisten Deutschen von den Terroranschlägen des 11. September 2001 erfahren haben: „Die Nachricht von den Anschlägen hat sich mit
einem Tempo verbreitet, wie es auch von anderen Extremereignissen (die
zum Teil Jahrzehnte zurückliegen, KB) bekannt ist. Innerhalb einer Viertel-
stunde waren 30 Prozent, innerhalb einer Stunde fast 70 Prozent der deutschen Bevölkerung informiert. Noch am gleichen Tag war so gut wie allen
das Ereignis bekannt. Bei den Wegen der Verbreitung dominiert das Fernsehen, gefolgt von Radio, interpersonaler Kommunikation und Internet."
(Emmer et al. 2002, S. 175) Es waren also nicht die technisch avanciertesten
Online-Medien, die hier Aktualität hergestellt haben, sondern die „alten"
Rundfunkmedien und das an die Mediennachricht anschließende persönliche Gespräch. Bei der weiteren Informationssuche wendeten sich die
meisten Nutzer nicht dem WWW, sondern dem Fernsehen zu.

Anders mag dies für Börsenspekulanten aussehen, deren Zahl in Zeiten
der „New Economy" ja deutlich zugenommen hat: Mittlerweile werden viele
der irrationalen Ausschläge der Börsen auf das Verhalten so genannter „Day
Trader" zurückgeführt, die ständig online sind und unmittelbar mit elektronischen Kauf- oder Verkaufsentscheidungen auf die Börsenkurse reagieren.

Periodizität war und ist eine ganz wesentliche Zeitgestalt der klassischen Massenmedien, und zwar sowohl der Zeitung als auch bestimmter
Rundfunksendungen (insbesondere der Nachrichten). Periodizität verschafft einen vertrauten Rhythmus und stellt regelmäßig Aktualität her; sie
federt die Zumutung der Aktualität ab, indem sie diese einbindet in den
gewohnten Rhythmus. Periodische Medien werden vielfach habituell (oder
gar ritualisiert) genutzt: Man vergewissert sich regelmäßig, ob sich etwas

ereignet hat oder beruhigt sich damit, dass sich nichts verändert hat. Medienökonomisch betrachtet sind Periodika der Versuch, Kaufkraft in kleinen Mengen, dafür aber gewohnheitsmäßig abzuschöpfen.

Bei den Online-Medien hingegen spielt Periodizität allenfalls eine untergeordnete Rolle. Periodisch erscheinen lediglich E-Mail-Newsletter und solche Webangebote, die den klassischen Nachrichtenmedien nachgebildet sind und meist von den gleichen Medienunternehmen angeboten werden (Crossmedia). Es handelt sich um digitale Emulationen von analogen Medien, die bewusst nicht das gesamte technische Potential der Computernetze nutzen, sondern die „offline" entstandenen Zeitstrukturen der Mediennutzung aufgreifen. Einige Anbieter gehen dazu über, ihre „Online-Ableger" häufiger, aber unregelmäßig zu aktualisieren, so dass auch hier das Moment der Periodizität verloren geht.

Diese Differenzierung zwischen *emulierenden* und *genuinen* Online-Angeboten scheint mir hinsichtlich der Zeitverhältnisse grundlegend: Online emulierte Medien weisen grundsätzlich dieselben Zeitgestalten auf wie ihre Offline-Vorbilder. Neu an diesen Medien ist lediglich die technische Form (Distributionskanal), nicht jedoch ihre zeitliche Struktur.

Die *Sequenzierung* von Medienangeboten sorgt für eine zeitliche Reihenfolge und Anordnung einzelner Angebotselemente. Bei Film und Fernsehen, aber auch bei der Literatur sprechen wir von der Kunst der *Montage*. Sie ist „Organisation der Bilder in der Zeit" (Bazin 1979, S. 260) und erschafft „aus Elementen der realen Zeit eine neue filmische Zeit" (Pudowkin 1979, S. 219f.). Handlungszeit und Erzählzeit werden in der Montage gekreuzt, Parallel- und Simultanmontagen, Schachtelmontagen, Vor- und Rückblenden, Zeitraffer und -lupe zeichnen den Film als Zeitkunst par excellence aus. Die Sequenzierung zwingt uns bei den zeitbasierten Medien eine bestimmte Reihenfolge der Wahrnehmung auf, die wir innerhalb eines Werkes nicht ohne weiteres aufheben können. Erst das Zapping oder die Nutzung des Videorekorders gestattet uns die De-Montage und Re-Montage audiovisueller Medienangebote.

Bei den Online-Medien ist die individuelle Montage dagegen eher die Regel als die Ausnahme. Websites sind räumlich montiert, so wie Zeitungsseiten. Websites gleichen eher einem Mosaik als einer zeitlichen Montage.

Der Nutzer entscheidet durch seine Navigation und Selektion über die Reihenfolge der Wahrnehmung der Elemente oder er entscheidet sich für eine unvollständige Rezeption. Was Anbieter und Webdesigner mittlerweile gegen diese neuartigen „kleinen Freiheiten" der Rezipienten unternehmen, wurde bereits oben geschildert. Doch es bleibt ein Unterschied zu den Pogrammmedien bestehen: Die vielbeschworene Interaktivität des Web entpuppt sich nicht zuletzt als erhöhte zeitliche Selektivität.

Bezieht sich Montage auf die Binnen-Sequenzierung eines Medienproduktes, so meint *Programming* die zeitliche Reihenfolge und Anordnung zu größeren Einheiten, nämlich ganzen Programmen. Programming findet in Hörfunk und Fernsehen auf drei Zeitebenen statt: Die Sendeabfolge wird jahres-, wochen- und tageszeitlich getimt. So werden etwa neue Serien und Sendeformate im Frühling erprobt, der zuschauer- und werbeschwache Sommer mit Wiederholungen gefüllt und im Herbst werden dann neue Formate oder hochwertige Sendungen angeboten. Programmzeit ist kein homogenes Gut, denn die unterschiedlichen Zielgruppen mit ihren spezifischen Tagesabläufen sind zu verschiedenen Tages- und Wochenzeiten erreichbar. Bestimmte Wochentage erhalten spezifische „Programmfarben" (Krimi-Abende, Spielfilmnächte, die große Familienshow am Samstagabend und so weiter). Der wiedererkennbare Programm-Schedule soll Zuschauern und -hörern Orientierung bieten und sie binden, wie der Geschäftsführer von SAT.1, Jürgen Doetz, es 1993 ausdrückte: „Wir wollen Geborgenheit und Ritual bieten." (Thomsen 1993, S. 24) Das Zeitraster (nicht nur) des deutschen Fernsehens folgt kanalübergreifend einem 15-Minuten-Muster; nahezu alle Sendedauern ergeben sich aus Vielfachen dieser Minutenzahl.

Bei den genuinen Online-Medien spielt diese Art der zeitlichen Strukturierung keine Rolle. Bei den emulierenden Online-Medien hingegen kann man ein interessantes Wechselspiel von Programming und Ent-Programmierung beobachten: Zum Teil werden bereits heute Sendungen, die Bestandteil von Fernseh- oder Rundfunkprogrammen sind, parallel im Web verwertet. Der Zusatznutzen für den Betrachter oder Hörer liegt sicherlich nicht in der ästhetischen Qualität, sondern allein in der Entprogrammierung. Er kann nahezu zeitungebunden auf die Sendungen zugreifen – und wird vermutlich bald dafür kräftig zahlen müssen. Doch nicht nur die „On-demand"-Dienste schaffen hier eine begrenzte neue Zeitsouveränität, auch bei den Speichermedien zeichnet sich ein Wandel ab. Mit analogen Video-rekordern konnte man zwar eine Sendung aufzeichnen und zu einem spä-teren Zeitpunkt ansehen – auch unter Umgehung der Werbung. Aber: man musste schon warten, bis die gesamte Sendung aufgezeichnet war. Mit den digitalen Festplattenrekordern kann gleichzeitig aufgezeichnet und abge-spielt werden, das heißt, die Programmstrukturen verlieren weiter an Be-deutung, denn ich kann künftig „meine" Tagesschau nicht entweder um 20.00 Uhr oder frühestens wieder erst ab 20.15 Uhr vollständig sehen, sondern zu jedem beliebigen Zeitpunkt ab 20 Uhr.

3.2 Zeit-Taktiken und Zeit-Strategien der Mediennutzer

Die Zeitgestalten der Medienangebote korrespondieren mit der zeitlichen Struktur der Mediennutzung; Medienhandeln von Kommunikatoren und Rezipienten wirken zusammen, schon weil die kommerziellen Anbieter versuchen, das Nutzungsverhalten zu antizipieren, um ihre Reichweiten zu optimieren. Eine Untersuchung der zeitlichen Aspekte der Mediennutzung zeigt, dass das Medienhandeln der Nutzer mindestens ebenso komplex ist, wie das der Kommunikatoren beziehungsweise die daraus hervorgehen-den Zeitgestalten der Medien. Aktive Mediennutzer verfügen über ein nicht zu unterschätzendes Maß an kognitiver Autonomie und Handlungs-freiheit innerhalb einer medialen Zeitordnung, die sie mitgestalten können. Nur einige der im Folgenden behandelten Zeit-Taktiken im Umgang mit Medienangeboten folgen zeitökonomischen Kalkülen, andere sind eher zeitökologisch als aktive Gestaltung der zeitlichen Struktur der Lebenswelt zu begreifen. Auch hier dienen als Ausgangspunkt wiederum einige aus-gewählte zeitliche Strategien und Taktiken der Nutzer herkömmlicher Massenmedien (vgl. hierzu ausführlicher Beck 1994, S. 262ff.):

- Zeit füllen
- Zeit sparen
- Zeit verdichten
- Zeit dehnen
- Zeit strukturieren

- Habitualisierung
- Ritualisierung
- Auszeit nehmen

Das *Zeitfüllen* durch Medienhandlungen ist eine Taktik gegen die Langeweile. Mediennutzung erfolgt als Beschäftigung in biographischen oder tageszeitlichen Phasen, in denen die Dauer unausgefüllter Zeit als Last empfunden wird. Irene Neverla spricht im Falle der Fernsehnutzung von „Beschäftigungssehen", das tendenziell mit sehr hoher Sehdauer und -häufigkeit einhergeht (Neverla 1992, S. 167ff.). Fernsehen kann, wie der US-Fernsehexperte Harold Mehling bereits 1962 schrieb, als „great time-killer" (Mehling 1962, S. 22) genutzt werden. Gefüllt oder überbrückt werden vorzugsweise Wartezeiten oder so genannte „Splitter"-, Rest- und Lückenzeiten (Müller-Wichmann 1984).

Fernsehnutzung erfolgt oftmals sehr gegenwartszentriert: Entspannend wirkt Fernsehen nur *während* der Rezeption, mit dem Ende des Fernsehens scheint auch das Ende der Entspannung zu kommen (Kubey/Csikszentmihalyi 1990, S. 122ff.). Postkommunikativ wird lange Fernsehnutzung oftmals mit Schuldgefühlen verbunden. Gleichwohl fällt es vielen schwer, sich vom laufenden Bild zu trennen. Verbreitet ist die Erfahrung, dass etwas zu Ende gesehen wird, obwohl es nicht gefällt. Mediennutzungsdauer und Medienbewertung fallen beim Fernsehen also häufig auseinander. Gesucht wird nicht unbedingt ein bestimmter Medieninhalt, sondern der Zeitvertreib als gestaltete Langeweile. Dass nicht mehr nur das Radio, sondern zunehmend das Fernsehen als „Restzeitfüller" genutzt wird, zeitigt Folgen für die Zeitgestalten der Programm- oder Push-Medien.

Bislang liegen erst wenige Erkenntnisse über die zeitlichen Qualitäten der Online-Nutzung vor. Gleichwohl lässt sich die These begründen, dass auch die Nutzung kombinierter Text-Bild-Angebote im Web aus dem Motiv des Zeitfüllens erfolgt. „Ziellos surfen" rund die Hälfte der Nutzer mindestens einmal wöchentlich, häufiger werden nur zwei von mehr als 30 insgesamt abgefragten Nutzungsoptionen genannt, nämlich E-Mail (80%) und die gezielte Informationssuche (59%) (van Eimeren et al. 2001, S. 387). Die Kurzzeitigkeit und beliebige Kombinierbarkeit des Web-Angebotes, wie es beim Browsen mehr oder weniger ziellos erlebt werden kann, sowie die

Möglichkeit, sich im chaotischen Angebot von Link zu Link zu verlieren (Serendipity-Effekt), legen eine solche Nutzungsstrategie zumindest nahe. Für diese These spricht auch die Beobachtung, dass in der postkommuni-kativen Phase die Entspannung aufhört, ja sich ein Gefühl der Reue ob der Zeitverschwendung einstellen kann. Erste Nutzungsstatistiken weisen im Übrigen darauf hin, dass das Surfen im Netz bei einigen Nutzerschichten Teile des Fernsehkonsums substituiert.

Insgesamt bleibt die durchschnittliche Nutzungsdauer der Onlinemedi-en jedoch weit hinter den Rundfunkmedien zurück: Der Tagesdurchschnitt liegt bei 107 Minuten (bei 4,3 „Online-Tagen" pro Woche), allerdings han-delt es sich hierbei lediglich um Durchschnittswerte (van Eimeren et al. 2001, S. 388). Ein Viertel der Befragten gaben an, aufgrund ihrer Onlinenut-zung weniger fernzusehen; drei Jahre zuvor sagten dies übrigens noch ein gutes Drittel der Befragten (van Eimeren et al. 2001, S. 389; van Eimeren/ Gerhard 2000, S. 346).

Im Unterschied zur Fernsehnutzung dürfte es beim Surfen kaum eine Rolle spielen, ein Angebot möglichst vollständig zu nutzen, also mehr Zeit mit einer *bestimmten* Website zu verbringen als – postkommunikativ be-trachtet – intendiert war. Das Web erfordert als Pull-Medium jeweils aktive Entscheidungen für die Fortsetzung der Rezeption, es wird eben kein endloser Programmfluss (Push-Medium) frei Haus geliefert. Beim Web kommen postkommunikativ als „zu lang" empfundene Nutzungsdauern wohl eher durch das mehr oder weniger ziellose Surfen in *verschiedenen* Angeboten zu Stande.

Zeitsparen ist zweifellos eine weitere wichtige Zeitgestaltungsform, und zwar eine eindeutig zeitökonomisch motivierte. Es handelt sich dabei um *eine* der zwei Formen von Zeitintensivierung (die andere bezeichne ich als Zeitverdichtung). Durch Beschleunigung von Sequenzen, Erscheinungs-beziehungsweise Senderhythmen oder den beschleunigten selektiven Zugriff auf einzelne Medieninhalte wird die Dauer von Medienhandlungen ver-kürzt. Neben der TV-Fernbedienung eröffnet vor allem der Videorekorder durch das Vorspulen und das Überspringen ganzer Sequenzen die Option, Programm-Medien partiell zu „ent-programmieren" und die einzelnen Se-quenzen zu „de-montieren". Die zeitlichen „Manipulationsmöglichkeiten" werden durch den digitalen Festplattenrekorder noch erhöht. Es geht nicht mehr nur um das Zeitsparen, sondern um einen Zugewinn von Zeitsouveränität im Mikrobereich, also bei den Startzeiten der Sendungen.

Für Zwecke der interpersonalen Kommunikation sind Telefon, Telefax und zunehmend auch E-Mail bewährte Beschleunigungs- und „last minute"-Techniken. Auch ein Teil der WWW-Nutzung dürfte zeitökonomisch motiviert sein: die direkte Recherchemöglichkeit beziehungsweise der Zugang zu aktuellen Informationen gehört zu den Gebrauchswertversprechen und Nutzungsmotiven, die allerdings häufig enttäuscht werden. Der Einsatz von Suchmaschinen, Metasuchmaschinen und so genannten intelligenten Agenten im Internet beschleunigt die Auswahl aus einem Medienangebot in jedem Fall, wenngleich hier Zweifel an der Zuverlässigkeit und der Treffgenauigkeit angebracht sind. Im Ergebnis kann die Recherchezeit sich durch den Einsatz dieser Beschleuniger sogar erheblich verlängern (vgl. hierzu auch van Eimeren et al. 2001, S. 387). Die Intention, Zeit zu sparen, führt dann zu einer großen „Zeitverschwendung".

Die Vernetzung der Arbeitsplätze mit PC-Netzen und Internetzugang wird von den Unternehmen mit der Absicht vorangetrieben, Effizienz und Produktivität der Mitarbeiter zu erhöhen. Und dies dürfte sicherlich auch in Teilen gelungen sein, jedoch offenbar bei weitem nicht in dem Maße, wie erhofft: In den USA führen besorgte Zeitökonomen mittlerweile eine Debatte darüber, ob der Computer nicht eher ein „Zeitdieb" sei, der die nun im Web surfenden Mitarbeiter von der Erledigung ihrer eigentlichen Aufgaben ablenke oder gar abhalte (Siegele 1997). Vergleichbares gilt für Betriebe, die „E-Mail-freie Zeiten" einführen, damit ihre Mitarbeiter nicht durch zu viel Kommunikation von ihren „eigentlichen Pflichten" abgehalten werden. Die von teuren Unternehmensberatern entwickelten und den Belegschaften aufgepfropften „Unternehmensphilosophien", die Kommunikation zur Ideologie im Interesse des Umsatzes stilisiert haben, erweisen sich als kontraproduktiv, weil Menschen sich Techniken auf ihre eigene Art und in ihrem eigenen Rhythmus aneignen. Dass diese Debatte nicht ganz grundlos ist, kann vermutlich jeder nachvollziehen, der sein eigenes Nutzungsverhalten beobachtet: Nichts ist einfacher, als die Übersicht in Hypertextsystemen zu verlieren oder rasch noch eine Mail zu senden.

Der Empfang zahlreicher unerwünschter, unverständlicher, zu lang geratener oder kommerzieller E-Mails (Spamming) kann auch im privaten Alltag zum Problem werden. Wir zahlen mit Lebenszeit und Onlinegebühren dafür, etwas zu erhalten, das wir gar nicht wollten. Der zeit- wie geldökonomisch nahezu kostenlose Versand von E-Mail über Mailinglisten oder automatisierte Verfahren verführt zur Nutzung. Medienethische Standards sind kaum etabliert: Aus welchem Anlass darf man welchem Kommunikationspartner eine Mail senden? Wie lang darf die Mail und wie umfangreich ein Attachment sein? Die in der Anfangszeit der Netzkommunikation entwickelten Netiquetten zielten auf die Schonung knapper technischer und zeitlicher Ressourcen, doch bedingt durch die rapide Zunahme der Nutzerzahl prägen sie den Umgang mit dem Medium immer weniger. Diese Netz-Knigges sind entweder vielen Newbies nicht bekannt oder sie werden bewusst missachtet, um Werbung online zu betreiben.

Als *Zeitverdichtung oder -vertiefung* kann man die zweite Form der Zeitintensivierung neben dem Zeitsparen verstehen. Zeitverdichtung ist der Versuch, die vorgegebene lebenszeitliche Dauer angesichts eines übermächtigen weltzeitlichen Angebots auszudehnen, indem man Zeit doppelt oder mehrfach nutzt. Zeit wird als knapp empfunden, und muss daher besonders intensiv genutzt werden. Da man sie nicht vermehren kann (auch nicht durch Zeitsparen mittels Beschleunigung), versucht man gleich zwei oder mehr Dinge zur gleichen Zeit zu tun. Die Medienhandlung wird bei dieser Strategie durch Parallelhandlungen begleitet beziehungsweise stellt selbst eine Parallelhandlung dar. Der Wunsch nach zeitlicher Vertiefung kann auch zu zwei parallelen Medienhandlungen führen, die zeitgleich oder sehr engmaschig alternierend erfolgen. Der Hörfunk hat sich mit seinen Programmen bereits weitgehend zum problemlos konsumierbaren Tagesbegleitmedium entwickelt, beim Fernsehen sind diese Tendenzen nicht nur in den USA ebenfalls klar erkennbar.

Auch Online-Nutzer, insbesondere wenn sie längere Zeit auf den Empfang von Web-Seiten warten müssen, hören gerne Radio und zum Teil auch Fernsehen nebenher. Von den in der ARD/ZDF-Online-Studie befragten 14- bis 19-Jährigen gaben immerhin 21 Prozent an, während der Online-Nutzung auch „fernzusehen", 46% hören nebenher Radio und 60% CD oder

Musikkassetten (Oehmichen/Schröter 2000, S. 363). Die parallele Nutzung mehrerer EDV-Programme durch „Windowing" schließt auch die Online-Nutzung ein. Es ist möglich und durchaus nicht unüblich, neben anderen aktuell genutzten Softwareanwendungen gleichzeitig das Mail-Fenster und das Chat-Fenster geöffnet zu halten und sich den unterschiedlichen Kommunikationskontexten mit „oszillierender Aufmerksamkeit" zu widmen.

Während Zeitsparen und Zeitverdichten auf einen relativen Zugewinn von Lebenszeit zielen, lässt sich mit Hilfe von Medien auch gezielt das Gegenteil erreichen: Entschleunigung und *Zeitdehnung*. So erweist sich der zeitsparende Videorekorder zugleich als Zeitmaschine mit Entschleunigungsfunktion. Durch Aufzeichnung oder Unterbrechung der Wiedergabe wird das Programm-Medium Fernsehen entschleunigt, die persönliche Zeitautonomie wird erhöht, indem Anfang oder Ende einer Medienhandlung unbestimmt verzögert oder planmäßig verschoben werden. Nicht die schnelle Zielerreichung, sondern die offenbar als lustvoll erfahrene, gedehnte Zeit der Suche, scheint auch ein Motiv bei der Nutzung des Internet zu sein. Ein Beispiel hierfür ist die Nutzung erotischer und pornografischer Angebote im WWW: Das dort dargebotene Material ist in den meisten Fällen wohl rascher, preiswerter und in höherer technischer Qualität an jedem Bahnhofskiosk oder im Versandhandel erhältlich. Gleichwohl scheint der besondere Reiz im mühsamen und langsamen Weg des Suchens und Findens zu liegen.

Medienhandeln kann ferner eine Strategie darstellen, *Zeit zu strukturieren*. Unstrukturierte Zeit ist oftmals ein Ergebnis von Flexibilisierungsprozessen oder hoher Zeitautonomie. Mediale Zeitordnungen werden vielfach als – vielleicht letzte – Brücke zur sozialen Umwelt verstanden und als relativ verbindlich akzeptiert (Kubey/Csikszentmihalyi 1990, S. 184). Das Individuum richtet dann mitunter weite Teile seines Tagesablaufs an den Programmstrukturen des Fernsehens aus. Dieses Phänomen ist jedoch weniger eine Wirkung des Fernsehens, als vielmehr das Ergebnis eines Problemlösungsversuchs. Ursache und Voraussetzung liegen hier zunächst im Vorhandensein unstrukturierter Zeit (zum Beispiel durch Arbeitslosigkeit, Erkrankung, Ruhestand). Mediennutzung bietet sich hier als „Interim" an, vor allem wenn es sich um zeitdisponible, enttaktete mediale Formen handelt, die einen schnellen „Einstieg" ermöglichen. Beim Fernsehen, so Neverla, ist Interimnutzung „gedacht als Übergangstätigkeit, um eine nicht exakt vorhersehbare leere Zeitspanne des Tages auszufüllen und zugleich einen Rahmen für Muße zu verschaffen." (Neverla 1992, S. 201) Im Gegensatz zum Zeitfüllen geht es beim Strukturieren von Zeit um ein erkennbares Timing im Sinne eines aktiven Scheduling und nicht um ein Anfüllen der Zeit mit „beliebigen" Medienangeboten.

Die Online-Medien hingegen scheinen diese Funktion des Zeitstrukturierens nicht erfüllen zu können: Selbst die Online-Angebote, die klassische Medien emulieren, bleiben letztlich „Pull-Medien", das heißt, auf sie muss aktiv zugegriffen werden und sie sind zeitlich flexibler verfügbar als die programmierten oder periodischen „Pushmedien".

Habitualisiertes Medienhandeln reduziert wie alle Routinen des Alltags den Zeitdruck, denn Gewohnheiten entlasten von ständig neu zu treffenden Entscheidungen und sie schaffen Vertrautheit und Sicherheit. Hierauf zielen vor allem die seriellen Formen des Fernsehens und die periodischen Medien ab, während den Online-Medien hier geringerer Stellenwert zukommt. Sicherlich schaffen wir uns gewisse Nutzungsroutinen, etwa wenn wir regelmäßig unsere Mail-Box „checken" oder bestimmte Webadressen bevorzugt und regelmäßig aufrufen. Eine neue Qualität habitualisierten Medienhandelns vermag ich hierin aber nicht zu erkennen. Befragt man Internetnutzer nach ihren Nutzungsmotiven, so spielt die „Gewohnheit" sogar eine vergleichsweise geringe Rolle: Mit 10% der Nennungen landet sie auf dem vorletzten von neun Plätzen (Mehrfachnennungen waren möglich), während „Gewohnheit" bei den Fernseh- (45%, Platz 5) und Hörfunknutzern (31%, Platz 3) ein weitaus wichtigeres Motiv darstellt (van Eimeren et al. 2001, S. 393).

Auch die *Ritualisierung des Medienhandelns* basiert auf einer klaren Zeitstrukturierung, die immer wieder reproduziert wird und besondere symbolische Bedeutung besitzt. Medien, insbesondere periodische und serielle Formen sowie einmalige Medienereignisse, eignen sich als soziale Zeitgeber (Rinderspacher 1988). Sie synchronisieren Subjekte (Pross 1983, S. 8) und vermitteln einen sozialen Sinn, der im Erlebnis sozialer Gleichzeitigkeit beziehungsweise einer zumindest rezipierenden Partizipation am öffentlichen Leben und am Gemeinwesen zum Ausdruck kommt. Ritualisierte Medienhandlungen können also kommunisierende Wirkungen entfalten und an ihnen wird die Vermittlung einer sozialen Zeitordnung, nämlich des Kalenders, besonders deutlich. Individuelle Eigenzeiten werden gebündelt zu einem Publikum (Öffentlichkeit). Neben diesen „kalendarischen Riten", die durch „kalendarisch verfaßte Massenmedien" (Pross 1974, S. 128ff.) zelebriert werden, können Medienhandlungen auch symbolischer Ausdruck individueller „Übergangsriten" (rites des passages) sein. So kann die Tagesschau „den Feierabend einläuten", die Morgenzeitungslektüre den Tagesbeginn markieren, der Radiowecker mit vertrauten Stimmen oder Melodien sich morgens melden oder das Jahresende immer wieder zur „Same Procedure" (Freddy Frintons „Dinner for one") werden. Schon Hegel hat hierzu bemerkt: „Das Zeitungslesen des Morgens früh ist eine Art von religiösem Morgensegen. Man orientiert seine Haltung gegen die Welt an Gott oder an dem, was die Welt ist." (zit. nach Groth 1972, S. 555)

Die zunehmende Segmentierung und Personalisierung des Medienangebotes sowie eine durch Computermedien hervorgerufene weitergehende Individualisierung der Mediennutzung stellen sozial verbindliche Medienrituale zwar tendenziell in Frage. Gleichwohl zeigen aber die hohen Einschaltquoten bei Sport- oder anderen Großereignissen, dass klassische Medienereignisse auch in einer veränderten Medienumwelt ihre Bedeutung behalten. Die Online-Angebote selbst eignen sich hingegen kaum dazu, Medienhandeln zum Ritual werden zu lassen – ihnen fehlt die kalendarische Verfasstheit.

Medienhandeln kann das taktische oder gar strategische Ziel verfolgen, sich eine Pause oder *„Auszeit"* zu gönnen. Gesucht werden entweder besondere Augenblicke, herausgehobene Momente, die uns zumindest scheinbar vom Fluss der Zeit und ihrer Vergänglichkeit suspendieren. Auszeiten dienen aber auch der persönlichen Muße und dem Ausstieg aus den sozialen Zeitzwängen des Alltags. Auch hier setzen viele kultur- und medienkritische Debatten an, die Rede ist dann abwertend von „eskapistischer Unterhaltung".

Chats, Computer- und Online-Spiele sind die wohl hervorragendsten Beispiele für medienvermittelte Auszeiten. Mittlerweile übersteigen die

Umsätze der Spieleindustrie die der Hollywood-Studios, und einige Prognosen deuten darauf hin, dass Online-Spiele schon mittelfristig nicht mehr nur von männlichen Jugendlichen gespielt werden, sondern weitere Verbreitung finden werden (Beck et al. 2000, S. 76). Im Vergleich mit dem Fernsehen spielt das eskapistische Motiv („weil ich damit meinen Alltag vergessen möchte") bei der Mehrzahl der Internet-Nutzer eine geringe Rolle: Nur 11% der Befragten gaben dieses Motiv für ihre Onlinenutzung an (Platz 7 von 9), während es beim Fernsehen mit 59% an erster Stelle rangierte (van Eimeren et al. 2001, S. 393). Das Aussteigen aus den Zeitstrukturen des Alltags wird bislang offenbar erst von einer kleinen Gemeinde intensiver Online-Spieler als bedeutendes Motiv erfahren.

4. Neue Medien, neue Zeit?

Wenn wir davon ausgehen, dass auch die Online-Medien nicht einseitig Determinanten unseres Zeitbewusstseins sind, sondern als Vermittler zwischen Zeitordnung und Zeitbewusstsein fungieren, dann erscheint die Herausbildung einer völlig neuen medialen oder gesellschaftlichen Zeitordnung unwahrscheinlich. Gleichwohl hat die kursorische Analyse deutlich gemacht, dass die Zeitgestalten der genuinen Online-Medien einerseits sich von denen der klassischen Medien und den emulierenden Online-Medien andererseits unterscheiden; zumindest ist die Akzentuierung eine andere:

Die Nutzungs*dauer* wird bei den Online-Medien, zunehmend aber auch beim digitalen Fernsehen, zu einem ökonomischen Faktor. Im Pay-TV werden sich vermutlich differenzierte Abrechnungsverfahren wie das Pay-per-View oder das Pay-per-minute durchsetzen. Das Hauptaugenmerk der Webanbieter richtet sich aber zunehmend auf die Erzeugung und Steuerung von Aufmerksamkeit, und weniger auf die Herstellung möglichst langer Verweildauern. Der Kampf um Beachtung, ja schon um das bloße Bemerkt-werden verschärft sich durch die rasche Zunahme an Angeboten und die Dynamik des Webs. Die meisten Websites sind nur wenige Wochen oder Monate unter der gleichen Adresse erreichbar. Die strukturelle Unübersichtlichkeit erhöht einerseits den Aufwand für die Steuerung von

174

Aufmerksamkeit und führt andererseits tendenziell zur Überforderung von Nutzern.

Die Erhöhung der technischen Übertragungs*geschwindigkeit* kann – wie bei Chat und E-Mail – auch zu einer erhöhten Interaktionsgeschwindigkeit zwingen. Andererseits erhöht die asynchrone E-Mail aber auch unsere *Zeitsouveränität*. Eine neue kommunikative Qualität ergibt sich – nicht zuletzt für zivilgesellschaftliche Akteure – durch die schnelle und dabei nahezu kostenlose Rundmail beziehungsweise Mailinglist. Eine bislang nicht bekannte *Aktualität* des Nachrichtenflusses kann nun auch von nicht-professionellen Kommunikatoren hergestellt werden, ohne dass aufwändige Institutionalisierungsprozesse vorausgehen müssen. Vergleichbares gilt auch für Webangebote von zivilgesellschaftlichen Gruppen. Allerdings spielen die Online-Medien derzeit aufgrund ihrer vergleichsweise geringen Reichweite und – wie die zitierte Fallstudie zur Berichterstattung über den 11. September 2001 gezeigt hat – auch aufgrund der Nutzungsgewohnheiten eine weitaus geringere Rolle für die öffentliche Kommunikation als der Rundfunk.

Im Gegensatz zu den klassischen Massenmedien erlaubt das Web den Zugriff auf große Archivbestände und Datenbanken, das heißt, die tendenziell gesteigerte Aktualität wird ergänzt durch einen gewaltigen und jederzeit verfügbaren Datenspeicher. Doch Daten sind noch keine Informationen; Informationswert besitzen sie nur für diejenigen, die etwas Neues erfahren und dies aufgrund ihres Vorwissens auch verstehen können.

Einige der klassischen Zeitgestalten von Medien treten im Feld der computervermittelten Kommunikation, zumindest bei den genuinen Online-Medien sehr stark in den Hintergrund: *Periodizität* entfällt nahezu vollständig, und der endlose Fluss des Programms, die vorgefertigte Montage werden im Web aufgelöst: Das *Potenzial der Ent-Programmierung und De-Montage* – in den analogen Medien bereits angelegt – erweist sich bei den Online-Medien als der Regelfall. Das WWW gleicht als hoch selektiv und aktiv zu nutzendes Pullmedium hierin eher den raumbasierten Printmedien Zeitung und Zeitschrift. Das Web stellt eher ein Mosaik dar als eine Montage: Diskontinuität, geringe Institutionalisierung, die Vielzahl von Elementen ist hier prägend. Das Web, aber auch der Chat kommen damit

175

einem spontanen „ad hoc"-Stil der Nutzung entgegen. Man ist vergleichsweise rasch in einem Angebot „drin", und genauso schnell wieder „draußen". Es reizt, einfach mal auf verschiedenen Websites oder in verschiedenen Chat-Rooms „vorbeizuschauen", spontan und unverbindlich.

Die gesteigerte Selektivität kann einerseits zu einer höheren *Zeitsouveränität* führen, andererseits braucht auch jede Entscheidung Zeit. Oftmals bringen das Streben nach Zeitsouveränität und der Versuch, im Netz etwas „selbst zu machen" hohe zeitliche Belastungen mit sich. Gerade im WWW wird dies von den Anbietern rege genutzt. Electronic Banking, Shopping und Booking kosten nicht nur Geld für die Onlinezeit, sondern auch Lebenszeit. Entweder handelt es sich um Arbeitszeit, in der wir – statt die Sekretärin oder das Reisebüro zu bemühen – versuchen, auf den vorsintflutlichen Webpages der Lufthansa oder Bahn AG ein Ticket zu erstehen. Oder es handelt sich gar um unsere Freizeit, die wir der „Selbstbedienung" opfern. In jedem Fall werden finanzielle und zeitliche Kosten auf den Konsumenten oder einen Dritten (zum Beispiel dessen Arbeitgeber) übergewälzt.

Der Einsatz beschleunigter Datentechniken bewirkt an sich noch keine Beschleunigung von Kommunikation oder der Gesellschaft insgesamt. Auch Web und E-Mail sind nicht per se Techniken des „Zeitsparens". Genau wie bei den klassischen Medien der öffentlichen Kommunikation und der Telekommunikation kommt es vielmehr darauf an, ob beziehungsweise welche individuellen und sozialen Kompetenzen, Medienregeln und Medienethiken sich herausbilden werden. Und diesbezüglich stehen wir erst am Beginn einer Entwicklung, die – wie das Beispiel des Telefons zeigt – durchaus mehrere Jahrzehnte dauern kann.

Literatur

Bazin, A. (1979): Die Entwicklung der kinematographischen Sprache. In: Albersmeier, F.-J. (1979): Texte zur Theorie des Films. Stuttgart, S. 259-277

Beck, K. (1994): Medien und die soziale Konstruktion von Zeit. Über die Vermittlung von gesellschaftlicher Zeitordnung und sozialem Zeitbewußtsein. Opladen

Beck, K., Glotz, P., Vogelsang, G. (2000): Die Zukunft des Internet. Internationale Delphi-Befragung zur Entwicklung der Online-Kommunikation. Konstanz

Dux, G. (1989): Die Zeit in der Geschichte. Ihre Entwicklungslogik vom Mythos zur Weltzeit. Frankfurt a.M.

van Eimeren, B.; Gerhard, H. (2000): ARD/ZDF-Online-Studie 2000. Gebrauchswert entscheidet über Internet-Nutzung. In: Media Perspektiven, Nr. 8/2000, S. 338-349

van Eimeren, B. et al. (2001): ARD/ZDF-Online-Studie 2001: Internetnutzung stark zweckgebunden. Entwicklung der Onlinemedien in Deutschland. In: Media Perspektiven, Nr. 8/2001, S. 382-397

Emmer, M. et al. (2002): Der 11. September – Informationsverbreitung, Medienwahl, Anschlusskommunikation. In: Media Perspektiven, Nr. 4/2002, S. 166-177

Groth, O. (1972): Die unerkannte Kulturmacht. Grundlegung der Zeitungswissenschaft (Periodik). Bd. 7 Das Wirken des Werkes, Teilband 3: Das Werk im Ganzen der Kulturgesellschaft. Berlin

Hickethier, K. (1987): Schneller sehen! – Schneller sehen? Zur Beschleunigung der Medienwahrnehmung. In: TheaterZeitschrift, Nr. 20/1987, S. 97-108

Hörning, K. H. et al. (1990): Zeitpioniere. Flexible Arbeitszeiten – neue Lebensstile. Frankfurt a.M.

Kubey, R.; Csikszentmihalyi, M. (1990): Television and the Quality of Life. How Viewing Shapes Everyday Experience. Hillsdale, NJ

Mehling, H. (1962): The Great Time-Killer. New York

Monaco, J. (1980): Film verstehen. Kultur, Technik, Sprache, Geschichte und Theorie des Films. Reinbek

Müller, D. K. (2002): Nutzungsmessung des Radios: Uhr oder Ohr? In: Media Perspektiven, Nr. 1/2002, S. 2-8

Müller-Wichmann, Chr. (1984): Zeitnot. Untersuchungen zum „Freizeitproblem" und seiner pädagogischen Zugänglichkeit. Weinheim und Basel

Nachtigäller, R. (1989): Wenn die Bilder zerfallen. Der Videoclip als neues Drehbuch für die Massenkommunikation. In: medien + erziehung, Nr. 2/1989, S. 68-74

Neverla, I. (1992): Fernseh-Zeit. Zuschauer zwischen Zeitkalkül und Zeitvertreib. München

Oehmichen, E.; Schröter, Chr. (2000): Fernsehen, Hörfunk, Internet: Konkurrenz, Konvergenz oder Komplement? In: Media Perspektiven, Nr. 8/2000, S. 359-368

Pross, H. (1974): Politische Symbolik. Theorie und Praxis der öffentlichen Kommunikation. Stuttgart

Pross, H. (1983): Einleitung. Ritualismus und Signalökonomie. In: Pross, H., Rath, C.-D. (Hg.): Rituale der Medienkommunikation. Gänge durch den Medienalltag. Berlin, Marburg

Pudowkin; W. (1979): Über Montage. In: Albersmeier, F.-J. (Hg.) (1979): Texte zur Theorie des Films. Stuttgart, S. 77-99

Ricouer, P. (1977): Introduction. In: UNESCO (Hg.) (1977): Time and the Philosophies. Paris, S. 13-30

Rinderspacher, J. P. (1988): Der Rhythmus der Stadt. Die Bedeutung der Zeit für die städtische Gesellschaft. Materialien des Deutschen Instituts für Urbanistik, Nr. 1/1988, Berlin

Saxer, U. (1980): Grenzen der Publizistikwissenschaft. In: Publizistik, Jg. 25 (1980), Nr. 4, S. 525-543

Saxer, U. (1996): Die Sekundenzeiger der Geschichte – Medien als Zeitmanager. In: Neue Zürcher Zeitung 3./4.8.1996, S. 7

Schöps, M. (1980): Zeit und Gesellschaft. Stuttgart

Schütz, A. (1981): Der sinnhafte Aufbau der sozialen Welt. Eine Einleitung in die verstehende Soziologie. Frankfurt a.M.

Siegele, L. (1997): Fehler im System. In: Die ZEIT, Nr. 42/1997, 10.10.1997, S. 48

Stephenson, R., Phelps, G. (1989): The Cinema as Art. London

Thomsen, F. (1993): Eine Art „Heimatsender". In: Der Tagesspiegel, 27.8.1993, S. 24

Zoll, R. (1988): Krise der Zeiterfahrung. In: Ders. (Hg.): Zerstörung und Wiederaneignung von Zeit. Frankfurt a.M., S. 9-33

Gabi Schilling

Weniger Arbeit, mehr Engagement? – Globale Trends der Arbeitszeitentwicklung

1. Einleitung

Der Versuch, alles unter einen zeitlichen Hut bringen zu wollen und für das Einzelne entsprechend weniger oder keine Zeit zu haben, führt nicht selten zu Zeitkonflikten. Blicken wir gemeinsam auf unseren Alltag, so dürfte die dominante Erfahrung die der Zeitnot und der Hektik, der fragilen Zeitpläne, vollen Terminkalender und ähnlicher Ausdrücke zeitlicher Engpässe sein. Europaweit ist „Stress" das zweithäufigst genannte arbeitsbedingte Gesundheitsproblem. Die Fülle der mittlerweile zum Thema „Zeitmanagement" erschienenen Beraterliteratur ist ein Reflex auf diese offenbar eine Vielzahl von Menschen betreffende Schwierigkeit. Dies gilt sicher in besonderem Maße für all diejenigen, die einer Erwerbsarbeit nachgehen und kulminiert häufig bei denen, deren außerberufliche Pflichten unaufschiebbar und nur partiell delegierbar sind.

Es gibt bekanntlich eine Reihe von Aktivitäten im Leben, die exklusive Zeitansprüche stellen. Eine Balance zwischen unterschiedlichen Zeitanforderungen herstellen zu müssen – neudeutsch formuliert eine ausgewogene Work-Life-Balance – ist daher kein neues Thema. Allerdings stellt es sich aufgrund sich stetig wandelnder Arbeits- und Lebensbedingungen immer wieder auf andere Weise. Sicher ist es als ein Erfolg in der Entwicklung der Industriegesellschaften anzusehen, dass im Laufe der Jahrzehnte eine gravierende Reduktion der für Erwerbsarbeit verausgabten Arbeitszeit erreicht werden konnte: Blickt man zurück ins Jahr 1870, arbeiteten damals die Erwerbstätigen etwa 3.000 Stunden im Jahr. Mittlerweile liegt die durchschnittliche Jahresarbeitszeit der erwerbstätigen Bevölkerung in Deutschland bei etwas über der Hälfte (rund 1.600 Stunden). Und dennoch ist gerade heute mehr von Zeitknappheit, Stress etc. die Rede, was darauf verweist, dass Arbeitszeitreduktionen zwar eine notwendige, keinesfalls jedoch eine hinreichende Bedingung für das Erleben von Zeitwohlstand sein können. Seit einigen Jahren schon ist der Trend zu weiteren (kollektiven) Arbeitszeitverkürzungsmaßnahmen von einer Politik fortschreitender Arbeitszeitflexibilisierung abgelöst worden. Wie steht es nun jedoch mit den Verheißungen flexibler Arbeitszeitgestaltung? Ermöglichen flexible Arbeitszeiten größere Spielräume für die außerhalb von Erwerbsarbeit liegenden Interessen, Verpflichtungen und gesellschaftliches Engagement? Dieser Frage will sich der Beitrag widmen. Vorgeschaltet wird ein kurzer Rückblick auf die Gründe und Anlässe, die den sich ausweitenden Flexibilisierungstrend veranlasst haben.

2. Gründe für die fortschreitende Flexibilisierung der Arbeitszeiten

Die Gründe für den Trend einer zunehmenden Ausdifferenzierung der Arbeitszeiten und auch der Arbeitsverhältnisse sind vielschichtig, und lassen sich grob wie folgt zusammenfassen:

(1) Die Flexibilisierung der Produktmärkte: Im sekundären Sektor wurde in den letzten Jahren die Massenproduktion zugunsten einer just-in-time, auf Kundenwünsche abgestimmten Produktion zurückgedrängt. Während Produktion auf Lager ehedem als Puffer zwischen Markt und Produktion fungierte, übernimmt nun eine passgenaue Arbeitszeitgestaltung diese Pufferfunktion. Im wachsenden Dienstleistungssektor ist durch die Ausweitung der Öffnungszeiten und eine Abstimmung der Arbeitszeiten und des Personaleinsatzes auf die Kundenströme eine zunehmende Differenzierung der Arbeitszeiten auszumachen.

(2) Die steigende Erwerbsbeteiligung von Frauen: Da Frauen nach wie vor die Hauptzuständigen für die Reproduktions- und Kinderbetreuungsarbeit sind, sind sie gezwungen, nach Arbeitszeitformen zu suchen, die eine Vereinbarkeit von Beruf und Familie bestmöglich zulassen. Dies wird, wenn sich der Ausbau der Kinderbetreuungsinfrastruktur nicht entscheidend verbessert, eine verstärkte Suche nach Teilzeitarbeit und anderen Formen variabler Arbeitszeitgestaltung auslösen.

(3) Die Vermischung von Bildung und Arbeit: Immer mehr junge Menschen sind während ihrer Ausbildung erwerbstätig. Die Zahl der erwerbs-

tätigen Schüler(innen) und Student(inn)en ist allein zwischen 1995 und 1999 um 89% auf knapp 700.000 gestiegen (Voss-Dahm 2002, S. 2). Viele Student(inn)en finanzieren ihr Studium selbst, indem sie einer teilzeitigen, häufig befristeten Nebenerwerbstätigkeit nachgehen. In bestimmten Branchen hat man sich auf diese spezifische Arbeitsnachfrage bereits „eingerichtet" und die Arbeitsorganisation auf dieses Klientel abgestimmt (beispielsweise Call-Center-Jobs).

(4) Ein insgesamt gestiegenes Bildungsniveau: Insbesondere im Bereich hochqualifizierter Tätigkeiten steigt die Beschäftigungsquote von Männern und Frauen und zugleich die Nachfrage nach unbefristeten Vollzeitarbeitsplätzen. Deren Arbeitszeiten bewegen sich am oberen Rand und überschreiten nicht selten die vertraglich vereinbarten Arbeitszeiten, während im Bereich gering qualifizierter Beschäftigtengruppen sowohl die Erwerbsquote als auch deren Beschäftigungsstabilität sinkt. Diese Polarisierung der Arbeitszeiten trägt ebenfalls zur Differenzierung der Arbeitsverhältnisse bei.

(5) Beschäftigungssituation: Mit der Aufhebung von Mindeststandards für Arbeitsverhältnisse (Deregulierungsmaßnahmen) ist mit einer zunehmend individualisierten Aushandlung der Arbeitsbedingungen zu rechnen. Auch führt eine Überregulierung nicht zu einer Stabilisierung von Normalarbeitsverhältnissen, sondern „verleitet" die Unternehmen dazu, auf andere Beschäftigungsformen wie Leiharbeit und befristete Arbeitsverhältnisse zurückzugreifen.

(6) Deregulierung des Arbeitsmarktes: Gerade in Zeiten hoher Arbeitslosigkeit führt die steigende Konkurrenz auf dem Arbeitsmarkt um die knappen Arbeitsplätze zu einer sinkenden Verhandlungsmacht und einer wachsenden Kompromissbereitschaft der Beschäftigten. In diesen Phasen neigen die Unternehmen dazu, Marktrisiken insofern auf die Beschäftigten zu verlagern, als sie weniger gesicherte Beschäftigungsformen anbieten. Bei sinkender Arbeitslosigkeit tritt der umgekehrte Effekt ein: Angesichts eines heute schon in Wachstumsbranchen beklagten Fachkräftemangels werden Unternehmen um die knappen Arbeitskräfte konkurrieren und versuchen, Beschäftigte an das Unternehmen dauerhaft zu binden. In letzterem Fall dürften dann Mindeststandards allein aus Wett-

bewerbsgründen auch für die Unternehmen wieder attraktiv werden (vgl. ausführlich Bosch 2001, 224 ff.).

Die benannten Entwicklungslinien treten in komplexen Wirkungszusammenhängen auf, so dass deren Effekte nicht eindeutig bestimmbar sind. Was sich jedoch heute schon beobachten lässt, und im Zusammenhang mit der Frage nach den zeitlichen Spielräumen für außerberufliches Engagement große Bedeutung hat, sind Tendenzen einer fortschreitenden Entgrenzung von Erwerbsarbeitszeit und arbeitsfreien Zeiten. Die Ausdifferenzierung der Arbeitszeiten bringt es mit sich, dass diese nicht mehr in dem Maße verlässlich und kalkulierbar sind, wie dies früher der Fall war. Aktivitäten außerhalb der Arbeitszeit müssen jedoch, zumal wenn damit unaufschiebbare Verpflichtungen verbunden sind, planbar sein. Eine zu große Variabilität in Dauer und Lage der Arbeitszeit bringt für viele Beschäftigte einen erhöhten Koordinations- und Abstimmungsbedarf mit sich, der von diesen als zusätzliche Belastung wahrgenommen werden kann. Selbst flexible Arbeitszeiten bedürfen somit einer Begrenzung, damit die Gestaltbarkeit und Planbarkeit des Alltags gewährleistet bleibt.

Die Beiträge in diesem Reader versuchen aus verschiedenen Blickwinkeln die zeitlichen Spielräume für bürgerschaftliches oder ehrenamtliches Engagement auszuloten. Ich werde in meinem Beitrag, die im Titel stehende einfache Gleichung „Weniger Arbeit, mehr Engagement?" zunächst mit einem großen Fragezeichen versehen. Eine Reduzierung der Erwerbsarbeitszeit allein führt nicht umstandslos zu einer zeitlichen Entlastung und insofern zu größeren zeitlichen Spielräumen für andere gesellschaftlich relevante Aufgaben. Am Beispiel erwerbstätiger Mütter wird deutlich, dass diese zugunsten der Zeiten für Kinderbetreuung, Pflege von Familienangehörigen und der damit verbundenen Aufwendungen für die Haushaltsführung ihre Arbeitszeiten reduzieren, und – was durch zahlreiche Zeitbudget-Studien belegt ist – dadurch eine höhere Gesamtarbeitsbelastung aufweisen als vollzeiterwerbstätige Männer. Ob aber mit dieser individuellen Form der Arbeitszeitverkürzung zugleich mehr Zeit für gesellschaftliches Engagement außerhalb der privaten Verpflichtungen einhergeht, hängt wiederum stark davon ab, welche Form der Arbeitsteilung innerhalb der Familien praktiziert wird. Eine WSI-Studie zu „Ehrenamt und Erwerbsarbeit" hat allerdings ergeben, dass teilzeitbeschäftigte Frauen häufiger ehrenamtlich tätig sind als vollzeitbeschäftigte Frauen. Anders bei den Männern: Vor allem verheiratete, beruflich sehr aktive und zeitlich stark ausgelastete Männer engagieren sich ehrenamtlich. Sie haben in der Regel eine Frau, die ihnen für diese Aktivitäten den Rücken frei hält, und sie tun dies vor allem in den Abendstunden oder aber an Wochenenden und stehen infolgedessen weniger für familiäre Aufgaben zur Verfügung. Die meisten ehrenamtlich aktiven Frauen sind teilzeitbeschäftigt und verheiratet, ihr ehrenamtliches Engagement ist also offenbar am ehesten dann möglich, wenn sie durch ihren Partner finanziell abgesichert sind.

Die Studie von Klenner/Pfahl (2001) müsste in vielerlei Hinsicht differenzierter dargestellt werden, aber mir kommt es vor allem auf folgende Aussage an: Die dominierende gesellschaftliche Organisation von Erwerbsarbeit, die die Vereinbarkeit von Beruf und außerberuflichen Interessen eher einschränkt als befördert, trägt auch im Bereich ehrenamtlichen Engagements zur Stabilisierung geschlechtsspezifischer Muster der Arbeitsteilung bei. Selbst die modernisierte Variante der traditionellen Versorgerehe, wonach in Westdeutschland verheiratete Frauen mit Kindern in aller Regel teilzeitbeschäftigt und nicht mehr nur Hausfrau sind, hat an den Formen der Arbeitsteilung zwischen den Geschlechtern nicht gerüttelt. So haben empirische Untersuchungen nachweisen können, dass lediglich in denjenigen Haushalten, in denen beide Partner annähernd in gleichem Ausmaß erwerbstätig sind, die Chancen für egalitäre Arbeitsteilungsmuster steigen.

Die Frage ist nun, ob eine veränderte Organisation der Arbeit und neue Formen flexibler Arbeitszeitgestaltung einen Beitrag zu mehr Zeitwohlstand leisten können, ob sich also die Gestaltungsspielräume für die Beschäftigten aufgrund des Einsatzes flexibler Arbeitszeiten erweitern lassen und insofern auch mehr Zeit für außerberufliche Interessen und gesellschaftliches Engagement geschaffen wird.

Um die Frage beantworten zu können, hilft ein Blick auf vorliegende empirische Daten, die Auskunft geben über die bisherige Verbreitung flexibler Arbeitszeitformen und über die Häufigkeit des Einsatzes bestimmter Formen flexibler Arbeitszeitgestaltung und den Nutzen flexibler Arbeitszeiten. Im Anschluss daran wird die Frage aufgeworfen, ob die hohe Erwartung an flexible Arbeitszeiten, einer besseren „Work-Life-Balance" förderlich zu sein, auch tatsächlich eingelöst werden kann.

3. Verbreitung flexibler Arbeitszeitformen

Flexible Arbeitszeiten sind seit geraumer Zeit auf dem Vormarsch, allerdings in den letzten Jahren mit zunehmend beschleunigter Tendenz. Obwohl das Thema Arbeitszeitflexibilisierung en vogue ist und eine Vielzahl neuer Arbeitszeitmodelle praktiziert werden, sind die empirischen Untersuchungen zur Verbreitung bestimmter Arbeitszeitmodelle keineswegs so umfangreich und erst recht nicht so detailgenau, wie es die öffentliche Debatte und die zahlreichen Aktivitäten der Arbeitszeitberater in diesem Feld vermuten lassen. Selbst bei den mittlerweile recht bekannten und verbreiteten Arbeitszeitkonten ist die Datenlage noch recht dürftig. Das betrifft nicht so sehr ihre Verbreitung, wohl aber die unterschiedlichen Nutzungsformen von Arbeitszeitkonten und ihren möglichen Beitrag zu mehr Zeitwohlstand. Dies liegt vor allem daran, dass die für den Zeitwohlstand von Arbeitszeitkonten erforderlichen Zugriffsrechte der Beschäftigten auf ihre Guthabenbestände kaum statistisch abbildbar sind. Und nur wenn die

Einsatz flexibler Arbeitszeitformen in deutschen Unternehmen
%, Basis: 19.000 von den Industrie- und Handelskammern zum Jahresbeginn 2000 befragte Unternehmen; Mehrfachnennungen möglich

Wirtschafts- zweig	Flexible Wochen- arbeitszeit	Jahres- arbeits- zeitkonten	Klassische Gleitzeit	Gleitzeit ohne Kernzeit	Tele- arbeit	Lebens- arbeits- zeitkonten	Keine flexible Arbeitszeit
Dienst- leistungen	28	14	25	10	6	1	41
Handel	34	19	14	4	2	1	45
Industrie	27	37	34	6	4	2	31
Bauwirtschaft	22	57	7	2	1	1	29
Insgesamt	29	28	25	7	4	1	37

Quelle: DIHT-Umfrage 2000

Inanspruchnahme aufgebauter Zeitguthaben auch den Interessen der Beschäftigten und nicht nur auftragsbezogenen oder saisonalen Schwankungen folgt, leisten sie einen Beitrag zu einer disponibleren und außerberuflichen Erfordernissen gerecht werdenden Zeitgestaltung.

Die vorrangehende Abbildung 1 gibt einen Überblick über die Verbreitung unterschiedlicher Arbeitszeitformen in den Unternehmen, die nach Branche und Betriebsgröße deutlich variieren.

Der kleinere Teil der Unternehmen arbeitet heute noch in starren Arbeitszeitformen. Fast zwei Drittel (63%) der deutschen Unternehmen praktizieren flexible Formen der Arbeitszeitgestaltung. Dabei dominieren im Branchendurchschnitt flexible Wochenarbeitszeiten (29%), gefolgt von Jahresarbeitszeitkonten (28%) und klassischen Gleitzeitregelungen (25%), während neuere Formen der Arbeitszeitgestaltung wie Gleitzeit ohne definierte Kernarbeitszeiten (häufig auch Funktions- oder Servicezeiten genannt), Lebensarbeitszeitkonten oder die Telearbeit noch recht gering verbreitet sind. Differenziert nach Wirtschaftszweigen sind Ausmaß und Formen des Einsatzes flexibler Arbeitszeitregelungen durchaus unterschiedlich: Während in der Bauwirtschaft und in der Industrie vor allem Jahresarbeitszeitkonten zum Ausgleich saisonaler und konjunktureller Schwankungen zum Einsatz kommen, werden im Handel vorwiegend flexible Wochenarbeitszeiten praktiziert, nicht zuletzt um verlängerte Öffnungszeiten bewerkstelligen zu können. Insbesondere im Einzelhandel – indem überwiegend Frauen beschäftigt sind – werden immer häufiger Teilzeitbeschäftigungsverhältnisse abgeschlossen, mit Hilfe derer die verlängerten Öffnungszeiten besser abgedeckt werden können (vgl. zum Beispiel Kirsch et al. 1999, S. 26). Im Dienstleistungsbereich stärker als sonst vertreten sind Gleitzeitregelungen ohne Kernzeiten. Hier wird lediglich ein Arbeitszeitrahmen definiert sowie so genannte Bereichsfunktionszeiten oder auch Servicezeiten vereinbart, um die Kundenbetreuung durch erweiterte Ansprechzeiten zu verbessern.

Betrachtet man die Verbreitung nach Betriebsgröße (Abbildung 2), wird deutlich, dass der Einsatz flexibler Arbeitszeiten mit wachsender Betriebsgröße steigt.

Die Vorreiter der Arbeitszeitflexibilisierung waren zunächst Großbetriebe, die früh mit flexiblen Arbeitszeitmodellen „experimentierten", häufig

Unternehmen mit ...
Beschäftigten

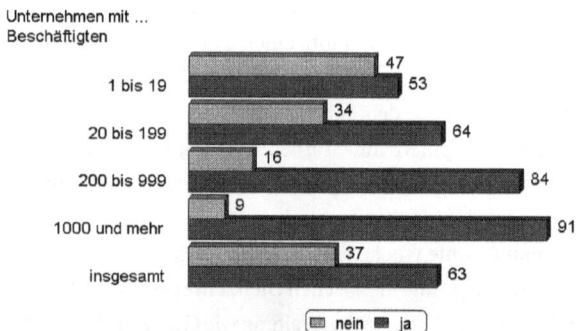

	nein	ja
1 bis 19	47	53
20 bis 199	34	64
200 bis 999	16	84
1000 und mehr	9	91
insgesamt	37	63

Quelle: DIHT-Umfrage 2000

eigene Stabsabteilungen einrichteten oder Unternehmensberatungen in Anspruch nahmen. In der Tat ist es so, dass die Gestaltungsspielräume der Arbeitszeit mit wachsender Betriebsgröße und einer zu erwartenden Heterogenität der eingesetzten Arbeitszeitmuster steigen.

Arbeitszeitflexibilisierungsmaßnahmen waren und sind dabei allerdings nur *ein* Gestaltungselement. Die zunehmende Entkopplung der Arbeits- und Betriebszeiten als hauptsächlicher Auslöser einer flexibleren Arbeitszeitgestaltung geht in der Regel einher mit einer umfassenden Reorganisation der Arbeitsabläufe und der Arbeitsinhalte. Eine flexible Arbeitszeitgestaltung wird dann von Maßnahmen zur internen (funktionalen) Flexibilisierung begleitet. Bei einem vermehrten Einsatz von Team- oder Gruppenarbeit werden zum Beispiel wechselseitige Vertretungsmöglichkeiten erforderlich, die in den meisten Fällen innerbetriebliche Qualifizierungsmaßnahmen nach sich ziehen (müssten).

Erst allmählich nimmt der Einsatz flexibler Arbeitszeitmodelle auch in kleinen und mittelgroßen Betrieben zu. Insbesondere Arbeitszeitkonten und Jahresarbeitszeitregelungen kommen mittlerweile auch hier immer häufiger zum Einsatz (Bauer et al. 2002, S. 185).

Man sagt nichts Neues, wenn man darauf hinweist, dass Maßnahmen zur Flexibilisierung der Arbeitszeit von den Unternehmen in erster Linie mit dem Ziel der Kosteneinsparung, der effektiveren Nutzung der Maschinen und Anlagen, aber auch der effizienteren Ausnutzung der menschlichen Arbeitskraft erfolgten und demnach immer auch zu Rationalisierungseffekten geführt haben. Ob damit zugleich auch das Ziel einer höheren Zeitsouveränität der in flexiblen Arbeitszeitformen beschäftigten Arbeitszeitkräfte eingelöst werden kann, hängt ganz wesentlich von der Ausgestaltung dieser Regelungen auf betrieblicher Ebene und den vorhandenen personellen Ressourcen ab. So vermag zwar eine Arbeitszeitkontenregelung saisonal und konjunkturell schwankende Auftragslagen besser abzufedern als ein starres Arbeitszeitsystem, eine zu dünne Personaldecke kann aber auch ein Arbeitszeitkontensystem nicht kompensieren.

Wie stellt sich nun die Flexibilisierung der Arbeitszeiten aus der Perspektive der Beschäftigten dar? Zunächst einmal: in welchen Arbeitszeitformen arbeiten die Beschäftigten und wie hat sich dies im Laufe der Jahre verändert? Wie müssen flexible Arbeitszeitregelungen gestaltet sein, damit sie auch für die Beschäftigten von Nutzen sind?

Anteil der Beschäftigten in irgendeiner
Form flexibler Arbeitszeit

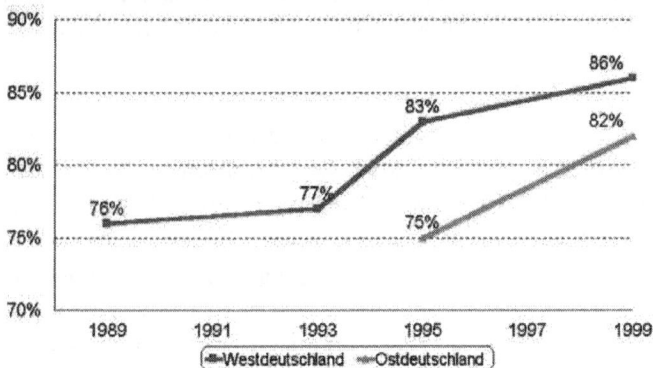

Quelle: Arbeitszeit '99

Nicht nur, wenn man der recht strikten Definition von Normalarbeitszeit des ISO in Köln folgt, lässt sich belegen, dass die Mehrzahl der abhängig Beschäftigten in flexiblen Arbeitszeitformen tätig ist. Nimmt man aber die Zahlen dieses Instituts, so arbeiteten 1989 76% und zehn Jahre später bereits 86% der westdeutschen Beschäftigten in irgendeiner Form flexibler Arbeitszeit. Auch in Ostdeutschland ist ein Zuwachs zwischen 1995 und 1999 um sieben Prozentpunkte auf 82% zu verzeichnen.

Auswertungen des Mikrozensus zeigen, dass sich gerade im letzten Jahrzehnt die Gewichte zwischen den Erwerbsformen zugunsten von abhängiger Teilzeitbeschäftigung und selbständiger Erwerbstätigkeit zu Lasten abhängiger Vollzeitbeschäftigung verschoben haben. Eine gravierende Erosion der Bedeutung abhängiger Vollzeitbeschäftigung kann aber bislang noch nicht bestätigt werden – sie ist nach wie vor die häufigste Form abhängiger Erwerbsarbeit. Doch gerade innerhalb vollzeitiger Beschäftigungsverhältnisse finden bedeutende Veränderungen der Arbeitszeitgestaltung statt. Selbst wenn sich an den vertraglich vereinbarten Arbeitszeiten nichts ändert, zeigt ein Blick auf die teilweise beträchtlichen Differenzen zwischen vertraglich vereinbarten und tatsächlich geleisteten Arbeitszeiten insbesondere im Bereich höherqualifizierter Beschäftigtengruppen, dass Arbeitsintensität und die Arbeitsanforderungen deutlich gestiegen sein müssen. Darüber hinaus verweisen die überlangen Arbeitszeiten auf eine offenbar zu knapp kalkulierte Personaldecke. In höheren Qualifikationsstufen arbeiteten die Beschäftigten 1998 im Durchschnitt sieben Stunden länger (nämlich 46,1 Stunden pro Woche) als es die durchschnittlich vereinbarte Wochenarbeitszeit (38,9 Stunden) vorsieht (Wagner 2001, S. 369). 1984 betrug diese Differenz lediglich vier Stunden bei durchschnittlich vereinbarten vertraglichen Arbeitszeiten von 41,2 Stunden. Die zwischenzeitlich erfolgte Verkürzung der vertraglichen Arbeitszeiten hat also an den tatsächlich erbrachten Arbeitsstunden wenig geändert. Warum ist das so?

Ergebnisorientierung und die damit verbundene Abkehr von der so genannten Zeitverbrauchskultur als neue Instrumente der Arbeits-(zeit)organisation lassen eher weitere Arbeitsintensivierungen und nicht selten auch die Extensivierung der Arbeitszeiten erwarten. Arbeitszeit als Maßeinheit für erbrachte Leistung wird in diesen Ansätzen immer mehr zur abhängigen Variablen, abhängig vom zu erzielenden Arbeitsergebnis, von den Kundenanforderungen, letztlich vom Markt – so dass offenbar mehr Arbeitszeit investiert werden muss als dies vertraglich vorgesehen war. Der Zeitausgleich, sofern die Plus- und Überstunden noch festgehalten werden, hat dann später zu erfolgen – manchmal aber auch zu Zeiten, die nicht unbedingt im Interesse der Beschäftigten liegen. So steht in der empirischen Forschung die Erfassung der Arbeitszeitkontensalden und/oder die Zahl der Freizeitausgleichsstunden in einer definierten Periode noch aus (Koch 2001, S. 35). Die positiven Effekte einer persönlichen Interessen entgegenkommenden variableren Arbeitszeitgestaltung stellen sich nämlich nicht ein, wenn die Arbeitszeitguthaben auflaufen und Freizeitausgleiche nicht belastungsnah genommen werden können oder

Bewertung der Arbeitszeitkonten

- Prozentzahlen -

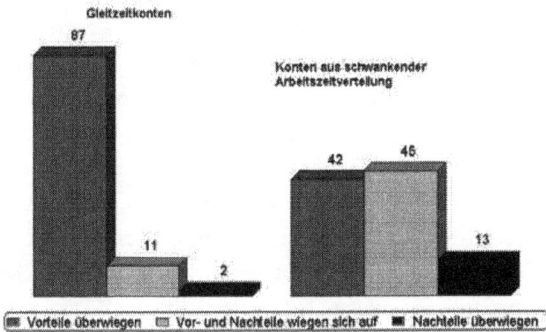

Quelle: Arbeitszeit '99

aber die Lage und Länge gewünschter Freizeitausgleiche an den betrieblichen Erfordernissen scheitern. Sie stellen sich auch dann nicht ein, wenn der Abbau von Zeitguthaben als Beitrag zur Beschäftigungssicherung in Zeiten schlechter Auftragslage nahegelegt wird.

Noch bewerten die Beschäftigten Gleitzeitkonten daher sehr viel positiver als Zeitkonten, die eine schwankende Arbeitszeitverteilung regulieren sollen.

Hohe, kaum noch abbaubare Zeitguthaben verweisen in der Regel auf eine zu dünne Personaldecke. Was früher Überstunden hieß, findet sich nun in Form hoher Zeitguthaben wieder. Der Vorteil für die Unternehmen liegt auf der Hand: Sie sparen in der Regel teure Überstundenzuschläge ein und erhalten von ihren Beschäftigten einen Zeitkredit. Für die Beschäftigten lösen sich die positiven Effekte von Zeitkonten allerdings erst dann ein, wenn die Bedingungen für die Freizeitentnahme in entscheidendem Maße von ihnen mitbeeinflusst werden können. Nicht wenige Unternehmen, die ein dauerhaft hohes Niveau der Zeitkonten bei ihren Beschäftigten feststellen mussten, gehen mittlerweile dazu über, auf jegliche Form der Zeiterfassung zu verzichten beziehungsweise die Zeiterfassung unter dem Label der Vertrauensarbeitszeit an ihre Beschäftigten zu delegieren.

Vertrauensarbeitszeit (vgl. Herrmann in diesem Band) ist das unter Flexibilisierungsgesichtspunkten weitestgehende Modell. Zwar gilt im Konzept nach wie vor die tarifvertragliche Arbeitszeit, das Festhalten ihres Überschreitens sowie der dafür ausschlaggebenden Gründe obliegt jedoch den Beschäftigten. Mit dem Konzept der Vertrauensarbeitszeit wird ein völlig neuer Weg der Arbeitszeitgestaltung beschritten: Hier zählt nicht mehr die Anwesenheitszeit, sondern das Arbeitsergebnis. Wie viel Zeit zur Erledigung des meist über Zielvereinbarungen, Benchmarks oder vergleichbaren Instrumenten vereinbarten Arbeitsergebnisses aufgewendet werden muss, sollen die Beschäftigten selbst regulieren. Dies setzt ein hohes Maß an Arbeits- und Zeitsouveränität voraus. Doch ist diese Form der Arbeitszeitgestaltung noch viel voraussetzungsvoller als so manches andere Arbeitszeitmodell. Ein solches, auf wechselseitigem Vertrauen basierendes Arbeitsverhältnis kann nur dann funktionieren, wenn zeitliche, personelle und sachliche Ressourcen in ausreichendem Maße zur Verfügung stehen (Haipeter et al. 2002). Vertrauensarbeitszeit einzuführen und eine nicht ausreichende Personaldecke oder keine gute Infrastruktur zur Verfügung zu haben, führt zwangsläufig zu überlangen Arbeitszeiten, die dann weder in Freizeit noch in Geld ausgeglichen werden, da dafür keine vertragliche Grundlage mehr besteht.

Nun ist die Verbreitung dieser Arbeitszeit„form" statistisch noch nicht erfasst, jedoch konstatieren Arbeitszeitberater deren zunehmende Beliebtheit (vgl. zum Beispiel die von Hoff/Priemuth 2001 durchgeführte Betriebsbefragung zu Langzeitkonten und Vertrauensarbeitszeit). Meist kommen Arbeitszeitregelungen, die auf Ergebnisorientierung abstellen, in Bereichen vor, in denen hochqualifizierte Beschäftigte arbeiten, denen ein eigenes Interesse am souveränen Umgang mit Zeit und Arbeitsinhalt nicht nur unterstellt, sondern von diesen auch vielfach gewünscht wird. Hier geraten insbesondere die betrieblichen Interessenvertretungen zunehmend in einen Konflikt. Sie werden von derart motivierten Beschäftigtengruppen eher als Bremser und Blockierer wahrgenommen. Selbst wenn die in diesen Bereichen Beschäftigten es nicht immer so genau nehmen mit der Zeit und ein eigenes Interesse an dem Fortschritt ihrer Arbeit oder ihres Projekts haben, lassen sich auf Dauer überlange Arbeitszeiten auch für sie nicht vertreten.

4. Mehr Zeit durch neue Arbeitszeitmuster?

Zum Abschluss ein kurzer Rückblick auf die arbeitszeitpolitischen Entwicklungen der letzten Jahre und sich abzeichnende Trends für die kommenden Jahre. Die bisherige Politik der Arbeitszeitverkürzung ist in den letzten Jahren durch eine Politik der Arbeitszeitflexibilisierung abgelöst worden. Heute findet Arbeitszeitverkürzung im Wesentlichen in Form des Anstiegs von Teilzeitarbeit statt – also auf individueller Ebene. Darüber hinaus sind es fast ausschließlich Frauen, die diese Form der Arbeitszeitverkürzung praktizieren und es ist fraglich beziehungsweise steht noch aus, ob die neue Teilzeitoffensive der Bundesregierung und das Anfang 2001 in Kraft getretene neue Teilzeitgesetz dazu beitragen werden, dass auch mehr Männer und mehr Führungskräfte für diese Form der Erwerbsbeteiligung zu begeistern sind.

Kollektive Formen der Arbeitszeitverkürzung finden fast ausschließlich in Form gruppen- oder betriebsspezifischer Maßnahmen statt, wie zum Beispiel im Falle der Altersteilzeit oder bei den so genannten „betrieblichen Bündnissen für Arbeit", wo eine kollektive Arbeitszeitverkürzung mit dem Ziel der Beschäftigungssicherung oder der Beschäftigungsförderung für eine befristete Zeit und bezogen auf bestimmte Branchen oder Tarifregionen vereinbart wurde. Beim Niveau der durchschnittlichen wöchentlichen Arbeitszeit von Vollzeitbeschäftigten zeichnet sich seit einigen Jahren sogar eine Tendenzwende hin zu längeren Arbeitszeiten ab; denn die bislang durchgesetzten allgemeinen Arbeitszeitverkürzungen werden konterkariert durch Tendenzen einer schleichenden Polarisierung der Arbeitszeiten. Sie hat ihre Ursachen in neuen Formen der Arbeitsorganisation auf der einen und einer an konservativen Leitbildern orientierten Kanalisierung des Zustroms von Frauen auf den Arbeitsmarkt auf der anderen Seite. Neue Tendenzen der Arbeitsorganisation sind einerseits die wachsende Marktorientierung von Arbeit und andererseits die Durchsetzung „passiver" und „aktiver" Flexibilitätskonzepte. Bezogen auf die Arbeitszeit führt dies dazu, dass Arbeitszeit am unteren Ende des Arbeitsmarktes (in Bereichen mit geringer Qualifikation) immer stärker zwischen den Beschäftigten aufgeteilt wird (wie beispielsweise im Einzelhandel) und am oberen Ende des Arbeitsmarkts (im Bereich der gut oder hoch Qualifizierten) immer stärker auf die einzelnen Beschäftigten konzentriert wird (wie beispielsweise im IT-Bereich, aber nicht nur dort). Während die Fragmentierung und Zerstückelung von Arbeitszeit in kleine Einheiten in erster Linie Frauen trifft, sind von letzterer Tendenz überwiegend Männer betroffen. Der veränderte Qualifikationsbedarf auf dem deutschen Arbeitsmarkt wird also mit einer wenig nachhaltigen Form der Arbeitsumverteilung beantwortet. Denn die abnehmende Nachfrage nach gering qualifizierten Tätigkeiten wird in kleinere Arbeitszeiteinheiten aufgeteilt, so dass die Zahl der Personen in diesem Beschäftigungssegment langsamer zurückgeht als das nachgefragte Arbeitsvolumen. Bei der höher qualifizierten Arbeit hält dagegen das Wachstum der diese Arbeit leistenden Personen mit dem Zuwachs des nachgefragten Arbeitsvolumens nicht Schritt; mit der Folge, dass die durchschnittlich zu leistende individuelle Arbeitszeit immer länger wird.

Durch die zunehmende Differenzierung und Entsynchronisierung der Arbeitszeiten und durch die Ausbreitung unregelmäßiger Arbeitszeitformen setzt eine schleichende Relativierung der Grundmerkmale des klassischen Standard-Arbeitstages ein. Die Debatten um die Reform des Normalarbeitszeitstandards und die zunehmende Entgrenzung der Arbeit sind ein beredtes Zeugnis dafür. Gerade am oberen Ende des Arbeitsmarktes – im

Bereich der Hochqualifizierten – bewirkt die zunehmende Marktorientierung von Arbeit und Arbeitszeit, dass die staatlich oder tarifvertraglich gesetzten Begrenzungen von Arbeitszeit sowohl durch die Unternehmen als auch durch die Beschäftigten selbst unterlaufen werden. Letztere tun dies nicht nur aus Angst um ihren Arbeitsplatz oder aus Karrieregründen, sondern auch aufgrund ihres Interesses an der Entwicklung ihrer Fähigkeiten und einer selbständigeren Gestaltung ihrer Arbeit.

Was sich in diesen Bereichen abspielt, entspricht auf Seiten der Unternehmen einer „Externalisierung zeitlicher Ungewissheit" (Rinderspacher 2001, S. 39) und aller damit verbundenen Nebenfolgen auf die Beschäftigten, und auf Seiten der Beschäftigten einer Internalisierung ehemals unternehmerischer Verantwortung (Stichwort: Arbeitskraftunternehmer). Dieser Prozess wird auch mit dem Terminus der indirekten Steuerung beschrieben.

Die Verheißungen der Flexibilisierung sind daher eher skeptisch zu beurteilen. Skeptisch solange, wie nicht für einen Interessenausgleich gesorgt und dieser durch entsprechende kollektive Standards abgesichert wird, und skeptisch vor allem im Hinblick auf die Frage, ob zukünftig weniger Arbeitszeit oder eine flexiblere Form der Arbeitszeitgestaltung auch zu mehr gesellschaftlichem Engagement führen kann. Zum einen ist mit weiteren Arbeitszeitverkürzungen – ausgenommen natürlich der individualisierten Variante einer selbst gewählten Teilzeitbeschäftigung – nicht zu rechnen. Zum anderen könnte die mit einer variableren Arbeitszeitgestaltung einhergehende Notwendigkeit einer generell flexibleren Zeitgestaltung mit dem Erfordernis der Planbarkeit von Zeiten für gesellschaftliches Engagement in Konflikt geraten.

Auch eine weitere Intensivierung von Arbeit und damit einhergehende steigende psychische und physische Belastungsfaktoren lassen die Spielräume für Engagement außerhalb der Arbeit eher enger werden. Mittlerweile ist durch arbeitswissenschaftliche Studien belegt, dass gerade die psychischen Belastungsfaktoren deutlich zunehmen. So hat eine im Jahr 2000 durchgeführte Beschäftigtenbefragung in Nordrhein-Westfalen ergeben, dass hohe Verantwortung, hoher Zeitdruck und Überforderung durch die Arbeitsmenge zu den häufigst genannten Belastungsfaktoren gehören (Arbeitswelt NRW 2000, S. 10f.). Studien auf europäischer Ebene kommen zu ähnlichen Ergebnissen. Stellt man zudem in Rechnung, dass eine wachsende Zahl von Beschäftigten nicht nur zeitlich flexibel, sondern auch räumlich mobil sein muss (wachsende Zahl der Berufspendler und steigende Zeitanteile für die Fahrten zum Arbeitsplatz), wird die zeitliche Verfügbarkeit für außerberufliche Verpflichtungen noch einmal begrenzt.

Gerade in Zeiten knapper Kassen und mangelnder finanzieller Spielräume der öffentlichen Hand und dem gleichzeitig lauter werdenden Ruf nach „mehr bürgerschaftlichem Engagement" wird sich diese Gesellschaft die Frage stellen müssen, wie zukünftige Arbeitsbedingungen und Arbeitszeit zu gestalten sind, die den Beschäftigten ermöglichen, mehr Zeit für gesellschaftliches Engagement zu investieren. In diesem Zusammenhang sind sowohl Fragen nach Lage, Länge und Verteilung der Arbeitszeit, aber darüber hinaus und gleichrangig Fragen nach der Qualität der Arbeitsbedingungen neu zu überdenken. Eine flexiblere Arbeitszeitgestaltung kann dazu einen Beitrag leisten, aber nur dann, wenn die Interessen der Beschäftigten dabei in ausreichendem Maße berücksichtigt werden. Dazu bedarf es bei aller Flexibilität verbindlicher Gestaltungsregeln (beispielsweise klar geregelte Zugriffsrechte auf bestehende Zeitguthaben). Konzeptionell ist der wechselseitige Nutzen flexibler Arbeitszeitregelungen stets vorgesehen, doch wie so oft klaffen auch bei diesem Gestaltungsfeld zwischen Anspruch und Wirklichkeit mitunter große Lücken.

Literatur

Arbeitswelt NRW 2000 (2000): Belastungsfaktoren – Bewältigungsformen – Arbeitszufriedenheit, Beschäftigtenumfrage im Auftrag des Ministeriums für Arbeit und Soziales, Qualifikation und Technologie des Landes NRW (durchgeführt von der Landesanstalt für Arbeitsschutz NRW)

Bauer, F. et al. (2002): Arbeits- und Betriebszeiten 2001. Neue Formen des betrieblichen Arbeits- und Betriebszeitmanagements – Ergebnisse einer repräsentativen Betriebsbefragung. Köln

Bosch, G. (2001): Konturen eines neuen Normalarbeitsverhältnisses. In: WSI-Mitteilungen, Nr. 4/2001, S. 219-230

Haipeter, Th. et al. (2002): Vertrauensarbeitszeit. Analyse eines neuen Rationalisierungskonzepts. In: Leviathan Nr. 3/2002, S. 360-383

Hoff, A., Priemuth, T. (2001): Vertrauensarbeitszeit: Stand der Dinge und Perspektiven. In: Personalführung, Nr. 12/2001, S. 44-47

Kirsch, J. et al. (1999): „Darf's etwas weniger sein?" Arbeitszeiten und Beschäftigungsbedingungen im Lebensmitteleinzelhandel. Ein europäischer Vergleich. Berlin

Klenner, Ch.; Pfahl, S. (2001): (Keine) Zeit für's Ehrenamt? Vereinbarkeit von Erwerbsarbeit und ehrenamtlicher Tätigkeit. In: WSI-Mitteilungen Nr. 3/2001, S. 179-187

Koch, S. (2001): Arbeitszeit und Beschäftigung im gesamtwirtschaftlichen Zusammenhang. Arbeitszeitfragen und ihre Behandlung in ökonomischen Modellen. Literaturüberblick und Forschungsperspektiven. In: Mitteilungen aus der Arbeitsmarkt- und Berufsforschung Nr. 1/2001, S. 28-44

Rinderspacher, J. P. (2001): Bei Anruf Arbeit – Die Strategie der Externalisierung zeitlicher Ungewissheit und ihre Folgen. In: Martens, H. et al., Zwischen Selbstbestimmung und Selbstausbeutung. Frankfurt a.M./ New York, S. 39-65

Wagner, A. (2001): Entgrenzung der Arbeit und der Arbeitszeit? In: Arbeit Nr. 3/2001, S. 365-378

Voss-Dahm, D., (2002): Erwerbstätigkeit von SchülerInnen und Studierenden nimmt zu. Bildung und berufliche Praxis laufen immer häufiger parallel (IAT-Report Nr. 2002-06). Gelsenkirchen

Christa Herrmann

Mehr Engagement durch Vertrauensarbeitszeit?

1. Einleitung

Die Arbeitszeitentwicklung[1] der letzten beiden Jahrzehnte wirkte sich nach
Einschätzung vieler BeobachterInnen auf die so genannte „Vereinbarkeits-
problematik" zwischen Erwerbsarbeit und privaten Lebensinteressen, zu
denen nicht zuletzt das ehrenamtliche Engagement zählt, in höchst ambi-
valenter Weise aus. *Einerseits* arbeiten „immer weniger Erwerbstätige immer
länger", leiden Beschäftigte in der Arbeit zunehmend unter Zeitdruck und
sind mit erhöhten Anforderungen an einen flexiblen, auf die betrieblich-
ökonomischen Belange zugeschnittenen Umgang mit der eigenen Zeit
konfrontiert[2] .

Andererseits werden neue Modelle flexibler Arbeitszeit – insbesondere
das Instrument des Arbeitszeitkontos, auf dem Zeitkontingente angespart
und bei Bedarf wieder entnommen werden können – von vielen Erwerbstätigen häufig nicht nur im rein betrieblichen Interesse genutzt. Solche
Modelle eröffnen gegenüber starren Arbeitszeiten auch Potenziale für eine
selbstbestimmtere, individuelle Lebensführung und eine bessere Synchronisation von Zeitstrukturen unterschiedlicher Lebensbereiche. Eine
repräsentative Befragung hat zum Beispiel ergeben, dass die „Mehrheit der
Ehrenamtlichen (...) die Auswirkungen der Flexibilisierungen der letzten
Jahre bezüglich ihrer Folgen für die ehrenamtliche Betätigung neutral oder
positiv (beurteilt)" (Klenner/Pfahl 2001, S. 182), wenngleich auch männliche Beschäftigte in höheren Positionen überproportional von Arbeitszeitkonten zu profitieren scheinen und Frauen und Arbeiter eher durch eine
restriktive Arbeitszeitpraxis am Ehrenamt gehindert werden.

Aus der Dynamik der Arbeitszeitflexibilisierung der 90er-Jahre heraus
entstand nun vor einigen Jahren ein neues Arbeitszeitmodell, das unter
dem Begriff „Vertrauensarbeitszeit" in einzelnen Unternehmen bereits praktiziert und in der Fachöffentlichkeit intensiv diskutiert wird. Dieses Modell

geht in verschiedener Hinsicht über die bis dato bekannten Formen flexibler Arbeitszeit wie Gleitzeit oder Arbeitszeitkonten noch hinaus und treibt dementsprechend auch die Vor- und Nachteile flexibler Arbeitszeiten gleichsam auf die Spitze. Bei der Einführung von Vertrauensarbeitszeit verzichtet das Management erklärtermaßen auf die Kontrolle der geleisteten Arbeitszeit sowie auf die Vorgabe von Präsenzzeiten. Die Beschäftigten sollen ihre Arbeitszeit vielmehr eigenverantwortlich organisieren und in Absprache mit KollegInnen und Vorgesetzten idealerweise immer *dann* und *solange* arbeiten, wie es der Arbeitsanfall erfordert beziehungsweise ermöglicht.[3]

An dieses Konzept, das, wie gleich im Anschluss näher erläutert wird, vom Anspruch her und auch in Bezug auf die vermuteten (arbeitspolitischen) Folgen über ein reines Arbeitszeitmodell hinausweist (Abschnitt 2), knüpfen sich für die Beschäftigten sowohl weitreichende Versprechungen einer nun „grenzenlosen Arbeitszeitfreiheit" jenseits des industriellen Zeitkorsetts (symbolisiert durch die Abschaffung der Stechuhr), wie auch bisher nicht gekannte Zumutungen eines unbegrenzten zeitlichen Zugriffs der Betriebe auf die Beschäftigten. Auf die hier interessierende Frage, ob sich die Arbeitszeitbedingungen für Ehrenamtliche durch die Einführung von Vertrauensarbeitszeit eher verbessern oder verschlechtern, lassen sich völlig konträre Antwortszenarien entwerfen – je nachdem, ob die Betonung auf die „Versprechungen" oder die „Zumutungen" gelegt wird (Abschnitt 3). Die Untersuchungsergebnisse aus einem Forschungsprojekt[4] erlauben einen empirisch fundierten Beitrag zu dieser kontroversen Debatte. Im Folgenden wird daher gezeigt, in welcher Weise Beschäftigte auf das Angebot oder die Anforderung „Vertrauensarbeitszeit" reagieren, ob und in welche Richtung sich ihre Zeitmuster verändern und ob sich damit ihre Möglichkeiten ausweiten, sich mit weniger Zeitstress außerhalb der Erwerbsarbeit freiwillig zu engagieren (Abschnitt 4). Weiter wird argumentiert, dass das in einzelnen Fällen tatsächlich beobachtete Ausschöpfen der positiven Potenziale von Vertrauensarbeitszeit von einer ganzen Reihe betrieblicher Bedingungen abhängt, die in vielen Unternehmen nicht einfach vorausgesetzt werden können (Abschnitt 5).

2. Das Konzept und die Diskussion um Vertrauensarbeitszeit

Am stärksten forciert wurde das Modell der Vertrauensarbeitszeit bisher von der Arbeitszeitberatung Dr. Hoff, Weidinger, Herrmann in Berlin (vgl. zusammenfassend Hoff 2002). Die Berater sehen in Vertrauensarbeitszeit einen wichtigen Trend der zukünftigen Arbeitszeitgestaltung. Durch Vertrauensarbeitszeit wird ihrer Ansicht nach zum einen der – von Seiten der Beschäftigten wie auch der Unternehmen gleichermaßen gewünschte – „mündige Mitarbeiter" gefördert und zum anderen der längst notwendige Schritt von einer „Zeitverbrauchskultur" hin zu einer Aufgaben- und Ergebnisorientierung vollzogen. Sie kritisieren an herkömmlichen Arbeitszeitsystemen vor allem, dass die Beschäftigten sich darin mehr an der Anwesenheit im Betrieb als an den Inhalten und Zielen ihrer Tätigkeit orientieren[5]. Hoff et al. halten demgegenüber eine konsequentere Ausrichtung des Arbeitsprozesses und vor allem auch der Leistungsbewertung am – mehr oder weniger quantifizierbaren – Ergebnis der Arbeit und nicht an der im Betrieb verbrachten Zeit für notwendig. Eine solche Neuorientierung gelinge nun aber am besten, wenn die Beschäftigten, die ihre Arbeitsanforderungen in der Regel selbst genau kennen, auch ihre Arbeitszeit möglichst eigenständig planen und strukturieren, ohne dass der Betrieb dabei Vorgaben macht oder sich überhaupt noch dafür interessiert, wie und wo die Arbeitszeit geleistet wird. Für den Fall, dass in der individuellen Arbeitszeitorganisation Probleme auftauchen und zum Beispiel das Arbeitszeitvolumen nicht im Rahmen gehalten werden kann, werden so genannte „Überlastgespräche" mit den Vorgesetzten vorgeschlagen. An dieser Stelle wird auch deutlich, weshalb für diese Arbeitszeitsform der Begriff der „Vertrauensarbeitszeit" verwendet wird: Der oder die Vorgesetzte muss nun nämlich den MitarbeiterInnen das Vertrauen entgegenbringen, dass sie nicht missbräuchlich mit ihrer Arbeitszeit umgehen und außerdem so effizient wie möglich arbeiten. Auf dieser Vertrauensgrundlage werden bei „Überlastanzeigen" idealerweise geeignete Maßnahmen zur Entlastung der Beschäftigten getroffen: Erst einmal sollen Aufgaben reduziert und Arbeitsabläufe gestrafft, wenn nötig aber auch die (personellen) Ressourcen aufgestockt werden.

Gegen dieses Grundkonzept der Vertrauensarbeitszeit lässt sich vieles einwenden, was seine Voraussetzungen wie auch die Folgen für die Beschäftigten anbelangt, und es hat nicht an zum Teil massiver Kritik gefehlt (vgl. unten). In Reaktion auf solche Kritikpunkte wurde das Vertrauensarbeitszeitkonzept durch die Arbeitszeitberater sukzessive präzisiert und modifiziert. Betont wird nun, dass Vertrauensarbeitszeit nur in Unternehmen mit einer Vertrauenskultur sinnvoll eingeführt werden kann, in denen Beschäftigten tatsächlich substantielle Handlungs- und Entscheidungsspielräume zugestanden werden, oder dass Beschäftigte ebenso wie Führungskräfte schrittweise auf einen solchen selbstgesteuerten Umgang mit der Arbeitszeit vorbereitet werden müssen. Und auch wenn das Management auf eine Erfassung und Kontrolle der Arbeitszeit verzichtet, schließt dies nach dem Verständnis der Arbeitszeitberater nicht aus, dass die MitarbeiterInnen ihre Arbeitszeit in Eigenregie dokumentieren und verwalten.[6] Außerdem wird immer wieder darauf verwiesen, dass der Rahmen der vertraglich vereinbarten Arbeitszeit unbedingt einzuhalten ist und daher die geleistete Arbeitszeit weiterhin Bezugspunkt der Leistungsbemessung und vor allem des Entgelts bleibt.

In der Diskussion um Vertrauensarbeitszeit verweist gerade dieser letzte Punkt auf die umstrittene Kernfrage des Konzepts: Wie weit werden mit dem Verzicht auf betriebliche Zeiterfassung und betriebliche Zeitvorgaben Arbeitszeit, Leistung und Entgelt tatsächlich entkoppelt und was bedeutet es für die Beschäftigten, wenn die Arbeitszeit bei der Leistungsbemessung immer stärker in den Hintergrund tritt? Vertrauensarbeitszeit, so meinen zahlreiche gewerkschaftliche und wissenschaftliche ExpertInnen (vgl. u.a. IG Metall 2000; Dieckmann 2001; Wagner 2002), markiere einen in vieler Hinsicht problematischen Einstieg in die „Dekonstruktion von Arbeitszeit als Instrument der Leistungsbemessung" und weise insofern „weit über sich selbst hinaus" (Rinderspacher 2001, S. 48f). Nachdem die Gewerkschaften über eine lange Zeit hinweg die Leistungsanforderungen der Unternehmen gerade durch die Kopplung der Leistung an die Arbeitszeit – zumindest in den industriellen Produktionsbereichen – einzudämmen versuchten und die Verkürzung und Regulierung von Arbeitszeit das zentrale Instrument der Leistungsbegrenzung darstellte, unterlaufen nun die

Abschaffung der betrieblichen Zeitkontrolle und eine verstärkte Ergebnis- oder Erfolgsorientierung systematisch diese Errungenschaften eines zeitlich normierten Leistungskompromisses. Auch wenn die Protagonisten der Vertrauensarbeitszeit in den Arbeitszeitberatungsfirmen und in den Managementtetagen der Unternehmen dies nicht bewusst intendieren beziehungsweise eine solche Absicht bestreiten, könnten am Ende dieser Entwicklung die „Rückkehr zum Stück-Entgelt" (ebd.) und schließlich die Entlassung breiter Beschäftigtengruppen in formal freie beziehungsweise (schein-)selbstständige Arbeitsverhältnisse stehen – mit all deren negativen Wirkungen wie der völligen Entfesselung der Konkurrenz oder der damit verbundenen Gefahr der Selbstausbeutung.

Selbst wenn man dieses Szenario einer vollständigen Aufhebung der Arbeitszeit als Bemessungsgrundlage von Leistung als nicht sehr wahrscheinlich einschätzt und damit die grundsätzliche Bedeutung von Vertrauensarbeitszeit entsprechend relativiert, bleibt das Konzept der Vertrauensarbeitszeit auch innerhalb des Rahmens abhängiger Beschäftigungsverhältnisse für viele Kritiker problematisch. Vertrauensarbeitszeit, so die zentrale Argumentation, sei ein zentraler „Mosaikstein" in dem gegenwärtig zu beobachtenden „Umbruch in der gesellschaftlichen Organisation von Arbeit" (Sauer 2002), der sich vor allem an den neuen unternehmerischen Strategien der „indirekten Rahmensteuerung" sowie der stärkeren Konfrontation der Beschäftigten „mit dem Markt" festmachen lasse. Im Kern geht es dabei um die Beobachtung, dass die Unternehmen einerseits zunehmend auf direktive Steuerung, das heißt auf detaillierte Anweisungen und direkte personale Kontrolle verzichten – und dies bedeutet für die Beschäftigten zunächst eine Ausweitung ihrer Handlungs- und Entscheidungsspielräume. Andererseits wird jedoch indirekt der Leistungsdruck verschärft, indem die Leistungsergebnisse und -ziele in Form von Umsatzzahlen, Renditemargen oder Kostendeckungsgrößen vorgegeben und sukzessive höher geschraubt werden. Schließlich wird das Erreichen dieser Zielvorgaben häufig auch noch mehr oder weniger stark an das Entgelt gekoppelt und man verknappt die (vor allem personellen) Ressourcen, um Kosten zu reduzieren. Vor dem Hintergrund dieser Strategien der indirekten Steuerung und der „Internalisierung des Marktes" in die Unternehmen

(Moldaschl/Sauer 2000) ist es aus Sicht des Managements nur logisch, auch alle zeitlichen Regulierungen abzubauen, die der unmittelbaren Anbindung der Beschäftigten an den Markt im Wege stehen. Vertrauensarbeitszeit kann als logische Konsequenz und insofern als wichtiges Element dieser Rationalisierungsstrategien (Haipeter et al. 2002) interpretiert werden: Sie erhöht zwar die Autonomie der Beschäftigten, schafft aber alle formalen Stopp-Regeln zur Begrenzung der Arbeitszeit ab. Wenn die Umsatzzahlen nicht stimmen, die Kosten für ein Projekt entgleisen oder Kunden rund um die Uhr betreut werden sollen, liegt die Verantwortung für eine Lösung dieser Probleme in diesem Steuerungskonzept viel stärker bei den Beschäftigten, die sich nun nicht mehr darauf berufen können, bereits genügend Zeit im Betrieb verbracht zu haben. Das bisher genuin unternehmerische Risiko, Marktschwankungen und ökonomischen Druck bei immer knapper werdenden Ressourcen auffangen zu müssen, wird damit ein Stück weit auf die Beschäftigten verlagert oder „externalisiert". In dieser Lesart von Vertrauensarbeitszeit erscheint es äußerst naiv, daran zu glauben, dass das Management im Falle von „Überlastanzeigen" tatsächlich für eine Entlastung sorgen wird. Wahrscheinlicher ist vielmehr, dass in solchen Fällen die Beschäftigten von den Vorgesetzten als inkompetent stigmatisiert werden oder in Antizipation dieser Stigmatisierung auf Überlastanzeigen sowieso von vornherein verzichten.

In dieser Individualisierung von Arbeitszeitaushandlungen und -konflikten liegt für die Gewerkschaften denn auch einer der problematischsten Aspekte von Vertrauensarbeitszeit. Sie kritisieren, dass die Frage der Leistungsbegrenzung ohne formale Schutzmechanismen und ohne kollektive Unterstützung zu sehr von der individuellen Durchsetzungsfähigkeit abhängen würde. Die „strategische Allianz" zwischen Arbeitszeit und Leistung (IG Metall 2000) dürfe daher nicht durch eine völlige Deregulierung der Arbeitszeit aufgelöst und die Verlagerung des unternehmerischen Risikos auf die Beschäftigten müsse bekämpft werden.

Für die Unternehmen liegen umgekehrt die Vorteile der Vertrauensarbeitszeit klar auf der Hand: Sie bekommen sozusagen Flexibilität auf höchstem Niveau, eine optimale zeitliche Anpassung an den Arbeitsanfall bei deutlich verringerten Kontrollkosten und Marktrisiken. Zusätzlich trägt

Vertrauensarbeitszeit zu einer Entbürokratisierung bei, weil die oft aufwändige Verwaltung von Arbeitszeitkonten entfällt und meist ziehen die Unternehmen auch unmittelbaren Gewinn aus dem sofortigen Wegfall jeglicher vergüteter Überstunden. Hinzu kommen könnte aus Sicht des Managements eine Minimierung betriebspolitischer „Reibungsverluste", insofern die Mitbestimmung der Betriebsräte bei der Arbeitszeit gegenüber anderen Arbeitszeitmodellen zurückgedrängt wird.

Eine Prognose über die zukünftige Verbreitung von Vertrauensarbeitszeit ist angesichts dieses Diskussionsstandes und der gegensätzlichen Interessenlagen nicht einfach – vieles spricht jedoch dafür, dass Vertrauensarbeitszeit in Zukunft eines unter vielen nebeneinander existierenden Modellen flexibler Arbeitszeit sein könnte und größere Gruppen von Beschäftigten unter den Bedingungen von Vertrauensarbeitszeit arbeiten werden.

3. Chancen- und Risikopotenziale der Vertrauensarbeitszeit für die Vereinbarkeit von Ehrenamt und Erwerbsarbeit

Aus den bisher skizzierten Einschätzungen des Konzeptes der Vertrauensarbeitszeit lassen sich, wie unschwer zu erkennen ist, gegensätzliche Szenarien im Hinblick auf das „Vereinbarkeitsproblem" ableiten. Die in Vertrauensarbeitszeit theoretisch angelegte völlige Freigabe von Lage und Verteilung der Arbeitszeit beinhaltet zum einen *die Chance*, individuell gewünschte Zeitarrangements besser als in allen anderen Zeitmodellen realisieren zu können. Die Zeitbedürfnisse von Ehrenamtlichen weisen dabei – analog zum Beispiel zu Beschäftigten mit „sorgeabhängigen" Kindern[7] – heute weniger denn je einheitliche Muster auf. Die Ausdifferenzierung von Lebensstilen und die Individualisierung der alltäglichen Lebensführung auf der einen Seite sowie die zunehmende Auffächerung der Formen ehrenamtlicher Betätigung auf der anderen Seite führen vielmehr zu vielfältigen Zeitbedarfen[8]. Gerade Vertrauensarbeitszeit mit ihrem hohen Potenzial an zeitlicher Selbstbestimmung kann als höchst anschlussfähig an diese ausdifferenzierten Zeitbedürfnisse gelten, weil sich hier jede/r Beschäftigte idealerweise ein individuell passendes Zeitmodell „basteln" kann. Neuere Untersuchungen bestätigen, dass vor allem die eigenständige Verfügung über ein Arbeitszeitkonto sowie die informelle Flexibilität am Arbeitsplatz mit darüber entscheiden, ob jemand sich für ehrenamtliche Belange zum Beispiel einen Tag freinehmen, die Arbeitszeit tauschen oder früher nach Hause gehen kann (Klenner/Pfahl 2001). Dieser autonome Zugriff auf die eigene Arbeitszeit ist bisher noch überwiegend Hochqualifizierten beziehungsweise Führungskräften vorbehalten – und diese Personengruppe ist denn auch überproportional im nebenberuflichen Ehrenamt vertreten (ebd., S. 181). In dem Maße, wie deren zeitliche Arbeitsbedingungen für breite Beschäftigtengruppen verallgemeinert würden, ließe sich damit eine Verbesserung der Koordinationsmöglichkeiten von Beruf und Ehrenamt prognostizieren.[9] Freilich darf dabei nicht übersehen werden, dass diese Beschäftigten in höheren Positionen überwiegend männlich sind und aufgrund der cum grano salis noch immer fest verankerten geschlechtsspezifischen innerfamilialen Arbeitsteilung über zusätzliche Ressourcen und Zeitreserven für ehrenamtliches Engagement verfügen, die Frauen ebenso nachhaltig vorenthalten werden. Wenn zukünftig immer mehr Frauen das Recht auf eine egalitäre Arbeitsteilung in der Familie und gleichzeitig immer mehr Beschäftigte das Recht auf eine individuelle flexible Arbeitszeitgestaltung für sich reklamieren, könnte auch das derzeit noch relativ unproblematisch scheinende Zeitarrangement vieler männlicher und beruflich hoch qualifizierter Ehrenamtlicher erheblich stärker unter Druck geraten.

Das Potenzial, einen solchen Druck zu entfalten und die Zeitkonkurrenz zwischen Ehrenamt und Berufstätigkeit zu erhöhen statt zu verringern, liegt jedoch auch in der Vertrauensarbeitszeit. Neben der Chance höherer Zeitautonomie ist dem Modell gleichzeitig *das Risiko* einer zunehmenden Entgrenzung der Leistungsverausgabung und des betrieblichen Zugriffs auf die private Zeit der Beschäftigten inhärent. Dies zeigt schon der Blick auf die „Vorbilder" für diese Arbeitszeitform: In den höheren beruflichen Positionen gehen zeitliche Freiräume bekanntermaßen häufig mit überlangen Arbeitszeiten sowie einer hohen Identifikation mit den unternehmerischen beziehungsweise betriebswirtschaftlichen Flexibilitätserfordernissen einher (vgl. etwa Wagner 2000). Dieses typische Arbeitszeitprofil würde sich in Betrieben mit Vertrauensarbeitszeit auch auf geringer qualifizierte Beschäftigte ausweiten: Die oben skizzierte verstärkte Wertschöpfungs- und Ergebnisorientierung in Vertrauensarbeitszeitmodellen führt bei gleich- zeitig wachsender Anbindung an das individuell kaum kontrollierbare Marktgeschehen und bei geringem individuellen Einfluss auf die Rahmen- bedingungen der Arbeit fast zwangsläufig zu Mehrarbeit – die nicht mehr ausgeglichen werden kann, wenn das Leistungsergebnis (noch) nicht stimmt beziehungsweise der Markterfolg ausbleibt oder Aufträge aus Wettbewerbsgründen nicht abgelehnt werden können – und auch die so genannten „social hours", die sozial wertvollen und bisher noch leidlich geschützten freien Zeitareale wie der Feierabend, das Wochenende und der Urlaub werden dem verstärkten Zugriff der Arbeit ausgesetzt. Die im Titel dieses Beitrages formulierte Frage, ob sich „durch Vertrauensarbeits- zeiten das Engagement erhöht", kann aus dieser Perspektive eindeutig mit „Ja" beantwortet werden – allerdings mit Bezug auf das Engagement *in* der *Arbeit* und nicht außerhalb. Die Frage wiederum, ob dies freiwillig oder durch Zwang geschieht, lässt sich nicht so einfach beantworten: Zwar knüpft Vertrauensarbeitszeit – in der Lesart als „Instrument der Leistungs- steigerung" – an das Phänomen an, dass immer mehr Beschäftigte ein genuines Interesse haben, aus ihrer Arbeit „das Beste herauszuholen" und in Erwartung einer intensiveren Erlebnisqualität in der Arbeit permanent versuchen, ihre Leistung zu „optimieren" (Pongratz 2001; Pongratz/Voß 2003). Die Managementstrategien der indirekten Steuerung instrumenta- lisieren jedoch diesen eigenen Willen zur Leistungsoptimierung, in dem sie noch „mehr Druck durch mehr Freiheit" (Glißmann/Peters 2001) erzeugen[10]: Das Angebot höherer Zeitautonomie intensiviert die Motivation und die Identifikation mit der Aufgabe und verleitet die Beschäftigten sozusagen dazu, ihre eigenen Grenzen, ihr Recht auf Erholung und auf ein „Stück Leben neben der Arbeit" zu missachten – und am Ende steht dann allzu oft auch das „Arbeiten ohne Ende" (Pickshaus 2000)[11].

Steigender Leistungsdruck und lange Arbeitszeiten verhindern nun nicht in allen Fällen ehrenamtliche Aktivitäten. Im Gegenteil wurde oben ja be- reits darauf hingewiesen, dass sich gerade Beschäftigte in hohen berufli- chen Positionen, in denen Mehrarbeit ohne Freizeitausgleich üblich ist, überproportional häufig ehrenamtlich engagieren. Dieser Befund lässt sich auf Männer generell ausweiten: „Männliche Ehrenamtliche arbeiten in ganz Deutschland häufig länger, als in ihrem Arbeitsvertrag steht" (Klenner/Pfahl 2001, S. 180). Die Entlastung der Männer von Familienaufgaben könnte wie gesagt ein wichtiger, wenn nicht der zentrale Erklärungsfaktor für diesen Zusammenhang sein. Es spricht aber auch einiges dafür, dass in diesen Fällen der durch ein hohes Überstundenniveau verursachte Zeitmangel doch in gewissem Umfang durch eine höhere individuelle Arbeitszeitautonomie kompensiert wird. Festzuhalten bleibt aber, dass weibliche Erwerbstätige ehrenamtliche Aktivitäten reduzieren, wenn die zeitlichen Anforderungen in den Betrieben ansteigen. Frauen sind dementsprechend in Ehrenämtern nicht nur seltener vertreten, sondern bei ihnen überwiegt anders als bei den Männern auch das unregelmäßige oder sporadische gegenüber dem regelmäßigen Engagement (Erlinghagen et al. 1999, S. 249).

Dem Konzept der Vertrauensarbeitszeit wird also, wie bisher gezeigt wurde, ein hoch ambivalentes Potenzial im Hinblick auf die Vereinbarkeit von Beruf und privaten Zeitinteressen unterstellt. Wie wird nun Vertrauensarbeitszeit nach unseren Forschungsergebnissen in der Praxis tatsächlich genutzt? Was bedeutet die Abschaffung der Zeiterfassung und der betrieblichen Zeitvorgaben für die Beschäftigten? Und unter welchen Bedingungen sind jeweils eher positive oder eher negative Auswirkungen zu beobachten?

4. Praxis und Auswirkungen von Vertrauensarbeitszeit – einige empirische Ergebnisse

Es ist wohl nicht überraschend, dass wir in den untersuchten Unternehmen tatsächlich ein breites Spektrum der Nutzung von Vertrauensarbeitszeit vorgefunden haben, das empirische Belege sowohl für die skeptische wie für die optimistische Perspektive liefert. Dabei lässt sich insgesamt festhalten, dass die Abschaffung der betrieblichen Zeitkontrolle nirgends dramatische Auswirkungen nach sich zieht, sondern viel eher bereits angelegte positive wie negative Entwicklungstrends in der Arbeitszeitpraxis verstärkt werden – dies bezieht sich auf Arbeitszeitverlängerungen ebenso wie auf die Reichweite der Zeitautonomie. In vielen Fällen jedoch bleibt die Einführung von Vertrauensarbeitszeit sogar völlig wirkungslos, wie im Folgenden kurz gezeigt wird.

4.1 Keine Nutzung: Sicherheit vor Freiheit?

Eine erste große Gruppe von Beschäftigten – überwiegend in den konventionellen Unternehmen des industriellen oder des Finanzdienstleistungssektors – zeigt sich relativ unbeeindruckt von dem Angebot größerer Zeitfreiheit beziehungsweise den Zumutungen einer noch stärkeren Anpassung an betriebliche Zeitbedarfe. Sie verändert mit der Einführung von Vertrauensarbeitszeit ihre Arbeitszeitgewohnheiten nur in geringem Umfang bis überhaupt nicht, die betriebliche Zeiterfassung wird durch eine individuelle Arbeitszeitdokumentation ersetzt oder sie erweist sich wegen sehr regelmäßiger Arbeitszeitmuster ohnehin als obsolet. Damit entsprechen diese „Nicht-Nutzer" wohl zunächst „der überwiegenden Mehrheit der Beschäftigten", die „die Anforderungen bzw. Zumutungen der atmenden Fabrik ablehnt" (Rinderspacher 2001, S. 62) oder die weiteren Flexibilisierungen zumindest indifferent gegenübersteht.[12] Dies hat allerdings sehr unterschiedliche Gründe. Auf der einen Seite stehen vor allem hochgradig verfestigte individuelle Arbeitsstile und verinnerlichte Zeitrhythmen, aber auch stabile soziale Einbindungen im privaten Lebensbereich (Familie, Freundeskreise, Ehrenamt) einer Veränderung entgegen. Meistens haben sich im betrieblichen Alltag „kleine Arbeitszeitfreiheiten" im Austausch mit KollegInnen und Vorgesetzten eingespielt, die durchaus individuelle, in geringem Umfang flexible Zeitarrangements erlauben und die nicht verändert werden sollen. Die mit Vertrauensarbeitszeit beabsichtigte striktere Ergebnisorientierung und Entkopplung von Arbeitszeit und Leistung greift hier kaum – vor allem deshalb nicht, weil die Beschäftigten die Arbeitszeit- und Leistungskompromisse, die sich in der Kooperation entwickelt haben, nicht gefährden wollen und eine Re-Politisierung der Aushandlung für zu riskant halten. Man befürchtet zunehmende Konkurrenz und Konflikte in der Zusammenarbeit und gibt sozusagen dem Sicherheits- vor dem Freiheitsbedürfnis den Vorzug. Dies gilt in diesen Fällen auch für das Management, das, wiederum aus unterschiedlichen Motiven, an den bisherigen Kontroll- und Steuerungsformen und damit an der engen Verknüpfung zwischen Leistungsbewertung und Arbeitszeithandeln festhält. Nur dort, wo die Unternehmen gleichzeitig mit Vertrauensarbeitszeit „knallharte" beziehungsweise entgeltrelevante Zielvorgaben einführen und/oder die Ressourcen radikal verknappen, kann eine solche Politisierung des Zeit-Leistungs-Kompromisses erzwungen werden. Ein Teil der Beschäftigten schließlich weist, häufig gestützt durch eine entsprechende Betriebsratspolitik, das „Vertrauensangebot" des Unternehmens explizit zurück und unterstellt, dass es sich dabei ausschließlich um ein Rationalisierungsinstrument zur Leistungssteigerung handelt. Die Widerstände gegen eine völlige „Freigabe" der Arbeitszeit sind also deutlich ausgeprägt. Weder das oben skizzierte Selbstausbeutungs-Szenario noch das entgegengesetzte Bild individueller Zeitautonomie „in Höchstform" findet daher eine breite Basis in der Praxis. Wie schon angedeutet, fehlt es aber nicht an Beispielen für tatsächliche Auswirkungen von Vertrauensarbeitszeit. Hier allerdings zeigt eine differenzierte Betrachtung die Schwierigkeit eindeutiger Negativ-Positiv-Zuordnungen.

4.2 Die Zumutung zeitlicher Entgrenzung:
Mehrarbeit und eingeschränkte Zeitautonomie
Beginnen wir mit dem „einfachsten" oder eindeutigsten Fall, in dem Beschäftigte durch den Wegfall der Zeiterfassung tatsächlich die Erfahrung einer Verschlechterung ihrer Arbeitszeitsituation machen und Vertrauensarbeitszeit als Zumutung erleben. Dabei handelt es sich um solche Konstellationen, in denen die Intentionen des Managements relativ unverhohlen auf direkte Kosteneinsparungen zielen. Vertrauensarbeitszeit bedeutet hier nichts anderes, als dass von nun an keine Überstunden mehr geltend gemacht werden können, obwohl die Arbeitslast angesichts der personellen Ressourcen eindeutig zu hoch ist. Der Druck auf Einzelne und auf die Kooperation nimmt in einem Ausmaß zu, dem viele nicht gewachsen sind. Sie reagieren mit extremer Verunsicherung, kompensieren die fehlenden personellen Ressourcen durch Arbeitszeitverlängerung und stellen ihre eigenen Zeitbedürfnisse gegenüber den betrieblichen Anforderungen zurück.

Tendenziell kann dies dann auch weniger Zeitautonomie bedeuten als vorher. „Gefährdet" sind besonders solche Beschäftigte, die dazu neigen, individuelle Verantwortung für strukturell erzeugte Probleme zu übernehmen, und diejenigen, die in der informellen Hierarchie weit unten stehen beziehungsweise keine Abwehrstrategien gegen solche Zumutungen entwickelt haben. Die Abschaffung der betrieblichen Zeiterfassung löst hier den hohen Leistungsdruck nicht aus, nicht entgoltene Überstunden und eingeschränkte Zeitautonomie gab es auch vorher schon. In der Wahrnehmung der Beschäftigten geht mit Vertrauensarbeitszeit jedoch der letzte „Haltegriff", der „sichtbare Beweis" für das hohe Engagement und damit auch jeder Ansatzpunkt für eine Kompensation verloren. Dies scheint selbst dann subjektiv wichtig zu sein, wenn das Leistungsniveau bereits vor der Einführung von Vertrauensarbeitszeit ständig gestiegen ist. Diese Konstellation bestätigt ganz klar die Kritiker von Vertrauensarbeitszeit, die eine Leistungsbegrenzung an die kollektive Regulierung der Arbeitszeit knüpfen und an den zentral erfassten Arbeitszeitdaten als Grundlage für betriebliche Leistungsaushandlungen festhalten wollen.

Allerdings ist die häufigere Variante in unserem Sample, dass Beschäftigte diesen erheblichen Leistungsdruck anders akzeptieren. Wenn schon längere Arbeitszeiten und Leistungsintensivierung nicht zu vermeiden seien, dann verspreche Vertrauensarbeitszeit zumindest ansatzweise einen Ausgleich durch mehr Selbstbestimmung. Es handelt sich hier typischerweise, aber nicht ausschließlich, um jüngere Beschäftigte, die überwiegend in wissensbasierten und höher qualifizierten Positionen arbeiten. Deren Haltung verweist darauf, dass die zeitlichen Zumutungen immer im Gesamtzusammenhang aller betrieblichen Anforderungen und der Gegenleistungen durch die Unternehmen bewertet werden. Dabei spielt nicht zuletzt das gesellschaftliche wie auch unternehmensinterne Leistungsklima, das heißt die Richtung des öffentlichen Leistungsdiskurses, eine entscheidende Rolle[13]. Für das unvermeidlich scheinende hohe zeitliche Engagement und die Anpassung an betriebliche Zeitbedarfe werden diesen Beschäftigten nach ihrem individuellen Reziprozitätsverständnis ausreichende Gegenleistungen in Form von finanziellen Äquivalenten, Aufstiegs- und Qualifizierungsmöglichkeiten geboten. Die Abschaffung der

Zeiterfassung stellt in diesem Zusammenhang einen eigenständigen „Tauschwert" dar, weil sie auf einer symbolischen Ebene Anerkennung vermittelt und grenzenlose Autonomie suggeriert, auch wenn diese sich in der Praxis eher selten realisieren lässt.

4.3 Anerkennung, subjektives Freiheitsgefühl, Lockerung des „Zeitkorsetts", neue Zeitbedürfnisse

In einigen Fällen bedeutet Vertrauensarbeitszeit für die Beschäftigten eine Entbürokratisierung und eine Lockerung des betrieblichen Zeitkorsetts sowie die symbolische Anerkennung[14] der eigenen Fähigkeit zur zeitlichen Selbstorganisation. Gerade für die Befragten auf mittlerem oder einfachem Qualifikationsniveau[15] kann die Abschaffung der Zeiterfassung im subjektiven Empfinden hoch bedeutsam sein, auch wenn sich das zunächst nicht unmittelbar auf der Handlungsebene niederschlägt. Freiräume entstehen hier sozusagen zuerst „im Kopf", im Denken und in den Orientierungen. Dass Anwesenheitszeiten oder Plus- und Minusstunden nicht mehr für alle sichtbar und durchschaubar sind, kann ein wichtiger Schritt sein, sich innerlich von betrieblichen Kontrollansprüchen frei zu machen und ohne Rechtfertigungsdruck erst einmal neue Zeitbedürfnisse und ein neues Selbstbewusstsein zu entwickeln, bevor im nächsten Schritt eigene Zeitansprüche auch angemeldet und in die Aushandlungen eingebracht werden. Zwar kann auch für diese Beschäftigten in Drucksituationen die Schutzfunktion einer zentralen Arbeitszeitdokumentation wichtig werden. Dennoch weisen diese beobachtbaren Auswirkungen von Vertrauensarbeitszeit auf emanzipative Potenziale hin, die in der polarisierten Diskussion um die Abschaffung der zentralen betrieblichen Zeitkontrolle häufig marginalisiert werden.

4.4 Begrenzung der Arbeitszeit und individuelle Rationalisierungsgewinne

Die Einführung von Vertrauensarbeitszeit führt in den von uns untersuchten Betrieben nicht nur zu einer Entgrenzung der Arbeitszeit. In einzelnen Unternehmen, Abteilungen und Teams gelingt es unter spezifischen Bedingungen, die Arbeitszeit im Sinne einer selbstorganisierten Rationalisierung der Arbeitsprozesse zu gestalten und dadurch die Arbeitszeit stärker zu begrenzen. Es werden sozusagen „Zeitgewinne" erzielt, die für die eigenen Zeitbedürfnisse innerhalb wie außerhalb der Arbeit „re-investiert" werden können. Im Prinzip handelt es sich dabei genau um die Art von Auswirkung, die sowohl im betrieblichen wie im individuellen Interesse liegen und am ehesten einer „Win-win-Situation" nahe kommt. Was heißt nun „selbstorganisierte Rationalisierung"? Wenn Vertrauensarbeitszeit tatsächlich als Modell begriffen wird, das den Beschäftigten in radikaler Weise die Verantwortung und die Spielräume für ihre Arbeitszeitgestaltung zuweist, dann ergreifen diese in bestimmten Konstellationen zunächst einmal die Initiative und versuchen selbstständig, die organisatorischen Voraussetzungen für ein individuelles Zeitmanagement zu schaffen. Dazu gehört in erster Linie ein System der individuellen Zeiterfassung, das dem persönlichen Arbeitsstil entspricht, und das von minutiöser, computergestützter Aufzeichnung und Planung bis hin zu einem eher „intuitiven" Umgang mit der Zeit reichen kann. Außerdem werden zum Beispiel Überlegungen über notwendige arbeitsorganisatorische Veränderungen angestellt oder auch Reibungsverluste in der Kommunikation zu minimieren versucht, es kommt zu Aushandlungen mit Vorgesetzten und KollegInnen über eine Veränderung der Arbeitsorganisation und Ähnliches mehr.

Der entscheidende Unterschied zwischen dieser individuell und einer zentral durch das Management gesteuerten Rationalisierung liegt darin, dass die Zeitgewinne aus der „Optimierung" und Verdichtung nicht nur dem Betrieb zugute kommen. Nur dann, wenn das Management aus dem Gelingen der Arbeitszeitbegrenzung keine weiteren betrieblichen Forderungen an eine Leistungssteigerung ableitet, können die Beschäftigten als direkte Auswirkung der Einführung von Vertrauensarbeitszeit eine deutlich höhere Zeitautonomie realisieren. Diese individuelle Aneignung der Vertrauensarbeitszeit ist auch die zentrale Voraussetzung dafür, dass die Motivation zur Selbstrationalisierung erhalten bleibt.

Die wichtigsten individuellen Voraussetzungen dafür liegen im Willen und in der Kompetenz zur Begrenzung der Arbeitszeit. Die wenigen Beschäftigten in unserem Untersuchungssample, die Vertrauensarbeitszeit in dieser Weise realisieren, verfügen über beides in relativ hohem Maß. Ihre Kompetenzen resultieren vor allem aus einem spezifischen Professionalitätsverständnis, das auch die Fähigkeit zur Begrenzung von Anforderungen einschließt. Diese Kompetenz beruht auf einem typischerweise in einer langjährigen Berufspraxis erworbenen Erfahrungswissen und entsprechenden Routinen. Der diesem Professionalitätsverständnis inhärente Begrenzungswille wiederum resultiert aus „Grenz-Erfahrungen", die einen solchen Willen stärken: Erstens vorangegangene gesundheitliche Beeinträchtigungen, zweitens soziale Anforderungen aus dem privaten beziehungsweise familialen Bereich und schließlich die Erfahrung, dass die berufliche Arbeit alleine nicht ausreicht, individuelle Bedürfnisse zu befriedigen und Entwicklungspotenziale auszuschöpfen. Der Wille zur Begrenzung der Arbeitszeit kann durch Vertrauensarbeitszeit im Übrigen auch erst gefördert werden. Wer die Zeitallokation und die Kontoführung tatsächlich selbst in der Hand hat, und wer überdies weiß, dass es offiziell keine Überstunden mehr gibt, entwickelt oder wiederbelebt nach unseren Untersuchungsergebnissen unter Umständen ein neues oder verloren gegangenes Bewusstsein und Verantwortungsgefühl für die „eigene Zeit".

Zu diesen spezifischen personalen Voraussetzungen kommen betriebliche Bedingungen hinzu, auf die im nächsten Abschnitt näher eingegangen wird. Die positiven wie auch negativen Aspekte der zeitlichen Selbstrationalisierung, so viel sei ergänzend hinzugefügt, werden von diesen Beschäftigten sehr wohl reflektiert: Sie wird einmal als positiv erlebte „Leistungsoptimierung" (im Sinne von Pongratz/Voß 2003) bewertet, in einer anderen Variante eher als problematische Leistungsverdichtung, die die Nutzung der privaten Zeit aufgrund des hohen Rekreationsbedürfnisses entscheidend einschränke.

4.5 Ein vorläufiges Fazit: Was bedeutet Vertrauensarbeitszeit für ehrenamtliches Engagement?
Nach diesem Einblick in die sehr heterogenen Auswirkungen von Vertrauensarbeitszeit ist klar: Die Entscheidung zwischen den Szenarien „größerer Arbeitszeitfreiheit" und „verstärkter (Selbst-)Ausbeutung" fällt gerade mit Blick auf die empirischen Ergebnisse keineswegs leichter. Die Befürch-

tungen der Kritiker lassen sich angesichts der Beobachtung zunehmender zeitlicher Entgrenzungen keineswegs entkräften. Viele Beschäftigte haben jedoch ein hohes Sicherheitsbedürfnis und eine ausgeprägte Sensibilität für Tauschgerechtigkeit und lassen sich daher auf das Angebot beziehungsweise die Zumutung der Vertrauensarbeitszeit gar nicht erst ein, wenn sie die Leistungsbedingungen für ungeeignet halten. Eine vom Management oktroyierte Vertrauensarbeitszeit und die forcierte Entkopplung von Arbeitszeit und Leistung kann hier zu massiver Unzufriedenheit und Demotivation führen. Anders stellt sich dies für viele, eher jüngere Beschäftigte vor allem in den „modernen" Tätigkeitsbereichen und Arbeitskulturen dar. Für sie ist Vertrauensarbeitszeit häufig kein reines Anpassungsmodell an betriebliche Zeitbedarfe, sondern auch ein Instrument, mit dem autonomes und an individuellen Bedürfnissen orientiertes Zeithandeln besser möglich ist und mit dem unvermeidliche Arbeitszeitverlängerungen zumindest symbolisch kompensiert werden können. Zudem kann der wirklich radikale Verzicht auf betriebliche Zeitkontrolle bei manchen Beschäftigtengruppen subjektive Gefühle der Anerkennung und der Autonomie erzeugen, die neue Zeitbedürfnisse und ein zeitliches (Selbst-) Bewusstsein fördern. Darin liegt möglicherweise eine wichtige Voraussetzung für die „Wiederaneignung der Zeit", die gerade auch geringer Qualifizierten die Aushandlung von und den Zugang zu autonomeren Arbeitsbedingungen erleichtern könnte.

In Bezug auf die Fragestellung der Vereinbarkeit von Beruf und freiwilligem Engagement lässt sich anhand der Forschungsergebnisse daher nichts anderes bilanzieren, als dass sich die ambivalenten Potenziale auch in eine ambivalente Praxis umsetzen. Allerdings zeigt sich in der Empirie ein erheblich höherer Differenzierungsgrad als in der theoretischen Auseinandersetzung.

Eines sei hierbei angemerkt: Der Primat der Erwerbsarbeit bei überall steigendem Leistungsdruck spiegelt sich fast durchgängig in den von uns geführten Interviews wider. Selbst in den (wenigen) Fällen, in denen die Lage und Verteilung der Arbeitszeit mit privaten Zeitbedürfnissen individuell abgestimmt und dabei das Zeitvolumen auch noch erfolgreich begrenzt werden kann, ist der Preis dafür eine noch stärkere Leistungsverdichtung. Die verbleibende private Zeit, die nicht für die Erholung „verbraucht" werden muss, kommt überwiegend der Familie oder der Partnerschaft zugute[16]. Darüber hinausgehendes Engagement ist in unserem Sample denn auch der Ausnahmefall. Häufig wird berichtet, man sei früher aktiver gewesen oder habe das Engagement angesichts steigender Anforderungen in der Arbeit reduziert. Damit sind nicht nur zeitliche Zumutungen gemeint – auch die betrieblichen Ansprüche an Qualifizierung und Mobilität, an inhaltliche und soziale Kompetenzen in der Arbeit hätten zugenommen. So bleibt für das zusätzliche freiwillige Engagement in dem von uns befragten Beschäftigtensample insgesamt nur ein sehr geringer Rest an Zeit und Energie.[17]

Dennoch wird am Beispiel derjenigen Beschäftigten, die sich entweder in der Familie oder zumindest zeitweise im Ehrenamt engagieren, die Relevanz flexibler und an die außerbetrieblichen Zeitbedarfe angepasster Arbeitszeitarrangements deutlich. In Vertrauensarbeitszeit liegt hier unter spezifischen Bedingungen die Chance für eine autonomere zeitliche Selbststeuerung. Der letzte Abschnitt ist der Frage gewidmet, unter welchen betrieblichen Bedingungen dies der Fall sein kann.

5. „Arbeitszeitkultur" als Gestaltungsbedingung für Vertrauensarbeitszeit: Zwei Fallbeispiele

Das skizzierte breite Spektrum der Auswirkungen von Vertrauensarbeitszeit ist zum einen auf unterschiedliche individuelle Interessen, Orientierungen und Kompetenzen zurückzuführen. Zum anderen wurden einige der betrieblichen Bedingungsfaktoren, die für die Ausdifferenzierung der Praxisformen verantwortlich sind, oben bereits mehrfach erwähnt. In dem vorliegenden Beitrag kann darauf zwar nicht in aller Ausführlichkeit eingegangen werden. Zum Abschluss soll jedoch anhand zweier kurzer Fallbeispiele der Fokus auf eine nach unseren Ergebnissen zentrale betriebliche Einflussgröße gerichtet werden: die jeweilige Arbeitszeitkultur im Unternehmen.

Der Möglichkeitsraum für die Realisierung von Zeitautonomie wird nach dem bisherigen Stand der Forschung vor allem durch die Arbeitsorganisation und die betrieblichen Kontrollstrategien, durch das Leistungsniveau beziehungsweise den Leistungsdruck sowie durch die Qualität der vertikalen und horizontalen Kooperationsbeziehungen konturiert. All dies kann auch in unserer Untersuchung nachvollzogen werden. Eine wesentliche Rolle wird darüber hinaus üblicherweise dem Grad der formalen Gestaltung der Arbeitszeit zugeschrieben. Die weitgehende Deregulierung der Arbeitszeit, wie sie mit der Einführung von Vertrauensarbeitszeit intendiert ist, lenkt die Aufmerksamkeit nun zusätzlich auf das bisher in der Arbeitszeitforschung vernachlässigte Phänomen der *kulturellen Steuerung* des Arbeitszeithandelns.

Der Begriff der „Kultur" bezieht sich dabei auf die theoretische Überlegung, nach der Menschen in Organisationen stets vor dem Hintergrund der in der Organisation (oder auch dem jeweiligen Team) kollektiv geteilten Wertvorstellungen, Normen und Deutungen handeln. Diese sind den Organisationsmitgliedern zum überwiegenden Teil in Form impliziten Wissens zugänglich – das heißt dem Wissen darüber, was „man" tun darf oder nicht tun darf, welches Verhalten mit positiven und welches mit negativen Sanktionen verbunden ist und so weiter. Selbst in konventionellen Arbeitszeitsystemen erfolgt die Umsetzung formaler Zeitvorgaben daher vermittelt durch die organisationsspezifischen Vorstellungen über das „angemessene" Arbeitszeithandeln. Im Fall von Vertrauensarbeitszeit gewinnt dieses Moment der kulturellen Steuerung des Arbeitszeithandelns eine neue und höhere Bedeutung, da sich durch den weitgehenden Wegfall expliziter formaler Regelungen der Orientierungsmaßstab für das eigene Zeithandeln in Richtung der informellen betrieblichen Zeitnormen verschiebt. Daher aktivieren die Beschäftigen nach der Einführung von Vertrauensarbeitszeit ihr implizites kulturelles Arbeitszeitwissen und daher ist auch die Praxis von Vertrauensarbeitszeit immer in hohem Maße spezifisch kulturell geprägt. Um dies zu illustrieren, sollen im Folgenden die Arbeitszeitkulturen in zwei Unternehmen der wissensbasierten Dienstleistungsarbeit mit New-Economy-nahen Arbeitskulturen kurz vorgestellt werden, die jeweils stark gegensätzliche Formen des Zeithandelns hervorbringen.

Die Kultur der „Leistungsentgrenzung und zeitlichen Monokultur" in der „Committed-AG"

In diesem ersten Unternehmen wird typischerweise ständige zeitliche Verfügbarkeit und Ansprechbarkeit mit Kompetenz und Leistungsfähigkeit gleichgesetzt und permanente Leistungssteigerung erwartet. Die hier häufig formulierte Aussage „Arbeitszeit spielt bei uns keine Rolle" bezieht sich dabei zum einen auf die bewusste Distanz zu formalen Regelungen und zum anderen darauf, dass Arbeitszeit weder zwischen den Beschäftigten noch zwischen Mitarbeitern und Vorgesetzten als explizites Thema oder als Verhandlungsgegenstand begriffen wird. Theoretisch kann sich so ein immenser Gestaltungsraum für individuelle Zeitpraxen eröffnen, zumal ein hoher Anspruch auf persönliche Autonomie und Selbststeuerung konstitutiv für das Selbstverständnis der Beschäftigten als „Professionals" ist.

Gegenläufig dazu wirken jedoch das explizite „Hochleistungsimage" und eine hochinstitutionalisierte Reorganisationsdynamik im Unternehmen, die die betriebliche Anforderung permanenter Leistungssteigerung symbolisieren. Auch die durch Leistungsverdichtung gewonnenen Zeitreserven sollen in diesem Verständnis in neue Leistungssteigerungen „re-investiert" werden. Damit korrespondiert eine entsprechende Entgrenzungsanforderung an die Beschäftigten in zeitlicher Hinsicht.

Entscheidend ist dabei, dass die in diesem Unternehmen selbstverständliche Ergebnisorientierung keineswegs mit einer wirklichen Freigabe der Arbeitsdurchführung verbunden ist. Vielmehr muss die Bereitschaft zur Leistungssteigerung durch ein bestimmtes Zeithandeln im Arbeitsprozess ständig inszeniert werden. Die erwünschten Indikatoren oder Symbole für die „richtige" Arbeitszeithaltung sind die Anwesenheit im Betrieb während einer ausgedehnten informellen Kernzeit[18], zeitliche Flexibilität und Spontaneität fast ausschließlich in Bezug auf betriebliche Erfordernisse und die Bereitschaft, „nicht auf die Uhr zu schauen". Implizite Norm ist, dass alle Beschäftigten mehr als die vertraglich vereinbarte Wochenarbeitszeit leisten und jederzeit erreichbar für externe wie auch interne Ansprechpartner sind. Eine Kultur häufiger Ad-hoc-Besprechungen und die Anforderung, auf Anfragen unmittelbar reagieren zu müssen, schränken die individuelle Steuer- und Planbarkeit von Arbeitsaufgaben und Arbeitszeit in extremer

Weise ein. Durch die Norm eines einheitlichen Zeithandelns entsteht für alle Beschäftigten, besonders aber für diejenigen, die durch lebensweltliche Restriktionen diesen Anforderungen zumindest vordergründig nicht mehr vollständig gerecht werden können, ein anhaltend hoher Druck. Abweichungen von dieser „Monokultur" sind hoch legitimierungsbedürftig und werden nicht gern gesehen. Dennoch halten die „Professionals" das Selbstbild einer hohen Autonomie aufrecht – was nur deshalb gelingen kann, weil das Thema „Arbeitszeitpraxis", ganz anders als im nächsten Fallbeispiel, konsequent aus dem betrieblichen Diskurs ausgeklammert wird.

Die Kultur der „Anerkennung von Vielfalt und Begrenzung" in der „Diversity GmbH"
Im Vergleich mit der „Committed-AG" finden wir im zweiten Unternehmen durchaus ähnliche Ansprüche an die inhaltliche, organisatorische und vor allem zeitliche Selbständigkeit und Entscheidungsfreiheit der Beschäftigten. Während für die „Committed-AG" jedoch eine hohe Identifikation der „Professionals" mit dem Unternehmen typisch ist, orientiert sich das Professionalitätsverständnis der Beschäftigten in der „Diversity GmbH" stärker an den Tätigkeitsinhalten und den daraus abgeleiteten professionellen Standards. Diese Abgrenzung gegenüber der Organisation korrespondiert mit einem Selbstverständnis, das Begrenzung in zeitlicher – keineswegs aber in leistungsbezogener – Hinsicht als Kennzeichen und Qualitätsmerkmal von Professionalität begreift. Dies steht der „entgrenzenden Professionalität" in der „Committed-AG" völlig entgegen.

Auf der Basis einer hohen Anerkennung der professionellen Kompetenzen und der Leistungsbereitschaft der Einzelnen wird hier außerdem nicht das unbedingte Primat betrieblich orientierter Flexibilität vertreten. Es wird darauf vertraut, dass alle richtig abschätzen können, wann eine solche Flexibilität für die Zielerreichung unbedingt notwendig ist und wann nicht. Aufgrund dieses gegenseitigen Vertrauens können sich lebensweltliche Ansprüche in vergleichsweise hohem Maß in vielfältigen individuellen Zeitgestaltungen niederschlagen. An Stelle permanenter Anwesenheit wird dabei stärker auf selbstgesteuerte Abstimmungsprozesse mit internen und externen Kooperationspartnern gesetzt. Es ist üblich, Anwesenheits- und Kooperationserfordernisse längerfristig abzustimmen, um Reibungsverluste zu vermeiden und um unterschiedliche Anwesenheitsprofile zu ermöglichen. Sowohl interne als auch externe Kommunikations- und Kooperationsbeziehungen werden hier nicht, wie in der „Committed-AG", als indirekte Steuerungsinstrumente zur Normierung der Arbeitszeit, sondern immer auch als individuell gestalt- und steuerbar verstanden. Entsprechend erfolgen Reorganisationen punktuell und liegen stärker im Ermessen einzelner Abteilungen oder einzelner Beschäftigter.

Die Einführung von Vertrauensarbeitszeit wird in diesem Kontext als sinnvolle Innovation begriffen, die dem Unternehmensverständnis und dem Selbstverständnis der Beschäftigten hinsichtlich einer konsequenten Ergebnissteuerung entspricht. Die mit Vertrauensarbeitszeit einhergehende Individualisierung der Arbeitszeitgestaltung wird charakteristischerweise an die Einführung eines Ampelkontos[19] gekoppelt, dessen sinnvolle Anwendung in gewisser Weise voraussetzt, die Arbeitszeit individuell zu dokumentieren. Diese Regelungsform signalisiert den Willen der betrieblichen Akteure zur Begrenzung der Arbeitszeit und damit zu einer Eindämmung der Leistungssteigerung. Die Einführung von Vertrauensarbeitszeit führt außerdem zu einem Schub in der diskursiven „Herstellung" dieser Arbeitszeitkultur.

6. Fazit

Im Hinblick auf die Möglichkeiten außerbetrieblichen Engagements weisen die beiden zuletzt vorgestellten Unternehmen extrem gegensätzliche arbeitszeitkulturelle Bedingungskonstellationen auf. Auch wenn keine/r der Befragten in den Unternehmen von ehrenamtlichen Aktivitäten berichtet, kann doch etwa am Beispiel familialen Engagements (vgl. dazu genauer Böhm et al. 2002) gezeigt werden, dass in der Vertrauensarbeitszeit-Version der „Diversity GmbH" die Akzeptanz für unkonventionelle Arbeitszeitmuster deutlich höher ist und die Beschäftigten, unabhängig von den Gründen für ihre je besonderen Zeitbedürfnisse und -präferenzen, deutlich größere Freiräume realisieren können als in der „Committed-AG".

Die eingangs gestellte Frage nach dem Zusammenhang von Vertrauens-arbeitszeit und ehrenamtlichem Engagement kann also abschließend damit beantwortet werden, dass es letztlich weniger auf die formale Regelung der Arbeitszeit ankommt, als vielmehr auf die organisations- oder teamspezifischen kulturellen Vorstellungen über „richtiges Arbeitszeithandeln".

Vertrauensarbeitszeit erweitert zwar prinzipiell den Möglichkeitsraum für eine bessere Integration von Arbeit und Leben. Ob dieser jedoch tatsächlich genutzt werden kann, hängt weitgehend von den Normen und Regeln des Arbeitszeithandelns ab. Damit soll die Bedeutung anderer Faktoren nicht negiert werden. Nach unseren Ergebnissen bietet aber die Arbeitszeitkultur-Perspektive den direktesten analytischen Zugriff auf das Arbeitszeithandeln, auch wenn beim derzeitigen Stand der Forschung noch viele Fragen offen bleiben. Am Fall der „Diversity GmbH", die als Positiv-Beispiel herangezogen wurde, stellt sich vor allem die Frage, wie und unter welchen Voraussetzungen sich eine solche Arbeitszeitkultur der „Anerkennung von Vielfalt und Begrenzung" entwickeln kann. Welche Rolle spielen hier etwa gesetzliche und tarifliche Arbeitszeitregelungen? Was genau motiviert die Beschäftigten wie die Vorgesetzten, sich gegenseitig solche Freiräume zuzugestehen? Und inwieweit hängt die Entwicklung einer solchen Arbeitszeitkultur damit zusammen, dass das Management bisher die Leistungsbedingungen nicht durch Zielvorgaben verschärft hat? Im Rahmen des Forschungsprojektes wurde einigen dieser Fragen nachgegangen, doch besteht hier weiterhin Forschungsbedarf.

Literatur

Böhm, S.; Herrmann, Ch.; Trinczek, R. (2002): Löst Vertrauensarbeitszeit das Problem der Vereinbarkeit von Familie und Beruf? In: WSI-Mitteilungen Nr. 8/2002, S. 435-441
Dieckmann, M. (2001): „Work is what you do, not where you go…" – Zur Debatte um Vertrauensarbeitszeit. http://www.labournet.de/diskussion/arbeitsalltag/mdvertrau.html

Erlinghagen, M.; Rinne, K.; Schwarze, J. (1999): Ehrenamt statt Arbeitsamt? Sozioökonomische Determinanten ehrenamtlichen Engagements in Deutschland. In: WSI-Mitteilungen Nr. 4/1999, S. 246-255

Geißler, K. A. (2000): Am Ende des Zeitvorsprungs. Neue Zeitformen für eine neue Zeitkultur. In: Gewerkschaftliche Monatshefte 4 (2000), S. 193-198

Geramanis, O. (2002): Vertrauensarbeitszeit – Die verpasste Chance? In: WSI-Mitteilungen Nr. 6/2002, S. 347-352

Glißmann, W.; Peters, K. (2001): Mehr Druck durch mehr Freiheit – Die neue Autonomie in der Arbeit und ihre paradoxen Folgen. Hamburg

Haipeter, Th. (2002): Vertrauensarbeitszeit. Chancen und Risiken eines Rationalisierungskonzeptes. In: verdi (Hg.): Vertrauensarbeitszeit. Berlin, S. 36-53

Haipeter, Th.; Lehndorff, S.; Schilling, G.; Voss-Dahm, D.; Wagner, A. (2002): Vertrauensarbeitszeit: Analyse eines neuen Rationalisierungskonzepts. In: Leviathan 30 (2002), S. 360-383

Herrmann, Ch.; Promberger, M.; Singer, S.; Trinczek, R. (1999): Forcierte Arbeitszeitflexibilisierung. Die 35-Stunden-Woche in der betrieblichen und gewerkschaftlichen Praxis. Berlin

Hoff, A. (2002): Vertrauensarbeitszeit: Einfach flexibel arbeiten. Wiesbaden

Holtgrewe, U.; Voswinkel, S.; Wagner, G. (Hg.) (2000): Anerkennung und Arbeit. Konstanz

IG Metall Vorstand, Abteilung Tarifpolitik (Hg.) (2000): Vertrauensarbeitszeit – Reich der Freiheit oder moderne Selbstausbeutung? Grüne Reihe Nr. 6. Frankfurt

Jurczyk, K.; Voß, G. (2000): Entgrenzte Arbeitszeit – Reflexive Alltagszeit. In: Hildebrandt, E. (Hg.) in Zusammenarbeit mit G. Linne: Reflexive Lebensführung. Zu den sozialökologischen Folgen flexibler Arbeit. Berlin, S. 151-205

Klenner, Ch.; Pfahl, S. (2001): (Keine) Zeit für's Ehrenamt? Vereinbarkeit von Erwerbsarbeit und ehrenamtlicher Tätigkeit. In: WSI-Mitteilungen Nr. 3/2001, S. 179-187

Moldaschl, M. (2001): Herrschaft durch Autonomie – Dezentralisierung und widersprüchliche Arbeitsanforderungen. In: Lutz, B. (Hg.): Entwicklungsperspektiven von Arbeit. Berlin, S. 132-164

Moldaschl, M.; Sauer, D. (2000): Internalisierung des Marktes. Zur neuen Dialektik von Kooperation und Herrschaft. In: Minssen, H. (Hg.): Begrenzte Entgrenzungen. Wandlungen von Organisation und Arbeit. Berlin, S. 205-224

Pfahl, S.; Reuyß, St. (2002): Blockfreizeiten und Sabbaticals – mehr Zeit für die Familie? In: WSI-Mitteilungen Nr. 8/2002, S. 459-465

Pickshaus, K. (2000): Das Phänomen des „Arbeitens ohne Ende". Eine Herausforderung für eine gewerkschaftliche Arbeitspolitik. In: Pickshaus, K.; Peters, K.; Glißmann, W.: „Der Arbeit wieder ein Maß geben". Neue Managementkonzepte und Anforderungen an eine gewerkschaftliche Arbeitspolitik. Supplement der Zeitschrift Sozialismus 2/2000, S. 1-19

Pongratz, H. J. (2001): Das Beste herausholen. In: Mitbestimmung 6 (2001), S. 26-29

Pongratz, H. J.; Voß, G. G. (2003): Arbeitskraftunternehmer. Erwerbsorientierungen in entgrenzten Arbeitsformen. Berlin

Promberger, M.; Böhm, S.; Heyder, Th.; Pamer, S.; Strauß, K. (2002): Hochflexible Arbeitszeiten in der Industrie. Chancen, Risiken und Grenzen für Beschäftigte. Berlin

Rinderspacher, J. P. (2000): Auf dem Weg in bessere Zeiten? Modernisierung zwischen Zeitsouveränität und Marktanpassung. In: Hildebrandt, E. (Hg.) in Zusammenarbeit mit G. Linne: Reflexive Lebensführung. Zu den sozialökologischen Folgen flexibler Arbeit. Berlin, S. 47-98

Rinderspacher, J. P. (2001): Bei Anruf Arbeit – Die Strategie der Externalisierung zeitlicher Ungewissheit und ihre Folgen. In: Martens, H.; Peter, G.; Wolf, F. O. (Hg.): Zwischen Selbstbestimmung und Selbstausbeutung. Gesellschaftlicher Umbruch und neue Arbeit. Frankfurt, New York, S. 39-65

Sauer, D. (2002): „Vertrauensarbeitszeit" und der Umbruch in der gesellschaftlichen Organisation von Arbeit. In: verdi (Hg.): Vertrauensarbeitszeit. Berlin, S. 9-26

verdi – Vereinigte Dienstleistungsgewerkschaft e. V. (Hg.) (2002): Vertrauensarbeitszeit. Dokumentation eines tarifpolitischen Workshops. Berlin

Wagner, A. (2000): Arbeitszeitwirklichkeit von (hoch-)qualifizierten Angestellten. In: Pfahl, S. (Hg.) (2000): Moderne Arbeitszeiten für qualifizierte Angestellte? Düsseldorf, S. 9-22

Wagner, H. (2002): Leistungspolitik im flexiblen Kapitalismus – Eine Zukunfts-
frage für Gewerkschaften. In: Sauer, D. (Hg.) (2002): Dienst-Leistung(s)-
Arbeit. Kundenorientierung und Leistung in tertiären Organisationen,
ISF München, Forschungsberichte, S. 61-77

Anmerkungen

[1] Vgl. dazu ausführlicher die Beiträge von Schilling und Herrmann-
Stojanov in diesem Band.

[2] Immer weniger Menschen können zum Beispiel selbstverständlich und
verlässlich auf die in der Industriegesellschaft fordistischer Prägung „geschützten Zeitareale" (Rinderspacher 2000; 2001) wie den regelmäßigen
und frühen Feierabend oder das freie Wochenende zurückgreifen.

[3] In diesem Modell geht es also im Prinzip darum, die Arbeitszeitbedingungen von Hochqualifizierten beziehungsweise Führungskräften auf größere Beschäftigtengruppen auszuweiten.

[4] Das Forschungsprojekt mit dem Titel „Vertrauensarbeitszeit. Ein neues
Arbeitszeitmodell aus der Perspektive von Beschäftigten, Betriebsräten,
Gewerkschaften und Unternehmen" wurde von März 2001 bis Februar 2003
durch die Hans-Böckler-Stiftung gefördert und am Lehrstuhl für Soziologie
der Technischen Universität München von Sabine Böhm, Rainer Trinczek
und der Verfasserin durchgeführt. In mehr als zehn Unternehmen der neuen
wie der alten Ökonomie wurden ca. 100 ExpertInnen sowie Beschäftigte in
offenen, leitfadenzentrierten Interviews befragt. Themenschwerpunkte waren
dabei Prozesse der betrieblichen Aushandlung und Einführung von Vertrauensarbeitszeit, die aktuelle Praxis der Vertrauensarbeitszeit und ihre
Auswirkungen auf die Arbeits- und Lebenssituation der Beschäftigten
sowie die Frage nach betrieblichen und tariflichen Regulierungsbedarfen.

[5] Diese Kritik bezieht sich zum Beispiel darauf, dass Beschäftigte sich in ihrem Arbeitszeithandeln an die betriebsüblichen Arbeitsanfangs- und -endzeiten oder auch Pausenzeiten einfach anpassen, ohne die besonderen Erfordernisse und Rhythmen ihrer konkreten Arbeitsaufgaben konsequent zu berücksichtigen. Vielen Vorgesetzten ein Dorn im Auge (und als „Zeitschinden" gebrandmarkt) ist etwa auch das „Vorarbeiten" für freie Tage, also das Ansparen von Zeitpolstern, ohne dass sich dies aus dem Arbeitsanfall zwingend begründen ließe.

[6] Der Betrieb macht hier keine Vorschriften, stellt aber Zeiterfassungstools zur Verfügung und die MitarbeiterInnen entscheiden individuell, ob sie für sich die „Arbeitszeit-Selbsterfassung" wünschen oder nicht (vgl. Hoff 2002, S. 60f.).

[7] Im Rahmen des Forschungsprojektes wurde in einem thematischen Schwerpunkt der Frage nachgegangen, wie sich die Praxis von Vertrauensarbeitszeit auf die Vereinbarkeit von Familien- und Erwerbsarbeit auswirkt (vgl. Böhm et al. 2002).

[8] Dabei unterliegt auch freiwilliges Engagement der Dynamik einer flexiblen „Rund-um-die-Uhr-Gesellschaft": Wer neben der Erwerbsarbeit ehrenamtlich aktiv ist, sieht sich auch hier zunehmend mit der Erwartung konfrontiert, zeitlich verlässlich und zugleich flexibel sein zu sollen.

[9] Man könnte an dieser Stelle noch einen Schritt weiter und über die Ebene des Zeithandelns hinausgehen: Zeitautonomie könnte nicht nur die Synchronisation unterschiedlicher Tätigkeitsbereiche erleichtern, sondern die Erfahrung größerer Freiheit *in* der Arbeit könnte theoretisch auch Auswirkungen auf die Leistungsmotivation und das Selbstbewusstsein von Beschäftigten *außerhalb* der Erwerbsarbeit haben und damit überhaupt erst die Bereitschaft zu freiwilligem gesellschaftlichem Engagement entstehen lassen.

[10] „Herrschaft durch Autonomie" (Moldaschl 2001) ist eine weitere Formulierung, die dieses Paradox ausdrücken soll.

[11] Vgl. dazu auch die IG-Metall-Kampagne bei IBM, die unter dem Motto „Der Arbeit wieder ein Maß geben" gegen das „Arbeiten ohne Ende" mobilisiert.

[12] Auch in den Betrieben, in denen Vertrauensarbeitszeit auf freiwilliger Basis eingeführt wird (optionale Vertrauensarbeitszeit), verzichten in der

Regel eher wenige Beschäftigte auf die betriebliche Zeiterfassung beziehungsweise sie entscheiden sich erst nach einer längeren Phase des Abwartens und Beobachtens dafür.

[13] Die Rede vom „kollektiven Freizeitpark" oder die Debatte um den „Standort Deutschland" sind hierfür prominente Beispiele.

[14] Die hohe Bedeutung der Befriedigung von Anerkennungsbedürfnissen in der Arbeit wird in der jüngeren Arbeitssoziologie als wichtige Analysedimension gerade neu entdeckt (vgl. vor allem Holtgrewe et al. 2000).

[15] Typischerweise handelt es sich hier um einfache Verwaltungstätigkeiten oder um Arbeitsplätze in der industriellen, gruppenförmig organisierten Produktion.

[16] Vgl. ähnliche Befunde bei Promberger et al. 2002.

[17] Der geringe Anteil von Ehrenamtlichen in unserem Sample resultiert auch daraus, dass sowohl der Frauenanteil als auch der Anteil der großstädtisch geprägten Belegschaften überproportional hoch ist. Der typische Ehrenamtliche ist dagegen wie gesagt männlich, gut qualifiziert, in höherer beruflicher Position und lebt auf dem Land.

[18] Die Anwesenheit zu übereinstimmenden Zeiten garantiert auch die Sichtbarkeit des Einzelnen und damit in dieser Kultur auch die Wahrnehmung seiner Leistungsbereitschaft durch andere. Leistung, die unsichtbar – also etwa zu Hause – erbracht wird, ist tendenziell entwertet.

[19] Der Begriff des „Ampelkontos" wird für Regelungen verwendet, in denen das Auflaufen unterschiedlich hoher Guthabensalden auf einem Arbeitszeitkonto unterschiedlich stark „intervenierende Maßnahmen" nach sich ziehen soll: Dabei wird in der „grünen Phase" der Abbau des noch relativ geringen Saldos in die ausschließliche Verantwortung der Beschäftigten gelegt. Ist ein höheres Saldo aufgelaufen, hat ein Beschäftigter also die „gelbe Phase" erreicht, wird in der Regel empfohlen, gemeinsam mit dem Vorgesetzten nach Möglichkeiten des zeitnahen Abbaus zu suchen. In der „roten Phase" schließlich soll das hohe Saldo mit Hilfe eines verbindlich festgelegten Abbauplanes in den grünen Bereich zurückgeführt werden.

Martina Heitkötter

Lokale Zeitpolitik in der Bürgerkommune – Potenziale und ihre Kehrseite.

Eine Betrachtung zum Zeitverbrauch

1. Einführung

Bei dem Versuch, lokale Zeitpolitik – ein neueres Handlungsfeld im kommunalen Bereich, das es im Folgenden noch näher darzustellen gilt – an die hier geführte Debatte um den Zeitverbrauch in der Bürgergesellschaft anzuschließen, scheinen mindestens zwei Blickwinkel von Interesse:

Erstens: Ein aktives Engagement in der Bürgergesellschaft beziehungsweise -kommune bedarf neben motivationalen, wirtschaftlichen, sozialen und rechtlichen Vorbedingungen auch gewisser *zeitlicher Voraussetzungen*. Zeit ist als eine wesentliche Ressource zur Realisierung einer aktiven Bürgergesellschaft zu betrachten. In puncto Zeit denkt man zunächst an die Erwerbsarbeitszeit, sicher immer noch einer der prägendsten Taktgeber. Das Augenmerk richtet sich dabei auf die zeitlichen Vorgaben der Arbeitswelt: das Verhältnis von Ehrenamt zu Erwerbsarbeit und auf Fragen, wie sich die Dauer und der Flexibilisierungsgrad von Arbeitszeiten, neuere Arbeitszeitmodelle oder auch Erwerbslosigkeit auswirken auf freiwilliges Engagement. Dazu liegen erste einschlägige Arbeiten vor (Klenner/Pfahl/Seifert 2001; von Rosenbladt 2000/2001). Hier soll jedoch ein anderer Blickwinkel auf die Verfügbarkeit über die eigene Zeit im Alltag und damit auf eine zentrale Voraussetzung für Bürgerengagement eingenommen werden. Zeitliche Einschränkungen und Belastungen für Menschen, die sich gerne in Sportvereinen, Bürgerbewegungen, Nachbarschaftshilfeprojekten oder in anderen Formen gesellschaftspolitischer Arbeit in die Gesellschaft einbringen möchten, sind nicht nur von betrieblicher Seite vorhanden – ein Blick auf die eigene tagtägliche Alltagsorganisation gibt eine erste Ahnung davon. In der Debatte zur Lebensqualität und Zeitsouveränität insbesondere im städtischen Raum rückt neben den betrieblichen Zeitvorgaben die außerbetriebliche Zeitorganisation im lokalen Nahraum zunehmend in das Blickfeld. Mit der lokalen beziehungsweise kommunalen Zeitpolitik ist ein neues Handlungs- und Forschungsfeld entstanden, das sich die zielgerichtete Gestaltung örtlicher Zeitmuster und die Lösung lokaler Zeitkonflikte zur Aufgabe macht mit dem Ziel, zur Verringerung wachsender Zeitnot der Menschen beizutragen. Angesichts dessen soll im Rückgriff auf empirische Arbeiten beleuchtet werden, unter welchen hohen Koordinationsanforderungen der individualisierte Mensch tagtäglich steht und wo konkret es den Menschen bei ihrer zeitlichen Alltagsorganisation im Stadtteil zeitlich unter den Nägeln brennt. Die aufgezeigten modellhaften Abhilfen verdeutlichen, welchen Beitrag Zeitpolitik auf der Ebene des Stadtteils leisten kann, die Alltagsbewältigung zu erleichtern und damit auch zur Schaffung der zeitlichen Voraussetzungen für eine aktive Bürgergesellschaft beizutragen.

Der zweite Teil des Beitrags thematisiert – durchaus in selbstreflektierender Absicht – einen bislang nicht beachteten Gesichtspunkt lokaler Zeitpolitik: der Zeitaufwand, den diese Gestaltungsaufgabe den Menschen abverlangt. Hier möchte ich der Frage nachgehen, inwieweit es die Vorteile lokaler Zeitpolitik quasi zum „zeitlichen Nulltarif" gibt, beziehungsweise wie viel Zeit und vor allem wessen Zeit eine alltagsgerechtere Zeitorganisation im Stadtteil in Anspruch nimmt. Ist örtliche Zeitpolitik ein weiteres potenzielles Betätigungsfeld für engagierte Bürger/ innen, ein weiterer „Zeitfresser", der neue Anforderungen an deren ohnehin strapaziertes Zeitbudget stellt? Oder verbindet sich damit unter dem Strich eine Verringerung und Verlagerung zeitlicher Koordinationsarbeit, die Taktnehmer, Nachfrager von Dienstleistungen, entlastet und lokale Taktgeber, Anbieter von Dienstleistungen, neu in die Verantwortung nimmt? In Anbetracht der starken Beteiligungsorientierung dieses Politiktyps sowie angesichts des hohen Stellenwertes, den zeitintensive Interaktionsformen wie Kommunikation, Beratung, ziviler Diskurs und Kooperationsprozesse dabei einnehmen, ein vielversprechender Blickwinkel.

Bevor diese beiden Aspekte vertieft werden, werden zunächst als erste Orientierung ein knapper Überblick über das Gestaltungsfeld

„kommunale bzw. lokale Zeitpolitik"[1] gegeben und die Bezüge zum Leitbild der Bürgerkommune dargestellt.

2. Lokale Zeitpolitik und die Schnittstellen zum Konzept der Bürgerkommune

Ausgangspunkt der örtlichen Zeitpolitik bilden diejenigen zeitlichen Probleme, die für die Menschen, insbesondere in den Städten, bei der Bewältigung ihrer Alltagsorganisation in Interaktion mit ihrem direkten Lebensumfeld immer wieder auftreten. Es geht also um alltägliche Zeitnot als ein – bislang von der Politik meist vernachlässigter – Gradmesser für nicht verwirklichte Lebensqualität. Die zeitlichen Bedingungen des Alltags entscheiden als ein wichtiger Faktor maßgebend über das Gelingen oder Misslingen unserer Alltagsorganisation: Beispielsweise ob und wie junge Eltern, meist vor allem die Mütter, Erwerbsarbeit und Familie in eine lebbare Balance bekommen, ob die Kinderbetreuungsangebote auch den zeitlichen Bedürfnissen der Kinder nach Kontinuität und denen der Eltern nach Verlässlichkeit und Flexibilität zugleich entsprechen. Oder ob die öffentlichen und privaten Dienstleistungen – wie Behördengänge, Arzttermine, der Besuch von Bibliotheken, Schwimmbädern oder anderer kultureller Einrichtungen, die Erledigung von Einkäufen oder die Nutzung von Bussen und Bahnen des öffentlichen Personennahverkehrs (ÖPNV) – zeitlich so zugänglich sind, dass kein unnötiger Stress, keine Zeitnot – oder noch drastischer – kein Ausschluss von Handlungsoptionen stattfindet.

Vor dem Hintergrund dieser Problemlagen hat in den 80er-Jahren in Italien, getragen von der Frauenbewegung, den Gewerkschaften, einzelnen Kommunalpolitiker/innen und Wissenschaftler/innen, eine Erneuerungsbewegung „tempi della città" (Zeiten der Stadt) begonnen. Mittels konkreter Modellprojekte wurden an unterschiedlichen Orten Versuche unternommen, die lokalen Zeitmuster besser auf die sich wandelnden Lebensbedingungen der Menschen abzustimmen (Bonfiglioli/Marregi 1997). Mittlerweile ist nicht nur lokale Zeitpolitik in Italien und Frankreich gesetzlich verankert, sondern der Gestaltungsansatz hat sich in verschiedenen Ländern Europas, insbesondere in Deutschland und den Niederlanden, ausgebreitet (Boulin/Mückenberger 1999). In Deutschland gibt es seit Mitte der 90er-Jahre die ersten modellhaften Gestaltungsexperimente.[2] In Hanau (Meyer 2000) und dem Hamburger Stadtteil Barmbek-Uhlenhorst (Issa 2000) beispielsweise initiierten die örtlichen Gleichstellungsbeauftragten Projekte, die die Zeiterfahrungen von Frauen und die Vereinbarkeit von Beruf und Familie in den Mittelpunkt gestellt haben. Ende der 90er-Jahre entstand in Bremen-Vegesack das erste deutsche ZeitBüro – eine Instanz im Stadtteil, die die oben genannten Schritte, Prozesse und Aktionsformen durchführt und konkrete Gestaltungsvorhaben initiiert, moderiert und bei der Umsetzung begleitet (Heitkötter 2000; 2001). Örtliche ZeitBüros sind nach dem italienischen Vorbild eines der zentralen Instrumente der lokalen Zeitpolitik. Im Rahmen des europäischen Lernverbunds EUREXCTER wurden auch in Wolfsburg (Mückenberger/Menzl 2002) und anderen Städten erste Gestaltungserfahrungen gemacht.

Wie arbeiten Gestaltungsinitiativen lokaler Zeitpolitik konkret, um den gerade angedeuteten Problemfeldern im Alltag zu Leibe zu rücken? Kurz gesagt haben die Gestaltungserfahrungen Folgendes gemeinsam. Zunächst werden im Dialog mit den vor Ort lebenden Menschen und den ansässigen Institutionen die so genannten lokalen Zeitkonflikte ermittelt und deren Hintergrundbedingungen in Erfahrung gebracht. Mit lokalen Zeitkonflikten sind diejenigen zeitlich nicht oder unzureichend bewältigten, kollektiven Alltagsprobleme der Menschen angesprochen, die durch die lokalen Zeitstrukturen und/oder das örtliche Dienstleistungsangebot verursacht werden. Darauf aufbauend werden konkrete Projekte, Modelle, Experimente zusammen mit den lokalen Akteuren erarbeitet und umgesetzt, die durch neue Zeitarrangements, durch neue oder qualitativ aufgewertete Dienstleistungen oder bessere Information und Transparenz die zeitlichen Bedingungen des Alltags verbessern helfen. Grundlegende Aktionsformen der Projekte lokaler Zeitpolitik sind dabei:

– *Die direkte Beteiligung von Bürger/innen*: Über ein weites Spektrum von Partizipationsmethoden (von neueren dialogisch-kooperativen Verfahren bis zu Befragungen) werden Bürger/innen, die von zeitlicher Planung meist nur betroffen sind, zu Beteiligten der Zeitgestaltung im Stadtteil gemacht.

–   *Neue Formen der Kommunikation und Vernetzung:* In häufig neu gegründeten Stadtteilforen und Runden Tischen werden die lokal relevanten Akteure aus dem öffentlichen und privaten Dienstleistungsbereich sowie aus der lokalen Zivilgesellschaft in unkonventionellen Konstellationen in Kontakt miteinander gebracht. Hier werden in neuartiger Weise öffentliche Diskurse über Fragen der örtlichen Zeitgestaltung und Alltagsqualität geführt. Lokalen Zeitkonflikten wird hier öffentlich Geltung verschafft.

–   *Innovative Kooperationszusammenhänge:* In neuen Formen der lokalen Zusammenarbeit werden konkrete Lösungen erarbeitet, Vereinbarungen getroffen und praktische Zeitarrangements ausgehandelt, die möglichst faire Lösungen für alle Beteiligten (auch die Beschäftigten) umfassen.

–   *Sensibilisierung der Öffentlichkeit:* Durch öffentliche Veranstaltungen, Ausstellungen und so weiter sowie öffentlichkeitswirksame Maßnahmen wird auf lokale Problemlagen aufmerksam gemacht und für die Gestaltbarkeit örtlicher Zeitstrukturen sensibilisiert. Gleichzeitig verbessert vereinfachter Zugang zu Informationen die Transparenz des Zeit- und Dienstleistungsangebots.

3. Die Rolle der Bürger/innen in der Bürgergesellschaft

Das Leitbild der Bürgergesellschaft gewichtet die Rolle der Bürger/innen im Gemeinwesen neu. Das Nachdenken über die Bürgergesellschaft beziehungsweise die Bürgerkommune als das zukünftige Gesellschaftsmodell ist zu verstehen als eine Reaktion auf die Grenzen des bestehenden politischen Systems angesichts der gegenwärtigen gesellschaftlichen Herausforderungen. Im Zentrum steht dabei die Überlegung, dass das Verhältnis zwischen Bürger/innen, Staat, Zivilgesellschaft und Wirtschaft neu austariert werden muss zugunsten eines neuen, gesellschaftsorientierten und kooperativen Politikverständnisses (Gohl 2001). Jenseits von Staat und Markt als traditionellen Steuerungs- und Regulierungsinstrumenten werden mit Blick auf die Bürger/innen und die Verbände, Assoziationen, Initiativen der Zivilgesellschaft zugleich neue Bedarfe und Potenziale gesehen.

Die Gründe für die zunehmende Attraktivität, der sich das Leitbild der Bürgergesellschaft in Deutschland erfreut, liegen nüchtern betrachtet zum einen in Legitimations- und Steuerungsproblemen etablierter politischer Institutionen und zum anderen in der wachsenden Finanzkrise, die nach Kompensationen für die Ausfallerscheinungen des Wohlfahrtsstaates suchen lässt (Bogumil 2001, S. 34). Dennoch spricht viel dafür, darin nicht nur eine Krisenerscheinung zu sehen, sondern auch die Chance für mehr aktive Demokratie und Bürgernähe. Neben der Aufwertung der Bürger/innen und zivilgesellschaftlicher Akteure als eine Antwort auf diese Problemlagen geht mit der Idee der Bürgergesellschaft eine Aufwertung der kommunalen Ebene gegenüber dem Nationalstaat einher. Das Konzept der Bürger*kommune* bildet die Vorstellung einer Bürgergesellschaft auf lokaler Ebene ab und bietet Konkretionsformen. Gleichwohl gilt auch hier, dass die Bürgerkommune derzeit in erster Linie noch ein Zukunftsmodell darstellt. Die Entwicklung eines systematischen, verbindlichen, auf zu realisierende Reformmaßnahmen ausgerichteten Konzepts steht noch am Anfang und die ersten Umsetzungsversuche in den Kommunen stecken noch in den Kinderschuhen.

Die neue Qualität der Bürgerkommune zeichnet sich nach Bogumil/Holtkamp, die Grundzüge eines Konzeptentwurfs vorlegen, im Wesentlichen durch drei Elemente aus: Die Neugestaltung des Kräftedreiecks zwischen Bürger/innen, Kommunalvertretung und Verwaltung, zweitens die Ergänzung repräsentativer Willensbildungs- und Entscheidungsformen durch direkt-demokratische und kooperative Formen der Demokratie sowie drittens durch die Delegation von Verantwortung auf die Stadtteilebene. Verschiedene Zielvorstellungen werden dabei mit der Bürgerkommune verbunden: eine höhere Bürgerzufriedenheit mit den kommunalen Dienstleistungen und Planungsprojekten (Akzeptanz); Revitalisierung kommunaler Demokratie durch vermehrte Teilhabe der Bürger/innen; Stärkung von Solidarität und Identität durch die Förderung der gegenseitigen Hilfsbereitschaft und der Identifikation mit der Stadt; Entlastung kommunaler Haushalte durch bürgerschaftliches Engagement (Effizienz); und Verbesserung der Politikergebnisse im Sinne der politischen Zielsetzung (Effektivität) (Bogumil/Holtkamp 2001).

Den Bürger/innen kommen in der Bürgerkommune idealtypisch drei verschiedene Rollen zu. Sie sind erstens nicht nur Adressaten oder Kunden der kommunalen Leistungserstellung. Bürger/innen sollen zweitens zukünftig verstärkt politischer Auftraggeber sein – und zwar nicht nur per Wahlbeteiligung, sondern vielmehr durch aktive Teilhabe bei der kommunalen Politikformulierung und Planung. Drittens kommt ihnen die Rolle der Mitgestalter des Gemeinwesens als Koproduzent bei der Leistungserstellung zu, durch ehrenamtliche Mitarbeit, Selbsthilfe, -organisation, und -verwaltung (ebd.).

Das Leitbild der Bürgerkommune steht in engem Zusammenhang mit der kommunalen Verwaltungsmodernisierung im Rahmen des New Public Management. Sie ist als eine Fortsetzung des Verwaltungsreformprozesses der 90er-Jahre zu betrachten, der mit dem Neuen Steuerungsmodell (NSM) den Übergang vom hoheitlichen Behördendenken der obrigkeitlichen Kommune zur so genannten Dienstleistungskommune zum Gegenstand hatte beziehungsweise immer noch hat. Die Schwerpunkte des NSM liegen in der Reformpraxis allerdings in den Aspekten der Verbetriebswirtschaftlichung der öffentlichen Verwaltung und Binnenmodernisierung, auch wenn es konzeptionell bereits den Anspruch erhebt, zugleich bürgerorientiert zu sein (Plamper 1998). Demgegenüber setzt das Leitbild der Bürgerkommune mit der Außenorientierung auf die örtliche Gemeinschaft (Bürger/innen und den Dritten Sektor zivilgesellschaftlicher Verbände etc.) und der verstärkten Beteiligung von Bürger/innen klare Akzente. Dennoch ist unstrittig, dass die Realisierung der Bürgerkommune nur auf der Grundlage einer erfolgreichen Binnenmodernisierung der Kommunalverwaltung möglich ist und nicht ohne sie (Plamper 2000; Bogumil 2001).

Wie ist nun das Verhältnis einzuschätzen zwischen den Reformbestrebungen der Bürgerkommune und des NSM gegenüber dem Gestaltungsansatz lokaler Zeitpolitik? Zwischen diesen beiden Strängen gibt es viele Parallelen, direkte Bezüge, aber auch unterschiedliche Gewichtungen. Lokale Zeitpolitik zeichnet sich gerade dadurch aus, über die Kommunalverwaltung hinaus einen Brückenschlag hin zu anderen, auch privaten Dienstleistern und zivilgesellschaftlichen Akteuren zu vollziehen. Sie bietet also konkrete Ansatzpunkte für eine Alltags- und Stadtteilorientierung kommunaler Leistungserbringung. Zeitpolitische Gestaltungsprozesse erhöhen die Moderationskompetenz der Kommune und unterstützen sie dabei, Rahmenbedingungen zu schaffen, innerhalb derer sich lokale Entwicklungsprozesse entfalten können. Damit ist beiden Ansätzen ein kooperatives und weniger regulatives Verständnis von Politik und Staatstätigkeit eigen. Einige der zeitpolitischen Modellprojekte, wie beispielsweise das ZeitBüro in Bremen-Vegesack oder das „Fühler-Projekt" in Hamburg-Harburg, sind als Bestandteil der Verwaltungsreform initiiert worden. Mit dem Fokus einer alltagsgerechten Stadtteilgestaltung stellen sie Konkretionen dar, wie eine gelungene Außenorientierung der Verwaltung bezogen auf Bürger/innen, Verbände und andere lokale Dienstleister im Sinne der Idee der Bürgerkommune bewerkstelligt werden kann.

Insofern können Ansätze lokaler Zeitpolitik als Bindeglied interpretiert werden, um den Übergang zwischen binnenorientierter Dienstleisterkommune und Bürgerkommune zu gestalten, indem neue Problemlagen integrativ und handlungsfeldübergreifend bearbeitet, das lokale Akteursgeflecht außerhalb der Kommunalverwaltung kooperativ in den Gestaltungsprozess eingebunden und die Partizipationsmöglichkeiten von Bürger/innen gestärkt werden. Allerdings bestehen hier auch unterschiedliche Gewichtungen. Im Mittelpunkt der zeitpolitischen Beteiligungsorientierung steht eindeutig die Stärkung der Bürger/innen in ihrer Rolle als politische Auftraggeber. Sie sollen zukünftig in Prozessen der Politikformulierung und Gestaltung der lokalen Lebensbedingungen mitreden können. Ebenso stärkt der Ansatz Bürger/innen in ihrer Rolle als Adressaten kommunaler Dienstleistungen, jedoch nicht so sehr als Kunden, sondern vielmehr als Alltagsmenschen mit vielfältigen zu berücksichtigenden Bedürfnissen. Im Unterschied zu der in der Debatte um die Zivil- beziehungsweise Bürgergesellschaft häufig überbetonten sozialen Dimension bürgerschaftlichen Engagements im Sinne des Ehrenamts rücken zeitpolitische Gestaltungsinitiativen die *politische* Dimension der Bürgerbeteiligung in den Vordergrund.

4. Probleme zeitlicher Alltagsbewältigung im Stadtteil

4.1 „Verarbeitlichung" des Alltags

Als eine Art „Hintergrundfolie" für die konkreten Problembereiche und Konfliktfelder städtischer Zeitpolitik, die in einigen der Modellprojekte empirisch ermittelt werden konnten, möchte ich zunächst verdeutlichen, unter welchen veränderten gesellschaftlichen Bedingungen Alltagsbewältigung heutzutage geleistet werden muss. Die grundlegenden Befunde des Projektzusammenhangs zur „alltäglichen Lebensführung"[3] geben dazu Auskunft.

Der Ausgangspunkt veränderter Alltagsbedingungen ist die Inidividualisierungsthese sozialer Verhältnisse. Ulrich Beck thematisierte primär den Aspekt der Freisetzung des Einzelnen aus den Bindungen gesellschaftlicher Großgruppen und eine damit verbundene Pluralisierung von Lebenssituationen. Daraus entsteht eine qualitativ neue soziale Situation, die einerseits neue Entfaltungs- und Gestaltungsmöglichkeiten bietet, zugleich aber auch erhöhte Gestaltungsanforderungen an den Einzelnen stellt (Beck/Beck-Gernsheim 1994). Beck nimmt hier vor allem die Längsperspektive im biographischen Lebensverlauf in den Blick. Im Unterschied dazu fokussiert das Konzept der alltäglichen Lebensführung gerade auf die *alltägliche Dimension der Individualisierung* und die damit einhergehenden neuen Anforderungen an die Menschen. Jurczyk/Voß gehen davon aus, dass die Flexibilisierung von Arbeitszeiten sowie der Wandel der Geschlechterrollen – als die beiden prominenten Modernisierungsmerkmale – eine zunehmende Komplexität der Arbeits- und Geschlechterverhältnisse erzeugen. Dadurch entstehen verstärkt individualisierte Formen der Organisation des alltäglichen Lebens (Jurczyk/Voß 1995, S. 386). Die praktische Organisation des Alltags und damit die „Übersetzung" des Erwerbsarbeitssystems in den gemeinsamen Alltag ist geschlechtsspezifisch verteilt und vorwiegend Sache der Frauen (Jurczyk/Rerrich 1993; auch Herrmann-Stojanov in diesem Band). Sie leisten auf diese Weise die Vermittlung zwischen Betrieb und Familie, synchronisieren die unterschiedlichen zeitlichen Strukturen der eigenen Erwerbstätigkeit, der des Mannes sowie der anderer Bereiche wie Schule, Geschäften, Behörden etc. und passen sie in ein praktikables Alltagsarrangement (Jurczyk/Voß 1995, S. 402f.). Symptomatisch dabei ist, dass die alltägliche Organisation – also das Arrangieren, Koordinieren, Synchronisieren und Planen – von den Betroffenen zunehmend als das erachtet wird, wofür die meiste Zeit verwendet werden muss. Diese Einschätzung ist allerdings weniger als objektive Wiedergabe des eigenen Zeitbudgets zu verstehen denn als Ausdruck der subjektiven Empfindung von Alltagsorganisation als *Arbeit*.

Mit der These der „Verarbeitlichung des Alltags" (Jurczyk/Voß 1995, S. 400ff.; Rinderspacher 1992) ist in erster Linie gemeint, dass an die Stelle gesellschaftlich vorgegebener Strukturen zunehmend die in bewussten Handlungsakten zu leistende Konstruktion, Erhaltung und Optimierung der alltäglichen Lebensführung tritt, die somit zu einer eigenständigen Arbeit des/der Einzelnen geworden ist. Die „Verarbeitlichung des Alltags" zeigt sich vor allem in einer Zunahme der Organisation von Zeit und in vermehrten Aushandlungsprozessen in der Beziehung, der Familie, dem Freundeskreis etc. Dieser Punkt trägt zur Erklärung bei, warum trotz des rein rechnerisch steigenden Anteils frei disponibler Zeit in unserer Gesellschaft (Verkürzung der wöchentlichen Arbeitszeit, deutlich verlängerter Urlaubsanspruch, vorgezogener Ruhestand, Erhöhung der Lebenserwartung) Menschen vermehrt Zeitdruck und Zeitnot in ihrem Alltag empfinden.

Individualisierungsfolgen sind im Alltag in zweifacher Weise zu beobachten. Zum einen wird eine zunehmende Selbstregulierung des Handelns notwendig ebenso wie eine partielle Selbstvergesellschaftung, das heißt, der moderne Mensch muss sich immer wieder neu aktiv in die Gesellschaft integrieren. Zum anderen sind Subjekte zunehmend aufgefordert, aktiv gestaltend auf soziale Strukturen einzuwirken, sie zu gestalten, gezielt soziale Zusammenhänge zu konstruieren (Jurczyk/Voß 1995, S. 387ff.).

Festzuhalten bleibt für unseren Zusammenhang Folgendes: Die zeitliche Organisation des Alltags – zwischen Erwerbsarbeit, Familienarbeit, einer Vielzahl von Erledigungen, Freizeit, Pflege sozialer Kontakte und nicht zuletzt bürgerschaftlichem Engagement – kostet zunehmend mehr Zeit durch die anfallende, von jedem und jeder individuell zu schulternde zeitliche Koordinationslast. Alltag ist dabei der Ort, an dem „alles zusammenkommt" (Jurczyk/Rerrich 1993) und damit eine Sammelkategorie.

Zur sinnvollen Differenzierung der Alltagskategorie aus Sicht der Zeit-politikforschung lassen sich drei Eckpfeiler unterscheiden, die den Alltag fundieren und in einer beständigen Wechselwirkung strukturieren (Mü-ckenberger 2001b, S. 8ff.). Erstens die Organisation der Arbeit (erwerblich und/oder außererwerblich), zweitens die Gestaltung des Geschlechter- und Generationenverhältnisses und drittens die Existenz und Organisati-on der örtlichen Gemeinschaft (mit Infrastruktur, Dienstleistungen, Trans-port, Nachbarschaft, Kultur etc.) durch die Kommune oder andere Akteure. Projekte lokaler Zeitpolitik fokussieren auf den dritten Pfeiler und fragen von dieser Perspektive aus, ob und wie das Zusammenwirken dieser drei Pfeiler tatsächlich gesellschaftlich gestaltet ist beziehungsweise besser gemeistert werden kann.

4.2 Zeitpolitische Gestaltungsinitiativen in der Praxis

Bezug nehmend auf zwei empirische Fälle zeitpolitischer Gestaltungsinitia-tiven in Deutschland (Hamburg, Barmbek-Uhlenhorst und das ZeitBüro in Bremen-Vegesack) werden nachfolgend exemplarisch einige derjenigen zeitlichen Konfliktkonstellationen vorgestellt, die die Alltagsorganisation im lokalen Lebensumfeld erschweren. Das vom Senatsamt für die Gleich-stellung im Hamburger Stadtteil Barmbek-Uhlenhorst initiierte Projekt „Zeiten der Stadt" konzentriert sich auf die Probleme berufstätiger Mütter, bezie-hungsweise Mütter, die wieder in den Beruf einsteigen möchten, sowie auf berufstätige Frauen, die gerne Kinder bekommen würden. Ziel des Projekts war es, die Zeitstrukturen im Stadtteil vermehrt auf die Zeitbedarfe dieser Gruppe auszurichten. Eine in Auftrag gegebene repräsentative Umfrage unter den Frauen in diesem Stadtteil belegte, dass 40% der Befragten unter „ständiger Zeitknappheit" oder „erheblichem Zeitstress" leiden. Unter der Anforderung, Beruf und Familie zu verbinden, erhöht sich dieser Anteil noch einmal deutlich. Bei den berufstätigen Müttern leiden sogar zwei Drittel der Befragten unter Zeitnot. Unter diesem Blickwinkel wurde insbe-sondere den lokalen Rahmenbedingungen, also dem örtlichen Zeit- und Dienstleistungsangebot ein schlechtes Zeugnis ausgestellt (SFG 2001, S. 22).

Auch die vielfältigen Recherchen im Rahmen des Modellprojekts Zeit-Büro erbrachten eine breite Palette lokaler Zeitkonflikte.[4] Als Teil der

Bremer Verwaltungsreform hat dieses im lokalen Ortsamt angesiedelte Projekt die Aufgabe, durch beispielhafte Gestaltungsprojekte im Bereich der öffentlichen und privaten Dienstleistungen die Alltagsqualität im Stadtteil zu erhöhen und dafür entsprechende Kommunikations- und Kooperationsprozesse vor Ort aufzubauen. Insgesamt lassen sich aus beiden Praxisprojekten folgende einschlägige Problemfelder identifizieren, die exemplarisch sind für lokale Zeitpolitik.

– *Die Zeiten der öffentlichen Verwaltung*: Wenn die Behördenöffnungszeiten mit den eigenen Arbeitszeiten zusammenfallen, ergeben sich im Alltag lästige Koordinationsschwierigkeiten, auch wenn Behördengänge in der Regel nicht zur Alltagsroutine zählen. Neuere Angebote des virtuellen Rathauses im Rahmen des „eGovernment" lassen Potenziale der Koordinationserleichterung erwarten, können und sollen den persönlichen Kontakt jedoch nicht ersetzen. In Hamburg stellte das Zeitangebot der öffentlichen Verwaltung sowie der geringe Bekanntheitsgrad der Zeiten[5] für 57% der Befragten ein Problem dar (SFG 2001, S. 23). Der Wunsch richtete sich hier auf Öffnungszeiten vor oder nach der Arbeitszeit (also vor 8h oder nach 16h beziehungsweise 18h oder samstags Vormittag). In Vegesack stand neben der zeitlichen Vereinbarkeit von Berufstätigkeit und Behördengang die Unübersichtlichkeit der Behördenzeiten untereinander sowie ihre Ignoranz gegenüber anderen alltagsrelevanten Taktgebern im Stadtteil im Mittelpunkt. Beispielsweise hatte das direkt am Marktplatz gelegene örtliche Finanzamt immer dann vormittags geöffnet, wenn *kein* Wochenmarkt stattfand, der wiederum für viele Menschen Anlass bietet, in die Vegesacker Innenstadt zu kommen.

– *Kinderbetreuungszeiten*: Dieses Thema ist hochaktuell und wird in der Öffentlichkeit derzeit breit als ein zentraler Faktor für eine gelingende Vereinbarkeit von Beruf und Familie – zunehmend ein Anliegen beider Geschlechter – diskutiert. Auch in den zeitpolitischen Praxisprojekten wurden hierzu einschlägige Problemlagen deutlich. Den Familien entstehen konkret Zeitkonflikte durch starre Betreuungszeiten, die die flexible Nachfrage auch nach stunden- und tageweiser Betreuung nicht berücksichtigen, durch so genannte Betreuungsnotsituationen, wenn das fragile Arrangement der Regelbetreuung durch unvorhergesehene Ereignisse zusammen-

bricht oder schlicht durch Unterversorgung mit bestimmten Betreuungs-
formen. Hinzu kommen fehlende Mittagstische im Stadtteil auch für schul-
pflichtige Kinder und fehlende Koordination von Wegeketten zwischen
Wohnort, Betreuungseinrichtung, Arbeitsplatz und anderen Erledigungen
(SFG 2001, S. 33ff.).

– *Öffnungszeiten im Einzelhandel und anderer privater Dienstleister*: Entgegen dem Schwerpunkt der öffentlichen Debatte um Ladenöffnungszeiten – weitere Verlängerung beziehungsweise wirtschaftliche und
soziale Interessen der Beteiligten – stand für Vegesacker Bürger/innen die
Verlässlichkeit und Einheitlichkeit der Öffnungszeiten in der örtlichen Fußgängerzone im Zentrum. Als Reaktion auf die Ladenschlussnovelle Ende
der 90er-Jahre fand in Vegesack, wie in vielen anderen städtischen Zentren
und Subzentren mit einem Bestand an kleinteiligem, gewachsenen Einzelhandel, eine Zerfaserung beziehungsweise ein „Ausfransen" der Ladenöffnungszeiten statt – allein in der Vegesacker Fußgängerzone gibt es über
25 verschiedene Öffnungszeitenmodelle. Angesichts dessen entstand für
die Bürger/innen eine Unübersichtlichkeit und Intransparenz, durch die
vor allem zu Tagesrandzeiten kaum noch eine Orientierung möglich war, wer
wann geöffnet hat. Dies hat nicht nur für die Alltagsqualität der Bürger/
innen negative Konsequenzen. Durch Kaufkraftabfluss zugunsten zeitlich
monolithisch strukturierter Einkaufszentren wird auch die Standortqualität
gewachsener Stadtzentren negativ beeinträchtigt. Ein großer Handlungsbedarf wurde daher in der Vereinheitlichung der Ladenöffnungszeiten, also
der koordinierten Absprache im Einzelhandel, gesehen und zwar nicht nur
am Abend, sondern auch morgens und bezüglich der Mittagszeitregelung.
In Hamburg wurden auch die Sprechzeiten von Arztpraxen problematisiert.
Damit Frauen auch alleine, in Ruhe und ohne Kind zum Arzt gehen können
(Sprechzeiten liegen meist parallel zu Arbeits- und häufig außerhalb von
Kinderbetreuungszeiten), wurden zusätzliche Sprechzeiten jenseits der
Kernzeiten gewünscht, in denen der Partner zu Hause die Betreuung über-
nehmen kann.

– *Öffentliche Mobilität*: Abstrakt betrachtet, verbindet Mobilität die
verschiedenen räumlichen Orte der Alltagsorganisation und ist als solche
nicht nur selbst Gegenstand sozialen Wandels, sondern auch feiner Grad-

messer des Wandels in den anderen konstitutiven Bereichen der Alltagskategorie. Vor allem die öffentliche Mobilität erzeugt Erfahrungen der Fremd-
bestimmtheit der eigenen Zeit. Als zentrales Problem zeigte sich dies im
Vegesacker Fallbeispiel. Hier fehlte ein gut abgestimmtes lokales Mobilitäts-
management, also das Zusammenspiel verschiedener Formen der Fortbe-
wegung. Vor allem die verkehrsmittelübergreifenden Übergänge (beispielsweise bei der Abstimmung der Fahrpläne zwischen den Bussen sowie dem
Nah- und Fernverkehr der Bahn; aber auch bezüglich der Infrastruktur beim
Übergang vom Fahrrad auf den ÖPNV), die fragmentierte Informationspo-
litik der einzelnen Verkehrsanbieter sowie die wenig auf die Alltagsbedarfe
der Nutzer/innen ausgerichtete Bahnhofsgestaltung markieren einige der
konkreten Problempunkte, die virulent wurden.

Dies sind einige der prägnantesten Beispiele der von den betroffenen
Bürger/innen genannten Problemfelder und Konfliktgegenstände. Zwar
lassen diese Befunde noch keine Aussage darüber zu, welche Bedeutsamkeit, welches Gewicht den einzelnen lokalen Zeitkonflikten innerhalb der
Alltagsorganisation zukommt und der dabei empfundenen Zeitnot für den/
die Einzelne/n. Diese Befunde belegen gleichwohl den vorhandenen Pro-
blemdruck, der seitens des lokalen Lebensumfeldes entsteht sowie den
Handlungsbedarf für örtliche Zeitgestaltung.

Eine Reihe erfolgreich umgesetzter Gestaltungsvorhaben, die derzeit
noch stark exemplarischen und modellhaften Charakter aufweisen, lassen
jedoch das zukünftige Potenzial lokaler Zeitpolitik erahnen, zeitliche Konfliktlagen im nahräumlichen Lebensumfeld vermehrt zugunsten lebens-
weltlicher Ansprüche zu bewältigen. Beispielsweise ist es im Rahmen des
ZeitBüro Projekts mit dem so genannten *„Bürgertag"* als einem lokalen
Zeitkompromiss gelungen, die zentralen öffentliche Dienstleister, wie den
Großteil der Behörden im Stadtteil (Bürgeramt, Standesamt, Finanzamt,
Bauamt und Arbeitsamt), die Beratungsangebote der Arbeitnehmerkam-
mer und die Stadtbibliothek Vegesack dazu zu bewegen, gemeinsam und
einheitlich am Donnerstag – einem der Markttage im Stadtteil – von 8-18h
durchgehend ihre Dienstleistungen vorzuhalten. Ergänzt wurde der Bür-
gertag durch eine Bürgerinformationsbroschüre zur Verbesserung der
Transparenz und Übersichtlichkeit.[6] Damit können behördliche Folgeer-

ledigungen an einem Tag bewältigt werden, und die Verknüpfung von Einkäufen – Markt, Fußgängerzone und alle beteiligten öffentlichen Dienstleister befinden sich in fußläufiger Entfernung voneinander – wird möglich. Darüber hinaus erleichtern die erweiterten Öffnungszeiten vor allem Berufstätigen die Vereinbarkeit von Erwerbsarbeit und dem Gang auf das Amt beziehungsweise in die Bibliothek. Demzufolge – so die Evaluation, die ein ¾ Jahr nach Einführung des Bürgertags durchgeführt wurde – stellt für 80% der Befragten der Vegesacker Bürgertag eine Erleichterung für ihre Alltagsorganisation dar (Heitkötter 2000, S. 79ff.).[7] Neben der deutlich hervorgetretenen alltagspraktischen Dimension des Bürgertags geben die Evaluationsergebnisse auch Anlass zu der Vermutung, dass dieses neuartige Zeitarrangement das Potenzial aufweist, *neue gemeinsame Zeiten* im Sinne der sozialen Begegnung im Stadtteil zu erzeugen.[8] Es erscheint schlüssig, eine Dimension des Bürgertags jenseits von alltagspraktischen und akzeptanzorientierten Bezügen zu identifizieren. Die Zustimmung zu der Aussage, dass der Bürgertag auch zufällige Begegnungen mit sich bringen kann, weist auf eine extrafunktionale Bedeutung des stadtteilorientierten Zeitarrangements hin. Diese mag sehr wohl in Verbindung gesehen werden mit einem möglichen mittelbaren Beitrag, den öffentliche Verwaltungseinrichtungen bei der Schaffung lokaler kollektiver Zeitstrukturen zur Belebung des Stadtteils leisten können.

Im Hamburger Projekt erweiterte die Einführung von *Schülermensen* zum einen die betreuten Zeiten schulpflichtiger Kinder, schaffte dadurch bessere Voraussetzungen für die Erwerbstätigkeit der Mütter beziehungsweise der Eltern und entlastet diese zusätzlich vom abendlichen Kochen. In die gleiche Richtung weisen die Zeitarrangements, die in diesem Projekt hinsichtlich der *ärztlichen Sprechzeiten* erzielt werden konnten. In rund 10% der Arzt- und Zahnarztpraxen im Stadtteil werden mittlerweile erweiterte Sprechzeiten (vor 9h und nach 18h sowie samstags vormittags) angeboten. Eine Patientinnenbefragung ergab, dass vor allem Mütter dieses neue Zeitangebot überproportional nutzen, wobei die Abendsprechstunden vor allem von berufstätigen Müttern bevorzugt werden (SFG, S. 44ff.). Im norditalienischen Modena haben sich Einzelhändlerinnen aus den verschiedenen Stadtteilen zusammengeschlossen, um nach dem rotierenden

Apothekenprinzip zu gewährleisten, dass jeweils ein Lebensmittelgeschäft auch abends für die Kunden/innen die Versorgung ermöglicht, ohne dass sich der örtliche Einzelhandel in zeitlichem Konkurrenztreiben gegenseitig aufreibt.

Welchen Beitrag können zeitpolitische Maßnahmen derzeit leisten, die Bürgergesellschaft hinsichtlich ihrer zeitlichen Voraussetzungen zu befördern? Lokale Zeitpolitik, die sich der Bewältigung derartiger Problemlagen annimmt, kann meines Erachtens in zweifacher Weise dazu beitragen, positive Rahmenbedingungen für Menschen zu schaffen, die sich bürgerschaftlich engagieren möchten.

Erstens zielen zeitpolitische Maßnahmen darauf ab, durch lokale Koordinationsleistungen und alltagsorientierte Verbesserungen des örtlichen Dienstleistungsangebots Bürger/innen zeitlich zu entlasten. Über den Grad dieser Entlastungseffekte liegen bis auf punktuelle Evaluationen noch keine gesicherten breiten empirischen Ergebnisse vor. Es erscheint dennoch plausibel, dass zunehmende Selbstbestimmung über die eigene Zeit und frei gesetzte Zeitressourcen notwendige, wenn auch noch lange nicht hinreichende Bedingungen für die Realisierung einer aktiven Bürgergesellschaft darstellen. Zwar ist – wie einschlägige Untersuchungen gezeigt haben (vgl. Gensicke/Ohder in diesem Band) – die schiere Verfügbarkeit von Zeit noch kein Garant für vermehrtes bürgerschaftliches Engagement. Andere Faktoren wie Gelegenheitsstrukturen, motivationale Gesichtspunkte und so weiter müssen hinzutreten.

Zweitens erfordert die Bürgergesellschaft gemeinsame soziale Zeiten, um eine Kultur der Begegnung und des Miteinanders zu befördern, auf der Solidarität und Identifikation mit dem Gemeinwesen entstehen können. Zeitliche Strukturierungen, die nicht nur den Einzelnen entlasten, sondern auch Chancen für selbstverständliches gemeinsames Erleben in der Familie sowie auch im weiteren Umfeld der Nachbarschaft, der Stadt oder der Region ermöglichen, sind gefordert, insbesondere angesichts der zunehmenden Auflösung derartiger Fixpunkte und Orientierungen. Rinderspacher kommt am Ende seines Beitrags „Zeit für Demokratie" zu der Aussage „(...) dass vor allem die Synchronität einer Gesellschaft, ihre rhythmische Alltagsorganisation, die Teilnahme der Menschen an öffentlichen Angelegenheiten begünstigt, eine *Ent*rythmisierung sie demgegenüber stark behindert. Gerade für die auf Kommunikation angewiesene politische Arbeit in der Massendemokratie ist Regelmäßigkeit, Verlässlichkeit sowie langfristige Planbarkeit unabdingbare Voraussetzung, ebenso wie für Fußballturniere und Kirchenchöre." (Rinderspacher 2001, S. 132). Es erscheint angemessen, diese Aussage nicht nur auf politische Arbeit zu beziehen, sondern auf bürgerschaftliches Engagement allgemein auszuweiten. Gemeinsame soziale Zeiten sind für eine funktionierende Gemeinschaft unerlässlich, ungeachtet dessen, dass Flexibilisierungen der Arbeitszeit unter gewissen Umständen auch neue Freiräume für bürgerschaftliche Teilhabe schaffen können.

Es stellt sich die Frage, wie zeitliche Institutionen, verstanden als gesellschaftlich geronnene und individuell verinnerlichte zeitliche Verhaltensmuster und Sinnorientierungen mit sozialer Funktion – wie beispielsweise der Sonntag, der arbeitsfreie Samstag oder das Recht auf bezahlten Urlaub – entstehen.[9] Was in vorindustrieller Zeit die Natur, das Brauchtum oder die Kirche für die Hervorbringung von Zeitinstitutionen waren, hat in der Industriegesellschaft das Zusammenspiel verschiedener strukturbildender gesellschaftlicher Instanzen übernommen, wie es sich beispielsweise im organisierten Tarifvertrag widerspiegelt (Rinderspacher 1999, S. 31). Zieht man in Betracht, dass die Integrationskraft gesellschaftlicher Akteure wie der Kirchen oder der Gewerkschaften und Verbände eher im Schwinden begriffen ist, müssen alternative Wege gefunden werden, gesellschaftliche Synchronität herzustellen. Vieles spricht dafür, dass dafür zum einen explizite gesellschaftliche Verständigungsprozesse notwendig werden und zum anderen, dass die Bedeutung zeitlicher Muster mit lokaler und regionaler Bindekraft gegenüber gesamtgesellschaftlichen Strukturierungen zunehmen wird. Vor diesem Hintergrund gewinnt Zeitpolitik, auch in ihrer lokalen Ausprägung, zunehmend an Relevanz.

5. Zum Zeitaufwand der örtlichen Zeitpolitik

Als eine Kehrseite der lokalen Zeitpolitik könnte man allerdings ihren eigenen Zeitverbrauch betrachten. Ein Blick auf die skizzierten Aktionsformen dieses Politiktyps lässt bereits auf konzeptioneller Ebene auf beträchtliche zeitliche Anforderungen schließen. Denn nicht die unter Umständen zeitsparende Anwendung von Rechtsnormen oder die hoheitliche Anordnung von Maßnahmen zur Regelung lokaler Zeitkonflikte „von oben" zeichnet die zeitpolitische Vorgehensweise der Zeitbüros und ähnlicher Initiativen aus. Im Gegenteil ist gerade Bürgerbeteiligung, und zwar durch direkte, dialogische Verfahren wie Zukunftswerkstätten, Bürgergespräche, Planungszellen konstitutiv für den Ansatz. Doch diese Beteiligung kostet Zeit; erst die aufwändige Ermittlung von zielgruppenspezifischen und lokal variierenden Zeitbedarfen bei den Betroffenen ermöglicht alltagsgerechte Neugestaltungen. Es geht gerade darum, der dominanten Binnensteuerung, die wirtschaftliche und soziale Interessen der Arbeitgeber- beziehungsweise der Arbeitnehmerseite höher bewertet als die gesellschaftlichen Interessen der Nachfrageseite, etwas entgegenzusetzen. Um lebensweltlichen Anforderungen, die nicht bereits organisiert und agglomeriert sind, öffentlich Gehör und gesellschaftlich Einfluss zu verschaffen, bedarf es der verstärkten Beteiligung der Bürger/innen sowie zivilgesellschaftlicher Akteure, mehr als wenn in der Alltagswelt die meisten Zusammenhänge ein für alle Mal festgeschrieben sind (Cohen/Arato 1995). Das kostet Zeit – nicht nur für den Gestaltungsprozess als solchen, der langen Atem aller Beteiligten erfordert, sondern auch die Zeit der betroffenen Bürger, die sich über die Teilnahme an öffentlichen Veranstaltungen oder die Mitarbeit in eben diesen Zukunftswerkstätten und Planungszellen in neuartiger Form einbringen können. Ebenso sprechen die diskursive Vorgehensweise und der kooperative Ansatz bezogen auf die lokalen Taktgeber und Organisationen für eine hohe Zeitintensität. Örtliche Problemlagen können zwar ermittelt werden, aber erst durch kommunikative Prozesse auf lokaler Ebene wird der relevante Zeitkonflikt darin definiert und damit kon-struiert. Darüber hinaus erfordert die Querschnittorientierung bezogen auf herkömmliche Fach- und Ressortausrichtungen, die Zeitkonflikten immanent ist, Beratungs- und Abstimmungszeiten. Die Erarbeitung von intelligenten Problemlösungen und Zeitkompromissen findet derzeit in kooperativen Bezügen statt. Auch in diesen Prozessen will gut Ding Weile haben.

Wie also ist der Aspekt des Zeitverbrauchs einzuschätzen und zu bewerten, welche Hinweise liefert die Empirie? Scheint sich hier doch ein bemerkenswertes, noch weiter zu interpretierendes und sicher nicht undelikates – insbesondere für das Handlungsfeld, das doch die Vermehrung von Zeitwohlstand verspricht – Paradox zu zeigen: Was zeitlich *ent*lasten soll, ist offensichtlich nur um den Preis zeitlicher *Be*lastung zu haben. Entscheidend für die Einschätzung dieses Sachverhalts ist hier sicher die Frage, *wer* hier in neuartiger Weise *wie* be- und entlastet wird.

Bevor ein Blick in die Projektpraxis des ZeitBüros Vegesack konkrete Anhaltspunkte zur Klärung dieser Fragen liefert, möchte ich die (empirisch generierte) These voranstellen: Lokale Zeitgestaltung ist zunächst in nicht unbeträchtlichem Umfang zeitaufwändig aufgrund ihrer diskursiven, kooperativen und partizipativen Ausprägung. Es ergibt sich ein differenziertes Bild der Neuverteilung von Zeitabstimmungsaufgaben. Intelligente Lösungen und neue Zeitarrangements erbringen potenziell sowohl eine Verringerung als auch eine Verlagerung des zeitlichen Koordinationsaufwandes. Dabei finden parallel zeitliche Be- und Entlastungsprozesse zwischen Bürger/innen und lokalen Taktgebern statt, die jedoch letztlich deutlich zugunsten der Bürger/innen gewichtet sind. Bürger/innen, die Zeit- und Dienstleistungsangebote nachfragen, werden beim Arrangieren, Koordinieren und Planen ihrer Alltagsorganisation entlastet durch gelungene zeitpolitische Gestaltungsinitiativen. Indem die Zeitkoordination und Herstellung von alltagsgerechten Bedingungen von einer privaten zur öffentlichen Angelegenheit wird, verlagert sich der entsprechende Zeitaufwand, der mit „lokaler Zeitorganisation im Stadtteil" einhergeht, zumindest partiell auf die lokalen Taktgeber. Die individualisierte Leistung, den Alltag „auf die Reihe" zu bekommen, erhält sozusagen ein Pendant, ein Gegenstück auf der Seite des relevanten örtlichen Lebensumfeldes, indem Akteure aus Politik und Verwaltung, der Wirtschaft und der Zivilgesellschaft in die Pflicht genommen werden. Auf der anderen Seite kann lokale Zeitpolitik nur gelingen, wenn Bürger/innen dazu bereit sind, einen Teil ihrer Zeit zu investieren und die Beteiligungsangebote wahrzunehmen. Die lokalen Institutionen ihrerseits werden nicht nur durch eine neue Gestaltungsaufgabe zeitlich beansprucht, sondern erfahren durch die intermediären Instanzen, die zeitpolitischen Protagonisten vor Ort, entlastende Unterstützung im Bereich von Vorbereitungs-, Organisations- und Informationszeiten.

Nachfolgend möchte ich anhand empirischer Befunde aus der Projektpraxis meine These zu den parallelen, aber gewichteten zeitlichen Be- und Entlastungstendenzen zwischen Bürger/innen und lokalen Institutionen unterstützen und konkretisieren.

5.1 Der Blick in die Praxis – lokale Funktionsträger und Bürger/innen
Die Praxis des ZeitBüros Vegesack hat gezeigt, dass örtliche Zeitgestaltung insbesondere für die örtlichen Einrichtungen und ihre Funktionsträger zu neuen zeitlichen Anforderungen führt. Kennzeichnend dafür wurden die Projektbetreiber/innen des Vegesacker ZeitBüros in einer prekären Doppelrolle „enttarnt". Waren sie doch angetreten, um den „Zeitdieben" vor Ort, nämlich den wenig an den Alltagsbedarfen der Menschen orientierten Dienstleistern, das Handwerk zu legen, wurden sie – halb im Spaß, halb im Ernst – nicht selten selbst von den lokalen Kooperationspartnern als solche bezeichnet und mit den Worten begrüßt „(...) da kommen ja unsere Zeitdiebe!" Wer den Zeitklau auf der einen Ebene bekämpft, produziert ihn auf einer anderen – mag die paradox anmutende Quintessenz lauten. Dieser Sachverhalt der Zeitkosten lokaler Zeitpolitik ist meines Erachtens nicht anekdotisch oder als individuelles Problem zu verstehen, sondern als ein strukturelles zu behandeln. Auch in den Nachbefragungen der lokalen Kooperationspartner am Ende des Modellzeitraums wurde der Umstand der hohen Zeitintensität im Zusammenhang mit häufig ungelösten organisationsinternen Legitimationsanforderungen problematisiert. Der Integrationsgrad der neuen zeitlichen Anforderungen in den Kanon der wahrzunehmenden Aufgaben variierte unter den Funktionsträger/innen. Es überwog jedoch die Einschätzung, dass das Engagement im Rahmen der lokalen Zeitgestaltung zunächst als etwas zeitintensives Zusätzliches zu ihrem „Hauptberuf" betrachtet wurde, das gegenüber Kolleg/innen oder vorgesetzten Ebenen legitimiert werden musste.

Welche Anforderungen stellte das Gestaltungsprojekt konkret an die lokalen Taktgeber und ihre Funktionsträger/innen? Drei Beispiele geben einen Einblick in die praktische Arbeitsweise sowie die Präsenz-, Kommunikations- und Informationszeiten, die sie bei den lokalen Akteuren einfordern. Mit dem vom ZeitBüro ins Leben gerufenen transversal angelegten *Stadtteilforum* „Alltagsfreundliches Vegesack", das in der Modellphase regelmäßig im Abstand von zwei Monaten tagte, wurden die lokal relevanten Einrichtungen aus den unterschiedlichsten gesellschaftlichen Bereichen vernetzt. Hier wurden mit Hilfe von Experten/inneninterviews lokale Zeitkonflikte diskutiert und eingekreist, konkrete Gestaltungsvorhaben initiiert und im weiteren Verlauf beratend begleitet sowie öffentliche Aktionen beraten, Beteiligungsverfahren angestoßen und deren Ergebnisse erörtert. In projektbezogenen *Arbeitskreisen* oder so genannten *Runden Tischen* wurden in zahlreichen Sitzungen die einzelnen Gestaltungsprojekte, Zeitkompromisse und Neuarrangements im Detail mit den betroffenen Einrichtungen erarbeitet. Dafür mussten zum Teil von den institutionellen Funktionsträgern die Hintergründe im Einzelnen sondiert und interne Abstimmungsprozesse mit der Organisationsleitung oder den Arbeitnehmervertretungen durchgeführt und zurückgespielt werden, um praktische Lösungsvorschläge gemeinsam zu entwickeln beziehungsweise zu vermitteln. Hier wurden Beteiligungsverfahren oder öffentlichkeitswirksame Aktionen konzipiert und besprochen, die Implementierung sowie die Begleitung und Evaluation zeitpolitischer Maßnahmen beraten und beschlossen. *Workshops* oder andere *neuartige Veranstaltungsformen*, wie zum Beispiel die Mobilitätsbörse, wurden in kooperativer Weise gemeinsam mit den lokalen Einrichtungen konzipiert, geplant, durchgeführt und nachbereitet. Darüber hinaus mussten vielfältige bilaterale Abstimmungen und Gespräche zwischen den Kooperationspartnern untereinander sowie mit dem ZeitBüro geführt werden, um zu den konkreten Veränderungen zu gelangen. Diese Beispiele belegen die Aussagen über die Zeitintensität der neuen Anforderungen, welche lokale Zeitpolitik an die Funktionsträger der lokalen Einrichtungen stellt. Zieht man allerdings in Betracht, dass kooperative und dialogische Verfahrensweisen in Planungs- und Gestaltungsprozessen die lokale Akzeptanz der Ergebnisse deutlich steigern und Blockadehaltungen verringern, wie die Erfahrungen aus der Stadt- und Raumplanung belegen (Bischoff/Selle/Sinning 1996), spricht das trotz der augenscheinlichen Zeitaufwändigkeit auf das Ganze gesehen für die Effektivität dieser Herangehensweise.

Gleichzeitig – erkennt man die Sinnhaftigkeit und Notwendigkeit örtlicher Zeitpolitik grundsätzlich an – stellt der Gestaltungsansatz Instrumente und Organisationsformen bereit, die die Voraussetzungen für oben genannte Prozesse herstellen und die lokalen Akteure darin unterstützen. Durch das ZeitBüro in Bremen-Vegesack, ZeitWerkStadt in Wolfsburg oder die Gleichstellungsbeauftragten in anderen Städten werden Instanzen vorgehalten, die wichtige Vor- und Hintergrundarbeiten leisten. Mit der Durchführung und Aufbereitung einschlägiger Recherchen, der Initiierung, Moderation und Geschäftsführung von Stadtteilforen und anderen kooperativen Zusammenhängen sowie der Pressearbeit und der Konzeption, Durchführung und Auswertung von Beteiligungsverfahren und öffentlichen Veranstaltungen und so weiter werden die Akteure in nicht unbeträchtlichem Maße von Vorbereitungs-, Organisations- und Informationszeiten frei gehalten. Unter den derzeitigen Bedingungen sind die Selbstorganisationspotenziale bei den lokalen Akteuren meines Erachtens nicht ausreichend, um die organisatorische Infrastruktur eines derartigen Gestaltungsprozesses zu tragen. Abgesehen davon ist eine intermediäre Instanz mit ihrer einschlägigen fachlichen Kompetenz für die Moderation zeitpolitischer Prozesse unabdingbar.

Worin bestehen die Motive und Interessen der lokalen Einrichtungen, sich unter diesen Voraussetzungen an lokaler Zeitpolitik zu beteiligen? Eine Reduzierung ausschließlich auf den Aspekt des Zeitaufwandes greift zu kurz, um die Mitarbeit der lokalen Einrichtungen zu erfassen. Die Interessenlagen der lokalen Einrichtungen und ihrer Funktionsträger haben verschiedene Facetten. In Verbindung mit hausintern, häufig isoliert voneinander laufenden Reform- und Modernisierungsprozessen (Verwaltungsreform, Eigenverbetrieblichung, Fusionen, vermehrte Stadtteilorientierung und so weiter) sehen lokale Einrichtungen qualitativ neue Potenziale, über lokale Zeitgestaltung die Dienstleistungsqualität und Bürger/innenorientierung der eigenen Einrichtung in Kontakt mit anderen Anbietern zu erhöhen. Auch ein Gewinn an öffentlichem Ansehen und Image durch ein Engagement für die Steigerung der Attraktivität und der Lebensqualität im

Stadtteil ist ein Anreizfaktor. Die Vernetzungs- und Kommunikationseffekte lokaler Zeitpolitik stoßen auf großes Interesse, persönliche Kontakte und Bezüge im Stadtteil auszuweiten beziehungsweise zu pflegen, sich an lokale Informationsflüsse anzuschließen. Für die lokalen Akteure sowie für die Entwicklung des Stadtteils entstehen dadurch wertvolle Synergien. Nicht zuletzt besteht bei den lokalen Einrichtungen durchaus ein Bedarf, methodisch gesichert mehr über die Bedarfe der eigenen Klientel zu erfahren.

Welches Bild ergibt sich mit Blick auf die Seite der Bürger/innen, die auf der Nachfrageseite von Zeit- und Dienstleistungsangeboten stehen? Der Aspekt der Entlastung, den sie potenziell durch konkrete Zeitabsprachen der lokalen Taktgeber untereinander in ihrer persönlichen Alltagsbewältigung erfahren, wurde bereits im vorausgegangenen Abschnitt diskutiert. Welche Beteiligungschancen beziehungsweise damit auch verbundene zeitliche Anforderungen stehen dem in der Projektpraxis gegenüber? Das Modellprojekt ZeitBüro entwickelte unterschiedliche Formen der Bürgerbeteiligung, die unter der hier relevanten Fragestellung in punktuelle und kontinuierliche Formen der Bürgerbeteiligung differenziert werden können. Bei den punktuellen Formen reichte das Spektrum von schriftlichen Befragungen, vermittelt über die lokale Presse, über eine neuartige Form des Dialogs zwischen Nutzer/innen und Anbietern des ÖPNV im Rahmen einer eintägigen Mobilitätsbörse[10], über Bürgergespräche bis hin zu öffentlichen Workshops, an denen Berufsgruppen aus dem Kinderbetreuungsbereich und betroffene Eltern gleichermaßen teilnahmen. Die Versuche allerdings, trotz tatkräftiger Unterstützung der örtlichen Verkehrsunternehmen über einen lokalen Fahrgastbeirat kontinuierliche Formen der Bürgerbeteiligung zu etablieren, schlugen aufgrund mangelnder Resonanz fehl. Die Vermutung liegt nahe, dass die deutlich größeren zeitlichen Anforderungen dauerhafter Formen an die Beteiligten die Bereitschaft, sich zu engagieren, überschreitet.

Noch ungeklärt ist, in welchem Maße allgemein emanzipatorische Potenziale für ein gesellschaftspolitisches Engagement hinsichtlich der Zeitgestaltung im direkten Lebensumfeld bei den Bürger/innen tatsächlich vorhanden sind, beziehungsweise wie sie erschlossen und mobilisiert werden können. Die empirischen Befunde aus bisherigen Praxiserfahrungen liefern ambivalente Hinweise. Einerseits spricht viel dafür, dass der konkret-lokale Zuschnitt zeitpolitischer Beteiligungsformen und die Aussicht auf spürbare Konsequenzen im eigenen Lebensumfeld insbesondere für Frauen attraktive Ansatzpunkte zur politischen Einflussnahme jenseits formaler Politikformen bietet (Geissler 2000, S. 41). Die Beteiligungsresonanz in einigen Fällen unterstreicht das. Andererseits scheinen aber auch spezifische Hemmschuhe zu existieren, die eine gewisse Scheu vor Beteiligung erklären könnten. Die Projektpraxis lässt unter anderem vermuten, dass im Bewusstsein der Menschen angesichts der individuell erfahrenen Zeitengpässe und Koordinationsschwierigkeiten im eigenen und/oder familiären Alltag ein Interpretationsmuster überwiegt, das darin in erster Linie ein persönliches Versagen und weniger eine gesellschaftspolitische Fehlleistung erkennt. Durch die individuelle Abfederung sind lokale Zeitkonflikte „zerstückelt", ihr intersubjektiver, struktureller und lokaler Charakter tritt in der landläufigen Deutung hinter der individuellen Wahrnehmung zurück. Die Denkfigur lokaler – und damit öffentlich zu bewältigender – Zeitkonflikte ist noch sehr jung und bedarf gesellschaftlicher Sensibilisierung auf allen Ebenen, um zukünftig tatsächlich Beteiligungspotenziale verstärkt aktivieren zu können. Insgesamt zeigt die Praxis, dass die Problemseiten partizipativer Ansätze, wie soziale Selektivität durch Mittelschichtlastigkeit, Zielgruppenspezifik zeitlicher Bedarfslagen, Motivationsprobleme sowie vergleichsweise geringe Transparenz zukünftig auch für ein professionelles Partizipationsmanagement sprechen.

5.2 Lokale Zeitpolitik als komplementäre, gesellschaftsseitige Vermittlungsleistung

Das bisher Gesagte gibt Anlass für weiterführende Überlegungen zur systematischen Einordnung lokaler Zeitpolitik. Wir sind im Rückgriff auf das Konzept der alltäglichen Lebensführung ausgegangen von der zunehmend individuell zu leistenden Koordination und Synchronisation im Rahmen des selbst hervorzubringenden Alltagsarrangements. Diese zeitaufwändige Alltagsorganisation wurde aus der Sicht des Individuums mit dem Begriff der „Verarbeitlichung des Alltags" gefasst. Dabei wird der alltäglichen Lebensführung zugleich eine zentrale Vermittlungsleistung zwischen Individuum und gesellschaftlichen Institutionen zugeschrieben: Das System Lebensführung schiebe sich mit seiner eigenen Form und Logik quasi als etwas „Drittes" zwischen die Person im engeren Sinne und die Gesellschaft – beziehungsweise die für die Person relevanten gesellschaftlichen Teilbereiche. „Und in dieser systematischen Zwischenstellung erfüllt Lebensführung wichtige Funktionen für die Person wie für die Gesellschaft und schließlich für die Vermittlung beider Sphären." (Voß 1995, S. 39) Diese Vermittlungsleistung ist bisher nicht nur einseitig – nämlich zu Lasten der Individuen – verteilt, sondern nimmt durch wachsende Synchronisierungsanforderungen zu und beansprucht an sich Zeit.

Die Interpretation zeitpolitischer Gestaltungsinitiativen unter dem Gesichtspunkt der zeitlichen Entlastungen und Anforderungen führt zu folgendem Ergebnis. Gegenüber der vermittelnden Funktion alltäglicher Lebensführung – so die hier vertretene These – kann die in Stadtteilforen und anderen diskursiven und kooperativen lokalen Zusammenhängen sich vollziehende örtliche Zeitgestaltung interpretiert werden als eine gesellschaftsseitige *komplementäre Vermittlungsleistung*, die seitens der lokal taktgebenden Institutionen und deren Funktionsträger/innen erbracht wird. Örtliche Zeitgestaltung nimmt ebenfalls eine systematischen Zwischenstellung ein und schiebt sich quasi als etwas „Viertes" zwischen Individuum und Gesellschaft oder zwischen Lebenswelt und System, um im Bild des gesellschaftstheoretischen Entwurfs von Habermas zu sprechen, auf den sich die zeitpolitische Theoriebildung in zentraler Weise bezieht (Mückenberger 2001a; Eberling/Henckel 2002). Daraus ergibt sich in neuer Form das Bild einer *beidseitig* ineinander greifenden und aufeinander bezogenen Vermittlungsleistung zwischen den Bürger/innen einerseits und der Gesellschaft – in Gestalt der lokalen Taktgeber – andererseits (vgl. Grafik).

Die Empirie des ZeitBüros legt nahe, dass entsprechend dem Prozess der Verarbeitlichung des Alltags auf Seiten der Bürger/innen ein vergleichbarer Prozess stattfindet auf Seiten der lokalen Einrichtungen und ihrer Funktionsträger/innen. Örtliche Zeitgestaltung, als ein von ihnen neu wahrgenommenes Handlungsfeld wird ihnen zur Arbeit, beansprucht ihre (Arbeits-)Zeit, schickt sich an zu einem Teil ihres Aufgabengebiets zu

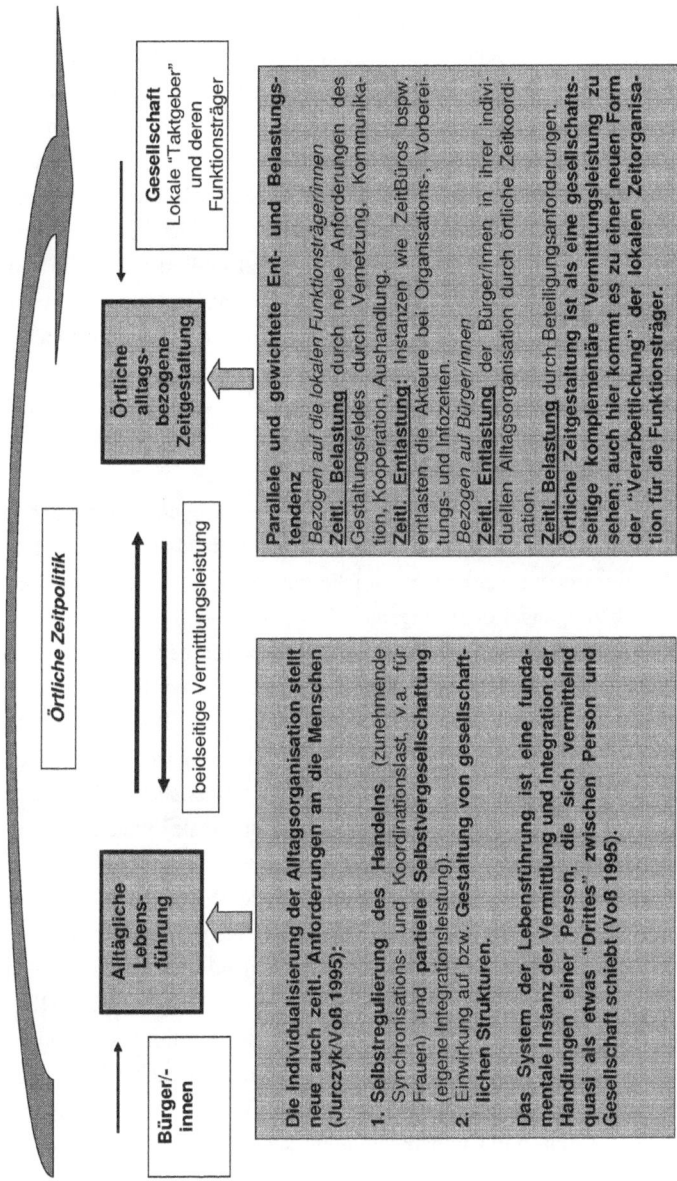

Bürger/-innen

Örtliche Zeitpolitik

Alltägliche Lebensführung

beidseitige Vermittlungsleistung

Gesellschaft
Lokale "Taktgeber" und deren Funktionsträger

Örtliche alltags-bezogene Zeitgestaltung

Die Individualisierung der Alltagsorganisation stellt neue auch zeitl. Anforderungen an die Menschen (Jurczyk/Voß 1995):

1. **Selbstregulierung des Handelns** (zunehmende Synchronisations- und Koordinationslast, v.a. für Frauen) und partielle **Selbstvergesellschaftung** (eigene Integrationsleistung).

2. Einwirkung auf bzw. **Gestaltung von gesellschaftlichen Strukturen.**

Das System der Lebensführung ist eine fundamentale Instanz der Vermittlung und Integration der Handlungen einer Person, die sich vermittelnd quasi als etwas "Drittes" zwischen Person und Gesellschaft schiebt (Voß 1995).

Parallele und gewichtete Ent- und Belastungstendenz
Bezogen auf die lokalen Funktionsträger/innen
Zeitl. Belastung durch neue Anforderungen des Gestaltungsfeldes durch Vernetzung, Kommunikation, Kooperation, Aushandlung.
Zeitl. Entlastung: Instanzen wie ZeitBüros bspw. entlasten die Akteure bei Organisations-, Vorbereitungs- und Infozeiten.
Bezogen auf Bürger/innen
Zeitl. Entlastung der Bürger/innen in ihrer individuellen Alltagsorganisation durch örtliche Zeitkoordination.
Zeitl. Belastung durch Beteiligungsanforderungen.
Örtliche Zeitgestaltung ist als eine gesellschaftsseitige komplementäre Vermittlungsleistung zu sehen; auch hier kommt es zu einer neuen Form der "Verarbeitlichung" der lokalen Zeitorganisation für die Funktionsträger.

Abb.: Örtliche Zeitpolitik als Verlagerung und Verringerung zeitlicher Koordinationsaufgaben von Bürger/innen auf lokale Funktionsträger werden. Der dargestellte Prozess der doppelten, aber gewichteten zeitlichen Be- und Entlastung weist also auf die Tendenz einer *Verarbeitlichung der lokalen Zeitgestaltung* hin. Dadurch kommt es erstens insgesamt gesehen zu einer Verlagerung zeitlicher Koordinationsaufgaben, indem sie von einer individuellen zu einer öffentlichen, in unserem Zusammenhang zu einer lokal-gesellschaftlichen Angelegenheit wird. Zweitens bedeutet diese Verschiebung auch eine Verringerung der Koordinationslast: Was vorher viele Einzelne für sich bewerkstelligten, kann so von einigen wenigen bedacht und wenn nötig neu arrangiert werden mit der Konsequenz, dass den vielen Einzelnen angemessenere Rahmenbedingungen für ihre Alltagsorganisation entstehen.

6. Ausblick

Ein sinnvolles Arrangement des Alltags – sei es bezogen auf die persönliche Alltagsgestaltung, in der viel Verschiedenes nebeneinander Platz finden muss, oder sei es bezogen auf die zeitlichen und infrastrukturellen Rahmenbedingungen des Alltags auf lokaler Ebene – erfordert Zeit. Dieser Zusammenhang ist deutlich geworden. Wie der Beitrag gezeigt hat, wird die Verteilung zeitlicher Be- und Entlastung für derartige Koordinationsaufgaben mit lokaler Zeitpolitik neu gewichtet – zugunsten der Bürger/innen und mit vermehrten Anforderungen an die lokalen Taktgeber. Der auch zeitliche Mehraufwand lohnt sich, wie die modellhaften Praxisbeispiele gezeigt haben. Allerdings darf lokale Zeitpolitik keine optionale Luxusaktivität in den Kommunen bleiben, darf sich nicht in vereinzelt blühenden Modellprojekten erschöpfen. Vielmehr ist eine strukturelle Absicherung dieses Gestaltungsfeldes erforderlich, möglicherweise auch durch flankierende gesetzgeberische Initiativen, woran in Deutschland – nach italienischem und französischem Vorbild – bereits gearbeitet wird (Mückenberger 2001a). Eine institutionelle Stärkung des prozessorientierten Gestaltungsfeldes würde auch für die lokalen Einrichtungen und ihre Funktionsträger/innen eine notwendige Rückendeckung bedeuten, um ihr zeitintensives Engagement, das Eigen- und Gemeinwohlinteressen in neuer Weise verbindet, erleichtert zu legitimieren.

Viel deutet auch darauf hin, dass die Handlungsebene der Stadt oder sogar des Stadtteils zwar einerseits zentral ist für die Bewältigung von Zeitkonflikten. Hier, im lokalen Lebensumfeld, wo sich der Alltag konkret abspielt, brechen sie auf, werden sie spürbar. Gleichzeitig können Gestaltungsstrategien nur greifen, wenn sie die spezifischen örtlichen Verhältnisse berücksichtigen und lokal zugeschnitten sind. Andererseits haben die Praxiserfahrungen gezeigt, dass die lokale Handlungsebene allein zur Bewältigung lokal sich manifestierender Konflikte in manchen Bereichen zu kurz greift. Angesichts der zunehmenden vertikalen Politikverflechtung liegen die Ursachen und Stellschrauben immer häufiger auf überlokalen Ebenen der Region, des Landes, des Nationalstaates oder der Europäischen Union. Um die Problembewältigungskapazität dieses Gestaltungsfeldes zukünftig den gestellten Konstellationen entsprechend zu erweitern – man denke beispielsweise an die Diskussion um die Ganztagsschule, die Verflechtungen im Bereich der öffentlichen Mobilität oder die zunehmende Zahl von zentral gesteuerten Filialisten im Einzelhandelsbesatz unserer Städte –, bedarf es langfristig sicher auch der Etablierung zeitpolitischer Instanzen und Prozesse auf den entsprechenden übergeordneten Ebenen.

Perspektivisch gedacht, ist das Verhältnis zwischen lokaler Zeitpolitik und einer Bürgergesellschaft beziehungsweise einer Bürgerkommune als ein sich wechselseitig bedingendes und verstärkendes zu verstehen. Einerseits sind zeitpolitische Gestaltungsinitiativen darauf angewiesen, dass Bürger/innen bereit und in der Lage sind, sich einzubringen und zu beteiligen, um Probleme und Bedarfe zu ermitteln, aber auch um dadurch Öffentlichkeit und Einfluss zu erzeugen. Gesellschaftspolitisches Engagement, also ein Stück praktizierter Bürgergesellschaft, gehört zu den notwendigen Voraussetzungen zeitpolitischer Gestaltungsprozesse. Andererseits ist die Umsetzung des Leitbildes Bürgergesellschaft und Bürgerkommune langfristig nur denkbar, wenn zugleich gewisse zeitliche Bedingungen erfüllt sind. Erstens bedarf es frei verfügbarer Zeiten, Zeitpolster oder -puffer, die in der ein oder anderen Weise auch für gemeinwohlorientierte Aktivitäten verwendet werden können. Zweitens erfordert bürgerschaftliches Engagement, wie bereits ausgeführt, die Existenz gemeinsamer Zeitfenster, gewisser selbstverständlicher gesellschaftlicher Synchronitäten, die Begegnung und soziales Miteinander ermöglichen. Wie schwer es mancherorts geworden ist, aufgrund flexibilisierter Arbeitszeitmodelle, beispielsweise in Vereinen, regelmäßig eine komplette Fußballmannschaft auf die Beine zu stellen, belegt diesen Zusammenhang. Lokale Zeitpolitik bietet Ansatzpunkte und Instrumentarien, in beiden Fällen einen wichtigen Beitrag zu leisten. Zukünftig sind daher beide Ansätze – lokale Zeitpolitik und Bürgerkommune – deutlicher sowohl konzeptionell wie vor allem auch in der Praxis zu integrieren. Gründe und Anknüpfungspunkte dafür gibt es genug.

Trotz aller guten Argumente für eine Stärkung der Bürgergesellschaft ist dennoch eine offensive gesellschaftliche Debatte und sorgfältige Abwägung darüber vermehrt notwendig, was an Leistungserbringung zukünftig des Bürgers und was des Staates sein soll und sein kann. In der Überstrapazierung bürgerschaftlichen Engagements in seiner sozialen Dimension zur Kompensation schwindender wohlfahrtsstaatlicher Leistungen liegt nicht nur eine Gefahr der Überforderung und der Dysfunktionalität, damit wäre auch die Chance auf demokratische Revitalisierung vertan. Lokale Zeitgestaltung fördert demgegenüber eindeutig die Möglichkeiten der politischen Mitgestaltung der Menschen an ihren alltäglichen Lebensbedingungen vor Ort.

Literatur

Beck, U.; Beck-Gernsheim, E. (Hg.) (1994): Riskante Freiheiten. Individualisierung in modernen Gesellschaften. Frankfurt a. M.

Bischoff, A.; Selle, K.; Sinning, H. (1996): Informieren, beteiligen, kooperieren. Kommunikation in Planungsprozessen. Eine Übersicht zu Formen, Verfahren, Methoden und Techniken. 2. Auflage. Dortmund

Bogumil, J. (2001): Ist die kooperative Demokratie auf dem Vormarsch? In: Der Städtetag, Nr. 6/2001, S. 32-36

Bogumil, J.; Holtkamp, L. (2001): Die Neugestaltung des kommunalen Kräftedreiecks. Grundlegende Konzeption zur Bürgerkommune. In: VOP, Nr. 4/2001, S. 10-12

Bonfiglioli, S.; Mareggi, M. (1997): Il tempo e la città fra natura e storia. Atlante di progetti sui tempi della città. Urbanistica Quaderni, Roma

Boulin, J.-Y.; Mückenberger, U. (1999): Times in the City and Quality of Life. In: Best, European Studies on Time, Nr. 1/1999

Cohen, J.; Arato, A. (1995): Civil Society and Political Theory. 3. Auflage. Cambridge

Eberling, M.; Henckel, D. (1998): Kommunale Zeitpolitik. Veränderungen von Zeitstrukturen – Handlungsoptionen der Kommunen. Berlin

Eberling, M.; Henckel, D. (2002): Raumzeitpolitik. Berlin

Fürstenberg, F.; Herrmann-Stojanov, I.; Rinderspacher, J. P. (Hg.) (1999): Der Samstag. Über Entstehung und Wandel einer modernen Zeitinstitution. Berlin

Geissler, B. (2000): Alltagszeit und die „Zeiten der Stadt" – Von Italien lernen. In: Mückenberger, U. (Hg.): Zeiten der Stadt. Reflexionen und Materialien zu einem neuen gesellschaftlichen Gestaltungsfeld. 2. erweiterte Auflage. Bremen, S. 35-50

Gohl, Ch. (2001): Bürgergesellschaft als politische Zielperspektive. In: Aus Politik und Zeitgeschichte, Nr. 6-7/2001, S. 5-11

Heitkötter, M. (2000): Das Modellprojekt ZeitBüro in Bremen-Vegesack. Eine transferorientierte Auswertung im Rahmen der Bremer Verwaltungsmodernisierung. Unveröffentlichter Projektbericht, Bremen

Issa, S. (2000): Zeiten der Stadt – Forschungs- und Modellprojekt des Senatsamts für die Gleichstellung Hamburg. In: Mückenberger, U. (Hg.): Zeiten der Stadt. Reflexionen und Materialien zu einem neuen gesellschaftlichen Gestaltungsfeld. 2. erweiterte Auflage. Bremen, S. 251-256

Jurczyk, K.; Rerrich, M. S. (1993): Lebensführung weiblich – Lebensführung männlich. Macht diese Unterscheidung heute noch Sinn? In: Dies. (Hg.): Die Arbeit des Alltags. Beiträge zu einer Soziologie der alltäglichen Lebensführung. Freiburg, S. 279-309

Jurczyk, K.; Voß, G. (1995): Zur gesellschaftsdiagnostischen Relevanz der Untersuchung von alltäglicher Lebensführung, In: Projektgruppe Alltägliche Lebensführung (Hg.): Alltägliche Lebensführung. Arrangements zwischen Tradition und Modernisierung. Opladen, S. 371-407

Klenner, Ch.; Pfahl, S.; Seifert, H. (2001): Ehrenamt und Erwerbsarbeit – Zeitbalance oder Zeitkonkurrenz? Ministerium für Arbeit und Soziales, Qualifikation und Technologie des Landes Nordrhein-Westfalen. Düsseldorf

Meyer, I. (2000): Die zeitbewusste Stadt Hanau. In: Mückenberger, U. (Hg.): Zeiten der Stadt. Reflexionen und Materialien zu einem neuen gesellschaftlichen Gestaltungsfeld. 2. erweiterte Auflage. Bremen, S. 257-263

Mückenberger, U. (Hg.) (2000): Zeiten der Stadt. Reflexionen und Materialien zu einem neuen gesellschaftlichen Gestaltungsfeld. 2. erweiterte Auflage. Bremen

Mückenberger, U. (Hg.) (2001a): Bessere Zeiten für die Stadt. Chancen kommunaler Zeitpolitik. Schriftenreihe der Hamburger Universität für Wirtschaft und Politik, Band 9. Opladen

Mückenberger, U. (2001b): Örtliche Zeitkonflikte und die Macht der Zivilgesellschaft (unveröffentlichtes Manuskript zu einer ARL-AK-Sitzung). Hamburg

Mückenberger, U.; Menzl, M. (Hg.) (2002): Der Global Player und das Territorium. Schriftenreihe der Hamburger Universität für Wirtschaft und Politik, Band 10. Opladen

Plamper, H. (1998): Obrigkeitliche Kommune, Dienstleistungskommune, Bürgerkommune: Zur aktuellen Reformdiskussion. In: von Trott zu Solz, L. (Hg.): Bürgerorientierte Kommune – Wege zur Stärkung der Demokratie. Projektdokumentation – Bd.1: Hearing und Auftaktveranstaltung. Gütersloh

Plamper, H. (2000): Bürgerkommune: Was ist sie? Was soll sie sein? Was ist zu tun? Arbeitspapier 32 der HBS. Düsseldorf

Rinderspacher, J. P. (1992): Zeitstrukturen und private Haushalte. In: Gräbe, S. (Hg.): Alltagszeit – Lebenszeit. Frankfurt a.M., New York, S. 11-30

Rinderspacher, J. P. (1999): Der freie Samstag: Ein Phänomen als Untersuchungsgegenstand. In: Fürstenberg, F.; Herrmann-Stojanov,

I.; Rinderspacher, J. P. (Hg.): Der Samstag. Über Entstehung und Wandel einer modernen Zeitinstitution. Berlin, S. 17-68

Rinderspacher, J. P. (2001): Zeit für Demokratie. In: Mückenberger, U. (Hg.): Bessere Zeiten für die Stadt. Chancen kommunaler Zeitpolitik. Schriftenreihe der Hamburger Universität für Wirtschaft und Politik, Band 9. Opladen, S. 107-133

v. Rosenbladt, B. (2000/2001): Freiwilliges Engagement in Deutschland. Ergebnisse einer Repräsentativerhebung zu Ehrenamt, Freiwilligenarbeit und bürgerschaftlichem Engagement in Deutschland. Bonn

SFG (Senatsamt für die Gleichstellung, Hamburg) (2001): Zeiten: der:stadt. Projektbericht des Barmbek-Uhlenhorster Forschungs- und Modellprojekts. Hamburg

v. Trott zu Solz, L. (Hg.) (1998): Bürgerorientierte Kommune – Wege zur Stärkung der Demokratie. Projektdokumentation – Bd. 1: Hearing und Auftaktveranstaltung. Gütersloh

Voß, G. G. (1995): Entwicklung und Eckpunkte des theoretischen Konzepts. In: Projektgruppe „Alltägliche Lebensführung" (Hg.): Alltägliche Lebensführung. Arrangements zwischen Traditionalität und Modernisierung. Opladen, S. 23-43

Anmerkungen

[1] Der Begriff der Kommunalen Zeitpolitik ist weit verbreitet und betont die Gestaltungsverantwortung der Kommunen (Mückenberger 2000; Eberling/Henckel 1998). Gleichwohl geht der konkrete zeitpolitische Gestaltungsprozess, der sich deutlich von herkömmlichen ressortverhafteten, hierarchischen Politikformen unterscheidet, mit einer starken Aufwertung des sozialräumlichen Lebensumfeldes und von Akteursgruppen aus dem Bereich der Zivilgesellschaft und der lokalen Ökonomie einher. Der Begriff der lokalen Zeitpolitik beziehungsweise -gestaltung, der im Folgenden verwendet wird, trägt diesen Schwerpunktverschiebungen Rechnung.

[2] Sowohl zu den einzelnen Projekten, die im Rahmen des Gestaltungsansatzes „Zeiten der Stadt" in Deutschland durchgeführt werden beziehungs-

weise wurden sowie zu aktuellen Entwicklungen im europäischen Ausland siehe Mückenberger (2000; 2001a).

[3] Siehe die Ergebnisse des SFB 333 der Deutschen Forschungsgemeinschaft zu „Flexibilisierte Arbeitsverhältnisse und Organisation der individuellen Lebensführung".

[4] Das ZeitBüro Projekt wählte einen anderen methodischen Zugang und arbeitete mit einer anderen Datengrundlage. Anstelle einer systematischen, repräsentativen Erhebung in der Bevölkerung, verschafften qualitative Verfahren wie Experteninterviews mit Akteuren lokaler Einrichtungen, Stadtteilforen, dialogische Bürgerbeteiligungsinstrumente und mediengestützte Bürgerbefragungen Zugang zu den lokal spezifischen Konfliktlagen.

[5] Die Bedeutung des Bekanntheitsgrades von Zeiten ist hoch bezüglich der Frage, ob diese Zeiten zu einem Stressfaktor werden. Bekannte und verinnerlichte Zeiten sind verlässlich und erlauben tägliche Planung, selbst wenn sie per se nicht nutzerfreundlich sind, wie die HH-Untersuchung belegt, als bei den Banken und Sparkassen eine Mittagspause zwischen 13–14.30h sowie Regelöffnungszeiten bis 16h, nur in Ausnahmefällen bis 18h, üblich waren. Auch in Vegesack ist der Bekanntheitsgrad von Sprechzeiten öffentlicher Dienstleistungseinrichtungen miserabel: 80% der Befragten kennen die Sprechzeiten der Ämter nicht oder nur teilweise. Bei den Beratungszeiten der Kammern sind es 82% und bei den Öffnungszeiten der Stadtbibliothek 77%. Vor dem Hintergrund der Informationsgewohnheiten ist der Frust vorprogrammiert: zwar versuchen 65% der Befragten, sich vorab per Telefon zu informieren, aber knapp die Hälfte der Befragten (48%) geht auf gut Glück vorbei. Nur knapp 18% greifen auf Printmedien oder andere Quellen zurück.

[6] Die aus Anlass des Bürgertags erstellte Broschüre gibt nicht nur gebündelt Auskunft über die wöchentlichen Öffnungszeiten der beteiligten Einrichtungen, sondern auch über Ansprechpartner, die angebotene Dienstleistungspalette, Telefonnummern und Adressen sowie die Verbindungen mit dem Öffentlichen Personennahverkehr. Auch das trägt zur Erleichterung der praktischen Alltagsorganisation bei, indem nicht jeder Einzelne die Basisinformationen mühsam zusammensuchen muss.

[7] Dieser vorliegende Befund erlaubt zwar keine Aussagen darüber, welche Bedeutsamkeit Behördengängen für die alltägliche Lebensqualität überhaupt zukommt, beziehungsweise wie sich der Bürgertag tatsächlich im Kontext der Alltagsgestaltung der Menschen auswirkt. Dennoch ist festzustellen, dass sich die überragende Mehrheit der Behördenbesucher/innen aufgrund der Koordination und Vereinheitlichung der Öffnungszeiten des Bürgertags positiv dazu äußert.

[8] Der Bürgertag trägt laut Evaluation dazu bei, dass Menschen verstärkt Bekannte oder Nachbarn im Amt oder im Stadtteil begegnen. Auch wenn sich nicht mit Sicherheit sagen lässt, welche Konnotationen die Befragten mit dieser Aussage verbinden (ist das zufällige Zusammentreffen mit Nachbarn und Freunden positiv oder negativ besetzt?), so ist es doch plausibel, in derartig erzeugten lokalen Zeitarrangements sozial kohäsive Potenziale zu sehen.

[9] Siehe dazu exemplarisch die Arbeiten zur Zeitinstitution des arbeitsfreien Samstags (Fürstenberg et al. 1999).

[10] Die als Tagesveranstaltung konzipierte Mobilitätsbörse versammelte alle lokal relevanten Verkehrsanbieter im Bereich der öffentlichen Mobilität und ermöglichte neben der Vernetzung der Verkehrsanbieter untereinander, dass sich Bürger/innen gebündelt informieren und auf verschiedene Weise (über Wandzeitungen, „Knackpunktkarte" der Region, im direkten Gespräch mit den Anbietern) ihre Verbesserungsvorschläge und Erfahrungen, ihre Wünsche und Bedarfe im Hinblick auf das öffentliche Verkehrsangebot artikulieren konnten und sich somit in direkter Weise an der Ausgestaltung des örtlichen ÖPNV-Angebots beteiligen konnten.

Maria-Eleonora Karsten

Die Bürgergesellschaft – eine zeitlose Idee?

Defizite – Ansätze – Perspektiven

1. Zeitpolitik – Zeit für neue Zeitpolitiken

Werden Zeitpolitikdiskurse, Zeitprojekte und Zeitpolitikpraktiken seit den 1980er-Jahren bilanziert, so fällt auf, dass sowohl in Deutschland als auch in Europa eine deutliche Konzentration im Bereich der Gestaltung von Erwerbsarbeitszeiten liegt. Zeitpolitik wird weiterhin vorrangig aus der Perspektive und im Horizont von Zeit als Sozialstruktur einer Industriegesellschaft diskutiert. Der gedankliche Ausgangspunkt von Zeitpolitik müsste sich in einer Epoche, in der die Bürgergesellschaft konzeptionell immer stärker in den Vordergrund rückt, dementsprechend auf die Lebenssphären außerhalb der Erwerbsarbeit verschieben. Diese Erkenntnis will der folgende Beitrag präzisieren und näher begründen.

Pointiert stellt sich die Ausgangssituation Mitte 2003 so dar, dass Arbeitszeitpolitik ein vorrangiges Feld politischer Gestaltung und fast schon ein politisch-öffentlicher Allgemeinplatz geworden ist. Es geht den Arbeitsmarktpolitikern jeglicher Couleur erstaunlich leicht von den Lippen und findet in den Zeitgestaltungsvorschlägen der so genannten „Hartz-Kommission" zur Verkürzung der Arbeitslosengeld-Zahlungszeit eine vieldiskutierte Zuspitzung (Kommissionsbericht „Moderne Dienstleistungen" 2002).

Die (wellenförmigen) Zeitdiskurse seit den 1980er-Jahren zeigen also, dass es weiterhin eine nachhaltige zukunftsfähige Zeitpolitik anzustreben oder die dafür gebotenen argumentativen und politischen Voraussetzungen zu schaffen gilt. Ziel ist es, weiterhin das „wie" einer qualitativ neuen Zeitgestaltung auszuarbeiten.

In wie starkem Maße Zeit, Wirtschaft und gesellschaftliche Gesamtentwicklung dabei leicht auf die eine oder andere (Schlag-) Seite verkürzt werden, zeigt auch das Beispiel einer amerikanisch-deutschen Vergleichsstudie. In dieser wird die private Hausarbeit deutscher Frauen und ihre geringeren Erwerbsarbeitszeiten sowie ihre höheren Zeitaufwendungen für Kinder aufgerechnet und verbunden mit der zentralen Aussage: „Verschenkte Zeit – Deutsche Frauen leisten mehr Hausarbeit als Amerikanerinnen und schaden so der Wirtschaft" (siehe Tab. 1). Die Folge sei eine Schmälerung ihres Dienstleistungskonsums, was einer Schädigung der Wirtschaft gleichkomme (Freeman/Schettkat 2001).

Tab. 1: „Verschenkte Zeit – Deutsche Frauen leisten mehr Hausarbeit als Amerikanerinnen und schaden so der Wirtschaft"

	deutsche Frauen	amerikanische Frauen
Arbeitszeit in der Woche	53 Std.	53 Std.
Arbeitszeit in Betrieb/ Büro	16 Std. (30%)	26,5 (50%)
Arbeitszeit im Haushalt und Betreuungen	37 Std. (70%)	26,5 (50%)
Freizeit	38 Std.	38 Std.
Arbeitszeit für's Bruttosozialprodukt	30%	50%
Zeitaufwendungen zur Bereitung von Mahlzeiten	20 Std.	13 Std.
Zeitaufwendungen zur Kinderbetreuung	20 Std.	11 Std.
Fernsehkonsum/ Babysitter (Durchschnittsbürgerln)	11 Std.	18 Std.
Ausgaben für Speisen und Getränke	30%	30%
davon Restaurantbesuche	> 30%	< 50%

(vgl. Richard B. Freeman und Ronald Schettkat)

Sollen solche Schieflagen und Einseitigkeiten nicht länger die Diskussion bestimmen, gilt es, dass Zeitgestaltungserfordernisse, Zeitstrukturkonzeptionen und Zeitmodelle weiterhin und sogar neu vor der Aufgabe stehen, sich im Horizont gesellschaftlicher Entwicklungen und gesellschaftskonzeptioneller Entwürfe wie der Zivil- und Bürgergesellschaft zu verorten; denn diese sind nicht zuletzt durch (verbreitet implizite) neue Zeitvorstellungen gekennzeichnet. Zeit ist somit mindestens in den Kontexten von

- zivilgesellschaftlichen;
- risikogesellschaftlichen;
- multikulturellen;
- dienstleistungsdominierten, arbeitsgesellschaftlichen;
- globalisierten sowie
- Sozial- und Wohlfahrtsstaatsentwicklungen in Europa zu denken.

Es ist also Zeit für neue Zeitpolitiken – im Denken und praktischen Handeln.

2. Arbeitszeiten – Lebenszeiten – BürgerInnengesellschaftszeiten

Besonders charakteristisch für die Zeitgestaltungserfordernisse von Bürger/innen und Zivilgesellschaftsformationen ist, dass Zeitgestaltungsanforderungen in neuer Weise alle Lebens-, Arbeits-, Partizipations- und zivilgesellschaftlichen Engagementbereiche betreffen und in europäischen Konzeptionen, wie zum Beispiel dem Memorandum zum Lebenslangen Lernen (EU 2001), biografiebedeutsam werden. Damit ist auch das zeitliche Selbstverständnis im Generationen- und im Geschlechterverhältnis neu zu bedenken. Ähnlich dem Denkmodell der ökologischen Ökonomie stehen wir daher heute vor der Aufgabe, neue kleine oder große Gesellschaftsverträge auszuarbeiten (Biesecker 2002).

Diese Herausforderung ist eine konsequente Folge der großgesellschaftlichen Wandlungsprozesse von der Industrie- zur Dienstleistungs- und Wissensgesellschaft. Hiermit ist nämlich ein tief greifender Wandel aller sozialen Zeitstrukturen verbunden, der die Zeitdiskussion zu einem zentralen Thema der Zukunftsgestaltung in Deutschland und Europa werden lässt (Karsten 1994).

Im Zentrum eines solchen neuen Gesellschaftsvertrages stünde das Ziel einer gerechten Verteilung von Arbeit, Zeit und Geld. Dieses erfordert eine „doppelte Umverteilung", nämlich zum einen von oben nach unten und zum anderen von Männern und Frauen. Das heißt, im 21. Jahrhundert werden das bis heute gültige „Normalarbeitsverhältnis" und die „alte" Arbeitsteilung zwischen den Geschlechtern nicht mehr das Basismodell der künftigen Informations- und Dienstleistungsgesellschaft sein. Um in diesem Sinne eine Gleichstellung von Frauen und Männern auf dem Erwerbsarbeitsmarkt zu realisieren, ist eine Veränderung der bestehenden (Arbeits-) Zeitarrangements auf allen Ebenen, von der Tages- und Wochen- bis hin zur Lebensplanung notwendig (Netzwerk FrauenZeiten 2001).

Zeitanalysen und Zeitpolitiken schließen sowohl Arbeits- und Lebenszeit als auch soziale und kulturelle Zeiten für Frauen und Männer (Karsten 2002) mit ein. Die Beschränkung auf Arbeitszeitpolitik ginge daher am Thema vorbei, angesagt ist vielmehr ein mehrdimensionales Projekt zukunftsfähiger Zeitpolitiken, die das gesamte Leben umfassen. Werden alle wichtigen Bereiche des Alltagslebens zusammengedacht, so geht es bei den wesentlichen Zeitstrukturen um den Zusammenhang der zeitlichen Dimensionen von sozialer Integration, von Partizipation, von Zeiten für soziale Innovationen, die im Hinblick auf Solidarität, soziale Gerechtigkeit, Gleichstellung von Frauen und Männern zu konkretisieren sind. In einem solchen lebensumspannenden Programm, das von der Geburt über die Stationen des Aufwachsens in Familie, Kindereinrichtungen, Schule, Berufsausbildung, Studium, Erwerbsarbeit, ehrenamtliche Arbeit bis ins Alter reicht, nehmen heute die personenbezogenen Dienstleistungen in erzieherischen, sozialen, bildenden, pflegenden oder ganz allgemein in den reproduktionsbezogenen Bereichen eine besondere Stellung ein.

Sie gestalten, zeitlich betrachtet, die Lebensgrundlagen, und bilden damit gleichsam die zivilgesellschaftliche Folie, auf die alle weiteren Aktivitäten eingetragen, eingelebt und ausgezeichnet werden. In ihren Zeitvorgaben, wie etwa in den privat familialen Lebensformen respektive Krippe 0 – 3 Jahre, in den Kindereinrichtungen für 3- bis 6-Jährige, in der Grundschule 6 – 10 respektive 12 Jahre, in der weiterführenden Schule 16 – 18 Jahre, in der Berufsausbildung oder im Studium, in der Erwerbsarbeit mit oder ohne Unterbrechungen – unterschiedlich für Frauen und Männer –, gestaltet sich der Lebensalltag, ebenso wie auch alle sozialen Sicherungssysteme. „Normal" in der heutigen Gesellschaft ist weiterhin, zum angemessenen Zeitpunkt in der Biografie in eine Phase und Institution einzutreten, für eine als optimal angenommenen Zeit in dieser zu verweilen und mit dem Abschluss, dem Übergang zur Schule, zur Berufsausbildung oder zum Studium, um nur einige Übergänge zu nennen, erfolgreich weiter zu schreiten. Die soziale und ökonomische Struktur der Lebensgestaltung sowie ihre Qualität hängen somit durchgängig an einem Zeitmodell, das die Lebensplanung unsichtbar und dennoch wirkungsvoll bestimmt.

Das Zeitmodell setzt sich biografiebedeutsam aus einem Zusammenspiel von privatreproduktiven, öffentlich-verantworteten, dienstleistungsgestaltenden, bildungs-, erwerbsarbeits- und zivilgesellschaftlichen Zeiten zusammen, die zusammen die Zeitorganisation der Lebensplanung ausmachen. Aus einer solchen Perspektive ist nachvollziehbar, dass Qualität der Lebensgestaltung und Lebensführung heute deutlich umfangreicher von privaten und reproduktionsbezogenen Dienstleistungen und -zeiten gestaltet wird, als von so genannten produktiven, vor allem entlohnten Erwerbsarbeitsvollzügen. Zumal diese bis heute grundlegend ungleich verteilt sind zwischen Frauen und Männern, zwischen Jung und Alt, zwischen Inländern/innen und Ausländern/innen in unterschiedlichen Stadien ihrer Migration, deren Verlauf selbst noch eine weiter implizite und explizite Zeitstruktur darstellt (Karsten 1985).

Bereits die Zeitbudgetstudie (1991/1996) hatte deutlich gemacht, dass der reproduktive nichtentgoltene Anteil der Zeitverbrauche und -nutzung rund zwei Drittel und der arbeitsmarktbezogene entlohnte Zeitanteil eher ein Drittel aller Zeitverbrauche ausmacht (Blanke et al. 1996). Dies hätte bereits Anlass sein können, Zeitpolitik stärker aus einer Lebenszeit- und Reproduktionszeitperspektive heraus zu konzipieren und somit die Produktivität des Reproduktiven, wie dies die ökologische Ökonomie begründet, als Ausgangspunkt weiteren Denkens und Handelns für und über die Zeitgestaltung zu machen (Hofmeister 2001).

Eine solche Diskussion über die Bedeutung „reproduktiver Zeiten für eine nachhaltige Entwicklung" (Enge/Hetzer 2002) wird im Kontext der sozialökologischen Forschung geführt, von Arbeitsmarkt- und Zeittheoretikern/innen respektive -politikern/innen jedoch nicht oder kaum zur Kenntnis genommen. Aber auch in der sozialökologischen Forschung (Balzer/Wächter 2002) sind dabei gender-abstrakte von auf gender-Gerechtigkeit ausgerichtete Beiträge zu unterscheiden. Die Verteilung dieser Thematiken zwischen Frauen- und Männerforschungssondierungsprojekten dürfte dabei kein Zufall sein.

Während in der gender-bewussten Perspektive Arbeit, Zeit und ihre Verteilung auf Frauen und Männer thematisiert wird, rezipiert die Expertise von Brandl/Hildebrandt (2002) diesen zeit- und arbeitsmarkttheoretischen Stand, um darauf aufbauend das Konzept der Mischarbeit und -zeit zu konzipieren, das entlohnte Erwerbsarbeit, nichtentgoltene Arbeit, Bildungsarbeits-, Reproduktionsarbeits- und Eigenarbeitszeit umfasst. In diesem Gesamtkonzept werden dann die Differenzen, Ungleichgewichte und Ungleichverteilungen erneut versteckt. Hier kann nur von einem definitions- und machtinteressierten Umgang mit geschlechtsdifferenzierenden Ansätzen und Argumentationen zur Zukunft von Arbeit und Zeit und deren Verteilung gesprochen werden oder aber von einer neuen „alten" Blindheit gegenüber bereits empirisch fundierten Öffnungen der Diskussion. In den letzten Jahren gab es auf europäischer Ebene, Bundes- und Länderebene im Zusammenhang mit der Aufgabe der neuen zeitlichen Verteilung von Arbeit eine Vielzahl von Modellprojekten (Stand April 2002). Angesichts der oben geschilderten Situation ist es kein Zufall, dass sich auch die Zeitmodellprojekte verbreitet weiterhin um entlohnte Erwerbsarbeit zentrieren.

Das Netzwerk „vorsorgendes Wirtschaften" hat das Ziel, eine am „guten Leben" ausgerichtete Ökonomie zu gestalten. Das Projekt „Zeiten der Stadt" und das Zeitbüro Bremen koordinieren Zeitangebot und Zeitnachfrage auf kommunaler Ebene einschließlich familialer Zeiten.

Im Mittelpunkt der Arbeitszeitinitiative des DGB und der Gewerkschaften „ZeitWeise" steht ein gesellschaftlicher Diskurs über alle Formen der Arbeitszeitverkürzung, damit Arbeitszeitverkürzung, solidarische Umverteilung von Arbeit und mehr Lebensqualität in der Gesellschaft mehr Akzeptanz finden. Das aktuelle ver.di-Projekt (2002–2004) „Besser die Zeit im Griff als im Griff der Zeit" will Zeitbedarfe von Frauen als Arbeitnehmerinnen einerseits und als Abfragerinnen von Dienstleistungen andererseits formulieren, um so zu akzeptablen Verbesserungen zu kommen.

Auch im Ausland sind teilweise schon seit längerer Zeit Modellprojekte und Initiativen gestartet worden:

–   In Italien werden seit dem 1977 entwickelten Slogan „Ripendiaonoci la notte" (Holen wir uns die Zeit zurück) kontinuierlich (Staatsgesetz Nr. 142 von 1990; Gesetz Nr. 53/2000 von 2000) behördenübergreifende Zeitbüros eingerichtet, um zu einer Harmonisierung von Arbeitszeiten und Lebenszeiten beizutragen.

– Für Spanien lassen sich unter anderem Projekte zu den gewerkschaftlichen Forderungen nach einer 35-Stunden-Woche mit einer Arbeitszeit von sieben Stunden im Block nachzeichnen.

– In Großbritannien steht die Einführung unter anderem von Öffnungszeiten am Sonntag von zentralen Einrichtungen, wie beispielsweise der Zentralbibliothek in Bristol, im Mittelpunkt.

– In den Niederlanden wurde 1997 eine Kommission zur Tageszeitgestaltung vom Ministerium für Arbeit und Soziales eingerichtet, um Lösungen für Probleme bei der Synchronisation von Zeit und Raum zu entwickeln.

Die Modellprojekte stellen überwiegend exemplarische Feldexperimente dar und wurden nur zum Teil wissenschaftlich begleitet, um die Erfahrungen unter dem Aspekt der Übertragbarkeit zu analysieren und zu dokumentieren. Bis zum jetzigen Zeitpunkt ist eine Zusammenschau dieser Projekte nicht erfolgt, so dass über die Auswirkungen und Wechselwirkungen der Modelle weiterhin noch wenig bekannt ist.

Interdisziplinäre Ansätze, wie die zur Erarbeitung von „Zeitlandschaften" (Hofmeister 2001), von „time scapes" (Adam 1998), von „Zeiten der Stadt" (Mückenberger 2001) und sozialökologischen Zeit-Raum-Nachhaltigkeitsdenken (Enge/Hetzer 2002) weisen ebenso wie die Forderungen des Netzwerkes „FrauenZeiten" (2001) in die gleiche Richtung: Zeitforschungen und Zeitpolitiken sollen dem Ziel dienen, qualitätsvolle Zeiten für Frauen und Männer, Jung und Alt, Stadt und Land in einer zukünftigen Bürger/innengesellschaft zu erarbeiten. Diese wäre dann auch nicht länger eine zeit-lose Idee.

Besonders das Netzwerk „FrauenZeiten" fordert in seinem „Plädoyer für ein neues Arbeitszeitmanagement" eine gerechte Verteilung von Arbeit, Zeit und Geld, wie vorne dargestellt. Eine neue Debatte um Arbeitszeitverkürzung braucht ein Konzept, das Neueinstellungen sichert, Überstunden und Arbeitsverdichtung eindämmt und einen sozial gestaffelten Lohnausgleich vorsieht. Um mehr Gerechtigkeit und um Zeitsouveränität zu verwirklichen, bedarf es einer kreativen Zeitpolitik. Eine radikale Neuordnung der Arbeitszeit braucht nämlich Entwicklungsmöglichkeiten der Umgestaltung, beispielsweise Weiterbildung, Teilung von Führungsverantwortung, Dezentralität, Professionalisierung und Versorgung mit Dienstleistungen, die es zu nutzen gilt. Daraus resultierende veränderte Zeitbedürfnisse sind aufeinander abzustimmen. Hierfür sind das neue Teilzeit- und Elterngesetz richtige Schritte. Politische Regelungen dieser Art sollten ausgeweitet und damit Beschäftigten verlässliche Regelungen zu einer flexibleren Gestaltung ihres Arbeitszeitmanagements angeboten werden. Die betrieblichen Erfahrungen mit Vertrauensarbeitszeit (also nicht verlässlichen Regelungen) dagegen zeigen, dass diese oft zu steigenden Arbeitszeiten führen (hierzu auch Hermann in diesem Band). Unter anderen Voraussetzungen, zum Beispiel mehr Gestaltungsrechten für Beschäftigte und Betriebsrat, könnte Vertrauensarbeitszeit allerdings mehr Zeitsouveränität ermöglichen und die Leitlinie für eine geschlechtergerechtere Arbeitszeitpolitik abgeben (Netzwerk FrauenZeiten 2001).

In dem Begriff der Work-Life-Balance scheint ein wenig dieser Utopie eines lebbaren Gleichgewichtes von Arbeit und Leben durch. Die großen Individualisierungsschübe der letzten Jahre bedeuten für Frauen zum einen einen Zugewinn an Lebensoptionen, sie führen gleichzeitig zu einer Ökonomisierung aller Bereiche und zu Flexibilisierungsanforderungen, die allein an Arbeitgeberinteressen ausgerichtet sind. Um Flexibilisierung positiv im Sinne von Zeitsouveränität nutzen zu können, sind erwartbare Rhythmen und eine verlässliche Stabilität von Arbeitszeiten unabdingbar. Dazu gehören unter anderem ein möglichst erwerbsarbeitsfreies Wochenende sowie tägliche und wöchentliche Höchstarbeitszeitgrenzen. Es sind bereits interessante Modelle in Richtung einer neuen Arbeitszeitgerechtigkeit angedacht worden, wie zum Beispiel das Zwei-Säulen-Modell einer 2 x 25-Stundenwoche von Erwerbs- und Nichterwerbsarbeitszeit (Schweizer Sozialdemokratie), aber auch das Modell der „Dreizeitgesellschaft" (Rinderspacher 2003): jeweils ein Drittel Erwerbsarbeit, Gesellschaftsarbeit, freie Zeit.

Es bedarf, so die Zusammenfassung solcher neuen (Arbeits-)Zeitmodelle, der Zeitgestaltung sowohl für einzelne Lebensphasen mit unterschiedlichen Zeitbudgets als auch für die gesamte Dauer eines Erwerbslebens. Zeitverteilung ist eine Machtfrage. Aber: Zeitgestaltung und Verteilung ist eine Schlüsselfrage, insbesondere für Nachhaltigkeit, Gerechtigkeit zwischen Männern und Frauen und Zukunftsfähigkeit.

Öffentliche Aufmerksamkeit erfährt zunehmend der Zusammenhang von „Kinderbetreuungszeiten", Finanzierung durch die Kommunen und Erwerbsarbeitsbeteiligung respektive -zeiten der Mütter (Büchel/Spiess 2002; Hengsbach 2002; Karsten 2002; Mönig-Raane 2002). Diese Debatte wird allerdings eher unter Kosten- als unter zeitpolitischen Gesichtspunkten geführt. Wiederum sind die zeitpolitischen Konzeptionen der Bildungs-, Erziehungs- und Betreuungsgestaltung in öffentlicher Verantwortung (11. Kinder- und Jugendbericht; BJK 2002) betroffen, und zwar in ihrer Wechselwirkung zu gesellschaftlich erwünschter Frauenerwerbsarbeitsbeteiligung. Gefragt wird hier nach der Synchronisierung der Zeiterfordernisse der Kinder und ihrer Mütter, ohne dabei allerdings die Beteiligungszeiten der Väter an der Lebensgestaltung mit zu berücksichtigen. Bezogen auf Zeitgestaltung insgesamt ist dieses nunmehr die Einäugigkeit auf der anderen Seite, den zusammen gedachten Frauen- und Kinder-Zeiten.

Dies ist ein weiteres Beispiel dafür, wie wichtig es ist, die Sozialstruktur „Zeit" weiterhin im Gesamtzusammenhang sozialer, ökologischer, ökonomischer, kultureller Denkmodelle auszuarbeiten. Denn nur so besteht die Chance, die Zeitsouveränität aller Menschen zu verwirklichen und eine Neugestaltung gesellschaftlicher Zeitnutzung in Richtung auf nachhaltige Zeitzukünfte weiterzudenken.

Dies gilt umso mehr, werden die wiederum akzentuierten, nunmehr auf Freiwilligenarbeit konzentrierten Befunde des Surveys von 1999 in die Argumentation einbezogen. Wenn 34% der ab 14-Jährigen bereit sind, bis

Tab. 2: Wichtigkeit des Engagements und Zeitaufwand

Wichtigkeit, die dem Engagement zugemessen wird			
Zeitaufwand	Sehr wichtig	Wichtig	Weniger wichtig	gar nicht wichtig
bis zu 5 Std.	21,0 %	51,0 %	24,0 %	3,0 %
5 bis 10 Std.	37,0 %	53,0 %	8,0 %	0,9 %
11 bis 15 Std.	45,0 %	47,0 %	7,0 %	0,4 %
über 15 Std.	57,0 %	37,0 %	7,0 %	0 %

(vgl. Infratest Sozialforschung, Freiwilligensurvey 1999)

zu 15 Stunden wöchentlich ehrenamtlich engagiert zu sein, weil ihnen ihr Engagement zu 57% hoch wichtig ist, dann drängt auch dieser Befund dazu, eine gesamtgesellschaftliche Zeitperspektive zu erarbeiten. Diese müsste allerdings weiter differenziert werden nach Frauen und Männern, da deren Engagement in ihrem Bereich Kiga : Schule (2:1), Kirche : Religion (2:1) und Sport : Bewegung (1:3), (Frauen : Männer) deutlich ungleich verteilt ist (hierzu auch Gensicke/Ohder in diesem Band).

Und schließlich beinhaltet die europäische Konzeption „Lebenslangen Lernens" (Memorandum 2001) die dezidierte Aufforderung, die Zeiten von Bildung, Lernen, Erwerbsarbeit, Eigenarbeit, Reproduktion, zivilgesell-schaftlichen Engagements und politischer Betätigung in neue biografi-sche Wege hineinzuarbeiten und diese in ebenfalls neuen Bewertungen formalen, nonformalen und informellen Lernens zu zertifizieren (ebd.). Jedes Zertifikat setzt, auch nach europäischen Maßstäben, in der Regel Lernorte, Lerninhalte und Lernzeiten in ein besonderes Verhältnis. Le-benslanges Lernen konstituiert somit auch ein neues Lebenszeitmo-dell, das zukünftig als europäisch normal gelten soll, derzeit aber erst verhandelt wird.

3. Zeiten des Lebens – Zeiten der Gesellschaft: neue Niveaus und Standards in der Zeitorganisation und Zeitgestaltung

Werden die vorgestellten Argumentationen und voneinander eher ge-trennten Stränge der Diskussion zusammengeführt, so lassen sich die Herausforderungen für Zeitforschung, Zeitpolitik und Zeitlernen bündeln. Im Kern geht es darum, im Kontext von Europäisierung, Internationalisie-rung und Globalisierung die sozialen und damit die Zeitstrukturen für den Lebensstandort Deutschland zu konkretisieren im Hinblick auf eine nach-haltige, zukunftsfähige Arbeits-, Dienstleistungs-, Wissens- und Informa-tionsgesellschaft. Dies wird in der nachfolgenden Skizze illustriert, die wesentliche Entwicklungsfelder und Akteure/innen und Forschungsher-ausforderungen hervorhebt.

Zeitgestalten, Zeitsouveränität im Alltag, Zeit-Bildung und Zeitqualitä-ten für Frauen und Männer, Jung und Alt in Stadt und Land stellen dabei

gleichermaßen Anforderungen an Wissenschaft und Forschung hinsichtlich Interdisziplinarität und Handlungsorientierung, hinsichtlich Alltags-
und Lebenskompetenz wie auch an Prozesse lebenslangen Lernens. Ebenso an die Fachlichkeit und Professionalität insbesondere derjenigen, die
bildungs-, erziehungs-, lern- und erwerbsarbeits- und zivilgesellschaftliche Engagementzeiten gestalten, bewerten, sanktionieren, zulassen und
ermöglichen. Solche neuen Zeitniveaus und Zeitnutzungsmöglichkeiten,
Zeitchancen und ihre Verteilung stellen ein umfassendes Bildungsprojekt
dar, das auch politischer und öffentlicher Unterstützung sowie Unterfüt-
terung bedarf.

War das bisher gelungenste Bildungsprojekt der Moderne die Einschrei-
bung des patriarchalen Industrialismus mit seiner Verteilung sozial unglei-
cher Chancen und Zeiten auf Frauen und Männer als „normal" (Galbraith
1974 in: Rabe-Kleberg 1993) und Begründung der bis heute weiterhin
verbreiteten Zeitverbrauchsimperative (Rinderspacher 1985), so gilt es

Abb. 1: EUROPÄISIERUNG – INTERNATIONALISIERUNG – GLOBALISIERUNG

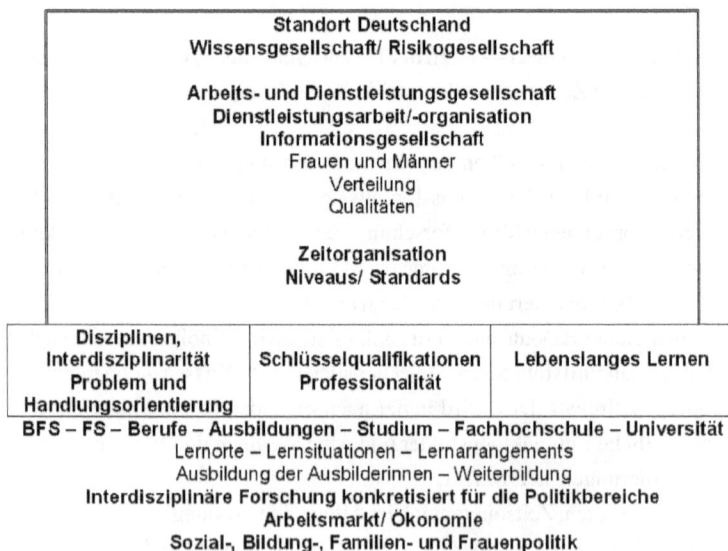

Standort Deutschland **Wissensgesellschaft/ Risikogesellschaft** **Arbeits- und Dienstleistungsgesellschaft** **Dienstleistungsarbeit/-organisation** **Informationsgesellschaft** Frauen und Männer Verteilung Qualitäten **Zeitorganisation** **Niveaus/ Standards**

Disziplinen, Interdisziplinarität Problem und Handlungsorientierung	Schlüsselqualifikationen Professionalität	Lebenslanges Lernen

BFS – FS – Berufe – Ausbildungen – Studium – Fachhochschule – Universität
Lernorte – Lernsituationen – Lernarrangements
Ausbildung der Ausbilderinnen – Weiterbildung
Interdisziplinäre Forschung konkretisiert für die Politikbereiche
Arbeitsmarkt/ Ökonomie
Sozial-, Bildung-, Familien- und Frauenpolitik

nunmehr, das Zeit-Bildungsprojekt der zweiten, reflexiven Moderne aktiv auszugestalten. Es beinhaltet immerhin die Möglichkeit, dass die zivile Bürger/innengesellschaft mit dem bewussten Ausgestalten des Vergesellschaftungsmodus Zeit auch zu gleicherem Recht und einer Neuverteilung von Geld und damit durch gezielt selbst angeeignete „Eigenzeiten" zu einer chancengerechteren Gesellschaft werden kann. Maßstab gesellschaftlicher Teilhabe ist dann die Idee der Selbstbestimmung der Zeit durch die Subjekte einerseits und einer zeitbewussten und zeitverantwortlichen Gesellschaft andererseits.

Literatur

Adam, B. (1998): Timescapes of Modernity. The environment and invisible hazards. London, New York

Adam, B. (1999): Naturzeiten, Kulturzeiten und Gender – Zum Konzept „Timescape". In: Hofmeister, S.; Spitzner, M. (Hg.): Zeitlandschaften. Perspektiven öko-sozialer Zeitpolitik. Stuttgart, Leipzig, S. 35-57

AK Arbeitszeitgestaltung der Sozialforschungsstelle (Hg.) (1998): Praxisformen der Zeitgestaltung. Ein Rahmenkonzept der Arbeitszeitforschung und Beratung. Dortmund

Autorinnengruppe des Netzwerkes FrauenZeiten (2001): Plädoyer für ein neues Arbeitszeitmanagement. (unveröffentlicht)

Baethge, M. (2000): Der unendlich langsame Abschied vom Industrialismus und die Zukunft der Dienstleistungsbeschäftigung. In: WSI-Mitteilungen. Nr. 3/2000, S. 149-156

Balzer, I.; Wächter, M. (Hg.) (2002): Sozial-ökologische Forschung – Ergebnisse der Sondierungsprojekte aus dem BMBF-Förderschwerpunkt. München

Biesecker, A. (2002): Zukunft der Arbeit: Wie gestaltet sich auf dem Weg in eine nachhaltige Gesellschaft das Verhältnis zwischen „Produktions-" und „Reproduktionssphäre"? In: UBA-Bericht 2002

Bundesjugendkuratorium (BJK) (2002): Bildung ist mehr als Schule. Leipziger Thesen zur aktuellen bildungspolitischen Debatte. Sachverständigenkommission für den Elften Kinder- und Jugendbericht. Bonn et al.

Blanke, K.; Ehling, M.; Schwarz, N. (1996): Zeit im Blickfeld. Ergebnisse einer repräsentativen Zeitbudgeterhebung. Studie im Auftrag des BMFSFJ. Stuttgart et al.

Brandl, S.; Hildebrandt, E. (2002): Expertise „Arbeit und Ökologie". In: Balzer, I.; Wächter, M.: Sozial-ökologische Forschung. Ergebnisse der Sondierungsprojekte aus dem BMBF-Förderschwerpunkt. München, S. 517-538

Büchel, F.; Spiess, C. K. (2002): Form der Kinderbetreuung und Arbeitsmarktverhalten von Müttern in West- und Ostdeutschland. Gutachten im Auftrag des BMFSFJ. Berlin

Ehlert, T. (1997): Zeitkonzeptionen, Zeiterfahrung, Zeitmessung. Stationen ihres Wandels vom Mittelalter bis zur Moderne. Paderborn

Ehling, M. (1990): Konzeption für eine Zeitbudgeterhebung der Bundesstatistik – Methodik: Stichprobenplan, Interview und Tagebuchaufzeichnung. In: Schweitzer, R.; Ehling, M. (Hg.): Zeitbudgeterhebungen. Ziele, Methoden und neue Konzepte. Stuttgart, S. 154-168

Ehling, M. (2001): Zeitverwendung 2001/2002 – Konzeption und Ablauf der Zeitbudgeterhebung der amtlichen Statistik. In: Ehling, M.; Merz. J. (Hg.): Zeitbudget in Deutschland –Erfahrungsberichte der Wissenschaft. Stuttgart, S. 214-228

Enge, K. (1999): Naturzeiten beachten. In: Politische Ökologie. Von der Zeitnot... Zum Zeitwohlstand. Nr. 57/58, S. 44-45

Enge, K.; Hetzer, S. (2002): „Die Zeit ist nicht die Uhr". Zur Bedeutung reproduktiver Zeiten für eine nachhaltige Entwicklung. Lüneburg (im Erscheinen)

Erler, G.; Jaeckel, M. (Hg.) (1989): Weibliche Ökonomie. Ansätze, Analysen und Forderungen zur Überwindung der patriarchalischen Ökonomie. Weinheim, München

Europäische Kommission (Hg.) (2000): Memorandum Lebenslanges Lernen. In: www.forumbildung.de

Franks, S. (1999): Das Märchen von der Gleichheit. Frauen, Männer und die Zukunft der Arbeit. Stuttgart

Freeman, R. B.; Schettkat, R. (2001): Verschenkte Zeit – Deutsche Frauen leisten mehr Hausarbeit als Amerikanerinnen – und schaden so der Wirtschaft. In: Der Tagesspiegel, Ausgabe vom 24.11.2001

Geißler, K. A. (2000): Anfang und Ende. In: Held, M.; Geißler, K. H. (2000): Ökologie der Zeit. Vom Finden der rechten Zeitmaße. Stuttgart, S. 179-185

Held, M.; Geißler, K. H. (2000): Ökologie der Zeit. Vom Finden der rechten Zeitmaße. Stuttgart

Hengsbach, F. (2002): Die globalen Finanzmärkte – keine fünfte Gewalt. In: Amman, J.-Ch. et al. (Hg.): Mr. Finanzplatz. Business is movement. München, Zürich, S. 257-269

Henning, D.; Raasch, S.; Wuttke, C. (Hg.) (1998): Zeitbrüche. Neue Zeitmuster für Frauen und Männer. Hamburg

Hofmeister, S. (2001): Zwischenzeiten – Zwischenräume. Übergänge: Fokus von Nachhaltigkeitsstrategien. In: Heilmann, J.; Simon, J. (Hg.): Kompetenz und Kreativität. Eine Universität in Entwicklung. Lüneburg, S. 349-367

Karsten, M.-E. (1985): Migrationsleben – Migrationslebenszeiten. Lehrbrief für die Fernuniversität Gesamthochschule Hagen, Fachbereich Erziehungs- und Sozialwissenschaften C/1985 (Kurseinheiten 2 und 3)

Karsten, M.-E. (1994): Der Arbeits-Zeit-Markt – einige Entwicklungen und Trends. Beitrag zum deutsch-italienischen Seminar: Die Verkürzung und Umverteilung der Arbeit und ihre arbeits- und sozialrechtliche Problematik. Perugia

Karsten, M.-E. (1999): Frauenberufe als Qualitätsgaranten – personenbezogene Dienstleistungen sichern den Kern von Lebensqualität und Zukunftsfähigkeit in Deutschland

Karsten, M.-E. (2000): Interdisziplinarität – Verunsicherung als Chance In: CAMPUS COURIER – Zeitung für das Projekt „Agenda 21 – Universität Lüneburg". Lüneburg

Karsten, M.-E.; Degenkolb, A.; Hetzer, S.; Meyer, C.; Thiessen, B.; Walther, K. (1999): Entwicklung des Qualifikations- und Arbeitskräftebedarfs in den personenbezogenen Dienstleistungsberufen. Expertise im Auftrag der Senatsverwaltung für Arbeit, Soziales und Frauen, Berlin

Merz, J. (2001): Zeitbudget in Deutschland – Eine Einführung zur bisherigen Nutzung von Zeitverwendungsdaten. In: Ehling, M.; Merz, J. (Hg.): Zeitbudget in Deutschland – Erfahrungsberichte der Wissenschaft. Stuttgart, S. 7-13

Mönig-Raane, M. (2002): ver.di-Position zur Gemeindefinanzierungsreform und zur Finanzierung von Kinderbetreuung. Diskussionspapier Juli 2002. Berlin

Mückenberger, U. (Hg.) (2000): Zeiten der Stadt. Reflexionen und Materialen zu einem neuen gesellschaftlichen Gestaltungsfeld. 2. erweiterte Auflage. Bremen

Mückenberger, U. (Hg.) (2001): Bessere Zeiten für die Stadt. Chancen kommunaler Zeitpolitik. Opladen

Netzwerk Frauenzeiten (2001): www.frauenzeiten.de

Rabe-Kleberg, U. (1993): Verantwortlichkeit und Macht. Ein Beitrag zum Verhältnis von Geschlecht und Beruf angesichts der Krise traditioneller Frauenberufe. Bielefeld

Rinderspacher, J. P. (1985): Gesellschaft ohne Zeit. Individuelle Zeitverwendung und soziale Organisation der Arbeit. Frankfurt a.M., New York

Rinderspacher, J. P. (1995): Zeit gewinnen. Paradoxien im Umgang mit einem alltäglichen Phänomen. In: Karsten, M.-E. (Hg.) (1995): Zeit im Leben – Zeit erleben. Lüneburg, S. 7-20

Rinderspacher, J. P. (2000a): Ohne Sonntag gibt es nur noch Werktage. Die soziale und kulturelle Bedeutung des Wochenendes. Bonn

Rinderspacher, J. P. (2000b): Zeitwohlstand in der Moderne. WZB-Paper P00-502. Berlin

Rinderspacher, J. P. (2003): Zeitwohlstand in der Dreizeitgesellschaft. Sozialwissenschaftliches Institut der EKD (SWI). Bochum

Weller, I.; Hoffmann, E.; Hofmeister, S. (Hg.) (1999): Nachhaltigkeit und Feminismus. Neue Perspektiven – Alte Blockaden. Bielefeld

Weller, I.; Hayn, D.; Schultz, I. (Hg.) (2001): Geschlechterverhältnisse, nachhaltige Konsummuster und Umweltbelastungen. Vorstudie zur Konkretisierung von Forschungsfragen und Akteurskooperationen. Abschlussbericht. Bremen, Berlin

v. Winterfeld, U. (1999): Zeit und Macht. In: Hofmeister, S.; Spitzner, M. (Hg.): Zeitlandschaften. Perspektiven öko-sozialer Zeitpolitik. Stuttgart, Leipzig, S. 559-581

WZB-Mitteilungen (2000): Nr. 89/2000, September, Berlin

SWI SOZIALWISSENSCHAFTLICHES INSTITUT
DER EVANGELISCHEN KIRCHE IN DEUTSCHLAND

lieferbare Veröffentlichungen

Joachim Weber
Diakonie in Freiheit?
Eine Kritik diakonischen Selbstverständnisses
SWI Verlag Bochum 2001
160 Seiten, ISBN 3925895-70-1, 20,00 Euro

Jürgen Ebach
Vielfalt ohne Beliebigkeit.
Theologische Reden 5
SWI Verlag Bochum 2002
270 Seiten, ISBN 3-925895-76-0, 20,00 Euro

Lutz Finkeldey
Jugend im Hexenkessel.
Zwischen Anpassung und Ausgrenzung
SWI Verlag Bochum 2002
168 Seiten, ISBN 3-925895-77-9, 15,50 Euro

Hartmut Przybylski
Wir könnten auch anders ...
Sozialethische Notizen
SWI Verlag Bochum 2002
216 Seiten, ISBN 3-925895-80-9, 16,00 Euro

Heiko Kastner
Mythos Marktwirtschaft
Die irrationale Herrschaft des Geldes über Arbeit, Mensch und Natur
SWI Verlag Bochum 2002
520 Seiten, ISBN 3-925895-81-7, 32,00 Euro

SWI VERLAG

Zu beziehen über den Buchhandel

SWI SOZIALWISSENSCHAFTLICHES INSTITUT
DER EVANGELISCHEN KIRCHE IN DEUTSCHLAND

lieferbare Veröffentlichungen

Veröffentlichungen von Jürgen P. Rinderspacher
im SWI Verlag und in anderen Verlagen

Jürgen P. Rinderspacher (Hg.)
Zeit für die Umwelt
edition sigma Berlin 1996
286 Seiten, ISBN 3-89404-428-4, 19,94 Euro

Uwe Becker, Hans J. Fischbeck, Jürgen P. Rinderspacher (Hg.)
Zukunft
Über Konzepte und Methoden zeitlicher Fernorientierung
SWI Verlag Bochum 1997
194 Seiten, ISBN 3-925895-58-2, 17,79 Euro

Friedrich Fürstenberg, Irmgard Herrmann-Stojanov,
Jürgen P. Rinderspacher (Hg.)
Der Samstag
edition sigma Berlin 1999
418 Seiten, ISBN 3-89404-874-3, 24,54 Euro

Jürgen P. Rinderspacher
„Ohne Sonntag gibt es nur noch Werktage"
Die soziale und kulturelle Bedeutung des Wochenendes
Dietz Verlag Bonn 2000
160 Seiten, ISBN 3-8012-0290-9, 10,10 Euro

Jürgen P. Rinderspacher (Hg.)
Zeitwohlstand
Ein Konzept für einen anderen Wohlstand der Nation
edition sigma Berlin 2002
205 Seiten, ISBN 3-89404-899-9, 14,90 Euro

SWI VERLAG

Zu beziehen über den Buchhandel

www.ingramcontent.com/pod-product-compliance
Lightning Source LLC
Chambersburg PA
CBHW020341270326
41926CB00007B/272